COLLECTION MICHEL LÉVY

ŒUVRES COMPLÈTES
D'ALEXANDRE DUMAS

ŒUVRES COMPLÈTES
D'ALEXANDRE DUMAS
PARUES DANS LA COLLECTION MICHEL LÉVY

Amaury................... 1	Impressions de voyage :
Ange Pitou................ 2	— Le Capitaine Arena...... 1
Ascanio................... 2	Ingénue................... 2
Aventures de John Davys...... 2	Isabel de Bavière............ 2
Les Baleiniers............. 2	Italiens et Flamands........ 2
Le Bâtard de Mauléon......... 3	Ivanhoe de Walter Scott (trad.).. 1
Black.................... 1	Jane...................... 1
La Bouillie de la comtesse Berthe. 1	Jehanne la Pucelle.......... 1
La Boule de Neige........... 1	Les Louves de Machecoul..... 3
Bric-à-Brac................ 2	Madame de Chamblay......... 2
Un Cadet de famille.......... 3	La Maison de glace.......... 2
Le Capitaine Pamphile........ 1	Le Maître d'armes........... 1
Le Capitaine Paul........... 1	Les Mariages du père Olifus... 1
Le Capitaine Richard........ 1	Les Médicis................ 1
Catherine Blum............. 2	Mes Mémoires.............. 5
Causeries.................. 1	Mémoires de Garibaldi....... 2
Cécile.................... 1	Mémoires d'une aveugle...... 2
Charles le Téméraire......... 2	Mémoires d'un Médecin. — Joseph
Le Chasseur de sauvagine..... 1	Balsamo................. 5
Le Château d'Eppstein........ 2	Le Meneur de loups.......... 1
Le Chevalier d'Harmental..... 2	Les Mille et un fantômes...... 1
Le Chevalier de Maison-Rouge.. 2	Les Mohicans de Paris....... 4
Le Collier de la Reine........ 3	Les Morts vont vite.......... 2
Le Comte de Monte-Cristo..... 6	Napoléon.................. 1
La Comtesse de Charny....... 6	Une Nuit à Florence......... 1
La Comtesse de Salisbury..... 2	Olympe de Clèves........... 3
Les Confessions de la marquise.. 2	Le Page du duc de Savoie..... 2
Conscience l'innocent........ 2	Le Pasteur d'Ashbourn....... 2
La Dame de Monsoreau....... 3	Pauline et Pascal Bruno....... 1
Les Deux Diane............. 3	Le Père Gigogne............ 2
Dieu dispose............... 2	Le Père la Ruine............ 1
Le Drames de la mer......... 1	La Princesse Flora.......... 1
La Femme au collier de velours.. 1	Les Quarante-Cinq.......... 3
Fernande.................. 1	La Reine Margot............ 2
Une Fille du régent.......... 1	La Route de Varennes........ 1
Les Frères corses........... 1	Le Salteador............... 1
Gabriel Lambert............ 1	Salvator (suite et fin des Mohicans de Paris)............... 5
Gaule et France............. 1	Souvenirs d'Antony.......... 1
Georges................... 1	Les Stuarts................ 1
Un Gil Blas en Californie..... 1	Sultanetta................. 1
La Guerre des Femmes........ 2	Sylvandire................. 1
Histoire d'un casse-noisette.... 1	Le Testament de M. Chauvelin.. 1
L'Horoscope............... 1	Trois Maîtres.............. 1
Impressions de voyage : Suisse. 3	Les Trois Mousquetaires...... 2
— L'Arabie Heureuse........ 3	Le Trou de l'Enfer........... 1
— Les Bords du Rhin........ 2	La Tulipe noire............. 1
— Quinze jours au Sinaï..... 1	Le Vicomte de Bragelonne..... 6
— Le Véloce............... 2	La Vie au désert............ 2
— De Paris à Cadix......... 2	Une Vie d'artiste............ 1
— Le Speronare............ 2	Vingt ans après............. 3
— Une année à Florence..... 1	

POISSY. — TYP. DE A. BOURET.

MES
MÉMOIRES

PAR

ALEXANDRE DUMAS

SIXIÈME SÉRIE

PARIS
MICHEL LÉVY FRÈRES, LIBRAIRES ÉDITEURS
RUE VIVIENNE, 2 BIS, ET BOULEVARD DES ITALIENS, 15
A LA LIBRAIRIE NOUVELLE
—
1863
Tous droits réservés

MÉMOIRES
DE
ALEXANDRE DUMAS

CXXXVI

M. Briffaut, le censeur et l'académicien. — Histoire de *Ninus II*. — M. de Lourdoueix. — L'idée d'*Antony*. — La pièce, reçue aux Français, est arrêtée par la censure. — Le duc de Chartres. — Négociation pour qu'il assiste, avec ses deux frères, à la première représentation de *Christine*. — Louët. — Un autographe du prince royal.

C'était au milieu de ce monde, bien autrement amusant que celui de la Comédie-Française, que m'avaient transporté les répétitions de *Christine*.

De même que pour *Henri III*, tous nos amis peintres étaient à ma disposition : Boulanger avait fait une partie des costumes, Saint-Ève l'autre, lorsque, tout à coup, cette nouvelle nous arriva du ministère :

« La pièce est arrêtée. »

Après *Marion Delorme*, *Christine!* Décidément, la censure y prenait goût.

J'allai au ministère ; ma pièce était entre les mains de M. Briffaut, auteur de *Ninus II*.

L'histoire de *Ninus II* aurait dû, cependant, rendre M. Briffaut indulgent pour les autres.

Ah! pardon, vous ne connaissez peut-être pas l'histoire de *Ninus II?* — Je vais vous la dire.

M. Briffaut avait fait, en 1809 ou 1810, je ne sais sous quel titre, une pièce dont la scène se passait en Espagne.

La censure arrêta cette pièce.

Un ami de M. Briffaut en appela à Napoléon de la décision de ses censeurs. Napoléon lut la pièce ; il y avait des vers à la louange des Espagnols.

— La censure a bien fait, dit-il. Il ne me va point qu'on fasse l'éloge d'un peuple avec lequel je suis en guerre !

— Mais, sire, que voulez-vous que devienne l'auteur? demanda humblement et piteusement l'ami. Il n'a composé et ne composera probablement jamais que cette pièce-là dans toute sa vie ; il comptait sur elle pour arriver à bien des choses... Sire, vous brisez sa carrière !

— Eh bien, qu'au lieu de faire passer son action en Espagne, il la fasse passer en Assyrie, par exemple, et je n'ai plus d'objection ; qu'au lieu de s'appeler Pélage, son héros s'appelle Ninus Ier ou Ninus II, et j'autorise.

Ce n'était pas une pareille condition qui pouvait arrêter M. Briffaut ; d'abord, il appela sa pièce *Ninus II* ; puis, partout où il y avait *Espagnols*, il mit *Assyriens;* partout où il y avait *Burgos*, il mit *Babylone;* cela le gêna un peu pour les rimes, mais pour les rimes seulement ; — et la pièce fut autorisée, et la pièce fut jouée, et, à cause du tour de force, sans doute, M. Briffaut fut nommé académicien.

C'était, au reste, un excellent homme que M. Briffaut, pas trop fier de n'avoir rien fait, avantage qui rend tant de confrères insolents.

Nous discutâmes longtemps, non pas les défauts littéraires, mais les défauts politiques de la malheureuse *Christine*. Elle en était hérissée, à ce qu'il paraît ; la pauvre censure, qui a les doigts si délicats, ne savait vraiment par où la prendre.

Il y avait surtout ce vers, que Christine dit à propos de sa couronne :

C'est un hochet royal trouvé dans mon berceau !

qui semblait à ces messieurs une énormité. Par ce vers, j'attaquais la légitimité, le droit divin, la succession ! Il est incroyable la quantité de choses que j'attaquais par ce vers ! Un instant je crus avoir, sans m'en douter, écrit ma pièce dans cette belle langue turque dont Molière nous donne un échantillon dans *le Bourgeois gentil-homme*, et qui dit tant de choses en si peu de mots.

Il y avait encore l'envoi de cette couronne à Cromwel, qui était une chose bien dangereuse pour la monarchie ! J'avais beau dire que le fait était vrai ; que Christine avait, en réalité, envoyé cette couronne au protecteur, lequel l'avait fait fondre. Rappeler au genre humain, qui paraissait avoir oublié l'aventure, que cet envoi avait existé, semblait une chose subversive et incendiaire !

Il est vrai qu'à la manière dont M. Briffaut avait traité l'histoire dans *Ninus II*, il devait assez peu se préoccuper des questions historiques.

En somme, malgré mes conférences avec M. Briffaut, — conférences que son affabilité rendait, d'ailleurs, fort tolérables, — rien n'avançait, et, comme Harel était pressé, on me décida à faire une démarche vers le chef de la censure, M. de Lourdoueix.

On m'avait invité à me faire recommander à M. de Lourdoueix par une dame de ses amies qui avait tous les ans le prix de vertu ; je ne sais plus son nom ; seulement, on prétendait qu'il n'y avait que par cette anse-là qu'on pût le prendre ; mais j'étais, comme Raoul des *Huguenots* le fut depuis, plein de confiance en mon bon droit, et, sans recommandation aucune, je m'aventurai vers les terres australes où je devais découvrir M. de Lourdoueix.

Je ne sais pas si M. de Lourdoueix avait fait *Ninus III* ou *Ninus IV*, s'il était de l'Académie ou simplement du Caveau ; mais M. de Lourdoueix était loin d'être aussi affable que M. Briffaut.

Notre entrevue fut courte. Après une conversation de cinq minutes, aigrelette des deux parts :

— Enfin, monsieur, dit-il, tout ce que vous pourrez ajouter est inutile : tant que la branche aînée sera sur le trône, et tant que je serai de la censure, votre ouvrage sera suspendu.

— C'est bien, monsieur, répondis-je en le saluant, j'attendrai !

— Monsieur, reprit ironiquement M. de Lourdoueix, le mot a été dit déjà.

— Alors, je le répète.

Et je sortis.

La menace était sérieuse : je n'avais plus là M. de Martignac, l'homme d'esprit. Le ministère Polignac avait succédé au sien, et je n'avais aucun moyen d'arriver jusqu'au nouveau président du conseil.

J'attendis ; je n'avais pas d'autre arme que la patience, et, en attendant, un jour que je me promenais sur le boulevard, je m'arrêtai tout à coup, me disant à moi-même :

— Un homme qui, surpris par le mari de sa maîtresse, la tuerait en disant qu'elle lui résistait, et qui mourrait sur l'échafaud à la suite de ce meurtre, sauverait l'honneur de cette femme, et expierait son crime.

L'idée d'*Antony* était trouvée ; quant au caractère du héros, je crois avoir dit que le Didier de *Marion Delorme* me l'avait fourni.

Six semaines après, *Antony* était fait.

Je lus la pièce aux Français ; elle n'obtint qu'un médiocre succès de lecture. Je distribuai mes deux rôles entre mademoiselle Mars et Firmin ; mais il était évident qu'ils eussent autant aimé que je choisisse d'autres interprètes.

J'envoyai la pièce à la censure ; elle fut arrêtée comme *Christine*.

Cela me faisait la paire.

Mais, soit qu'il y eût, à cette époque, une certaine pudeur dont la tradition s'est depuis perdue, soit que quelque ami à moi eût agi en dessous, — et j'ai toujours soupçonné l'excellente et spirituelle madame du Cayla de m'avoir rendu ce service, — soit, enfin, qu'Harel eût réellement au ministère l'influence qu'il prétendait y avoir, la pièce de *Christine* nous fut rendue, sans grands changements, dans les premiers jours de mars.

On avait même laissé le fameux vers sur le *hochet royal*, tout incendiaire qu'il était, et l'envoi de la couronne au protecteur, quelle que fût la catastrophe qui pouvait résulter de cette réminiscence historique !

Les répétitions interrompues reprirent donc leur cours.

Cependant, au milieu de toutes mes tribulations, je n'en allais pas moins à la bibliothèque du Palais-Royal, et, à la bibliothèque du Palais-Royal, j'avais fait une nouvelle connaissance.

Cette connaissance était celle de M. le duc de Chartres.

M. le duc de Chartres était, à cette époque, un charmant enfant comme il a été, depuis, un charmant prince ; assez mauvais écolier, quoi qu'en disent ses maîtres ; — et, de crainte que, pour l'honneur du professorat, ils ne me démentent, je citerai tout à l'heure une anecdote à ce sujet.

M. le duc de Chartres était donc, ainsi que je l'ai dit, un charmant enfant de dix-sept ans, et, comme j'en avais vingt-sept, moi, la différence d'âge n'étant pas, entre nous deux, aussi grande qu'elle l'était entre lui et Casimir Delavigne, ou entre lui et Vatout, c'était d'ordinaire à moi qu'il s'adressait.

En outre, mon nom faisait beaucoup de bruit dans ce moment-là ; on me prêtait une foule d'aventures, comme, depuis, on m'a prêté une foule de mots. J'avais des passions africaines, disait-on, et on en appelait à mes cheveux crépus et à mon teint bruni, qui ne pouvaient ni ne voulaient démentir mon origine tropicale. Tout cela était curieux pour un enfant qui devenait jeune homme, et qui sentait l'art comme nous l'exprimions, ou plutôt comme je l'exprimais, puisque, à cette époque, rien d'Hugo n'avait encore paru, dramatiquement parlant.

Hernani ne devait être représenté que le 25 février 1830, et ce commencement de relations dont je parle avait lieu vers la fin de 1829.

M. le duc de Chartres me traitait donc en homme se rapprochant ou plutôt ne s'éloignant pas trop de son âge, et, quand il pouvait s'échapper, venait causer avec moi.

Je dois dire que bientôt la conversation déviait, passant de l'art aux artistes, de la pièce aux acteurs, et qu'il était au moins autant question entre nous de mademoiselle Virginie Bourbier, de mademoiselle Louise Despréaux, de mademoiselle Alexandrine Noblet et de mademoiselle Léontine Fay que d'*Henri III* et de *Christine*.

Mais ces séances n'étaient jamais bien longues; au bout d'un instant, on entendait M. le duc d'Orléans chantant sa messe, ou M. un tel glapissant le nom du duc de Chartres, et le jeune prince, qui, devenu homme, continuait de trembler devant le roi, se sauvait par quelque porte dérobée en balbutiant :

— Oh! monsieur Dumas, ne dites pas que vous m'avez vu!

Quelque temps avant la représentation de *Christine*, il était descendu et m'avait exprimé tout le désir qu'il éprouvait d'assister, avec ses deux jeunes frères, à la représentation de mon second drame; mais il avait peur que la permission ne lui en fût refusée.

Aussi, que venait faire près de moi le pauvre enfant?

Il venait me prier de manifester au duc d'Orléans le désir que ses enfants assistassent à la représentation de ma pièce.

J'étais on ne peut plus disposé à faire cette demande, et, la première fois que je vis Son Altesse, je la risquai.

Le prince fit deux ou trois *hum! hum!* qui indiquaient toute sa défiance à l'endroit de la moralité d'une pièce défendue un instant par la censure; mais je le rassurai de mon mieux, et j'obtins, à force d'instances, que les jeunes princes assisteraient à la représentation.

Au prochain jeudi, je ne manquai pas d'aller à la bibliothèque; je me doutais bien que j'y verrais le duc de Chartres; en effet, il descendit, mais accompagné de M. de Boismilon; cependant, il trouva moyen de passer près de moi, et de me dire à demi-voix :

— Nous y allons! merci...

J'ai promis une anecdote relative à la paresse de M. le duc de Chartres, — paresse qu'on dissimulait fort à son père, — et que les prix dont on accable d'ordinaire les jeunes princes ne permettaient pas de soupçonner ; — je tiens ma promesse.

En 1835, j'entrepris avec Jadin un voyage en Italie. Notre intention était de faire ce voyage en véritables touristes, c'est-à-dire à pied, à cheval, à mulet, en voiturin, en *corricolo,* en *speronare,* en barque, comme nous pourrions enfin.

Nous résolûmes de sortir de France par ce que l'on appelle la rivière de Gênes; en conséquence, nous prîmes à Hyères une espèce de voiturin qui devait, moyennant cent francs, nous conduire à Nice en passant par le golfe Juan, où nous aurions la faculté de nous arrêter une demi-journée, mon intention étant de prendre, pour le faire graver plus tard, un dessin de la plage où Napoléon avait débarqué en 1815.

De son côté le *vetturino* avait le droit de nous adjoindre quatre personnes, à la condition que ces personnes ne pourraient s'opposer à une première station de cinq ou six heures à Cannes, et à une seconde station à Grasse.

Au nombre des voyageurs qui nous accompagnaient était un jeune homme de vingt-quatre ou vingt-cinq ans, vêtu d'un frac bleu, d'un pantalon de nankin, de bas de couleur et de souliers lacés.

Dans mes *Impressions de voyage,* je lui ai donné le nom de Chaix; dans mes Mémoires, je dois rétablir son véritable nom : il s'appelait Louët.

Pendant un jour et demi, il ne nous adressa point la parole ; seulement, notre conversation paraissait l'intéresser énormément; à toutes les drôleries, il souriait, et aux rares choses sérieuses que nous disions, il écoutait sérieusement.

A table, son couvert était toujours à côté des nôtres; à la première couchée, il s'arrangea de manière à n'être séparé de nous que par une cloison.

Arrivés au golfe Juan, nous nous arrêtâmes, et, tandis que Jadin faisait son dessin, je me jetai à l'eau, et me baignai.

Au moment où je me déshabillais, Louët s'approcha de moi, et, m'adressant pour la première fois la parole, me demanda la permission de se baigner avec moi.

Je ne distinguai pas, d'abord, dans cette demande tout ce qu'elle avait de religieusement poli, et lui répondis en riant qu'il était parfaitement libre de faire ce qu'il voudrait. Il me remercia de la permission, et prit, dans trois pieds et demi d'eau, le plus raisonnable et le moins mouvementé des bains que j'aie vu prendre ; puis, le dessin fait, le bain pris, nous remontâmes en voiture, et, le même jour, nous allâmes coucher à Nice.

Trois de nos compagnons nous avaient déjà quittés, l'un à la hauteur de Draguignan, les deux autres à Grasse. Louët seul nous était resté fidèle jusqu'à Nice, et cela m'étonnait d'autant plus que je l'avais entendu dire aux gens qui l'avaient accompagné à la voiture, et cela au moment de se séparer d'eux, qu'il partait pour Paris.

Or, il fallait que Louët fit une bien large application du proverbe « Tout chemin mène à Rome, » pour se faire illusion à ce point de croire que le chemin de Toulon à Nice le mènerait à Paris.

Cette singularité de notre compagnon de voyage, laquelle singularité nous préoccupait, Jadin et moi, nous fut enfin expliquée par une demande que le vetturino nous fit au nom de Louët, qui n'osait pas nous la faire lui-même.

Louët était, en effet, parti de Toulon pour se rendre à Paris ; mais, en route, le charme de notre conversation l'avait tellement séduit, qu'au lieu de venir jusqu'au Luc, et de gagner, de là, Draguignan et Castellane, il avait annoncé au vetturino que, n'ayant jamais vu Nice, il pousserait jusque-là.

Arrivant à Nice, il nous faisait demander, comme une grande faveur, de permettre qu'il continuât de voyager avec nous, s'empressant de nous faire savoir que sa compagnie ne nous serait nullement à charge, et qu'il supporterait, quel qu'il fût, le tiers de la dépense ; le vetturino ajouta, en manière de parenthèse, que Louët, qu'il connaissait, venait d'hériter d'une trentaine de mille francs ; il retournait à Paris avec cet héritage lorsqu'il nous avait rencontrés, et, nous ayant rencontrés, il ne voyait pas un meilleur emploi à donner à une partie de son argent que de le dépenser en notre société.

La demande était faite avec tant de gracieuse instance, Louët paraissait lui-même être un si digne garçon, que nous n'eûmes pas même l'idée de discuter la question. Nous lui fîmes dire que nous acceptions sa compagnie avec le plus grand plaisir; que la dépense, ainsi qu'il le désirait, serait divisée par tiers, et qu'enfin, dès le lendemain, nous lui donnerions un programme de notre voyage, pour qu'il vît si notre itinéraire lui convenait.

Louët nous fit répondre que ce programme lui était tout à fait inutile; qu'il n'avait aucun but arrêté; que c'était nous, et non pas le voyage, qu'il recherchait, et que, du moment où il était riche de notre permission, il irait en Chine s'il nous plaisait d'y aller.

On ne pouvait être plus accommodant.

Louët fit, en effet, le voyage d'Italie avec nous, et se montra, pendant toute la route, excellent compagnon.

J'avais raconté cette histoire dans mes *Impressions de voyage*, me laissant aller à toute cette gaieté de narration qui m'est naturelle, lorsque, en 1838, je vis Jadin entrer chez moi.

— Vous ne savez pas quelle visite vous recevrez demain? me demanda-t-il.

— Non.

— La visite de Louët.

— Ah bah!

Je n'avais pas revu Louët depuis mon retour d'Italie, c'est-à-dire depuis trois ans.

— Oui, continua Jadin, et je suis chargé de vous préparer à cette visite.

— Comment! est-ce qu'il viendrait, par hasard, me demander satisfaction de ce que je l'ai mis dans mes *Impressions de voyage?*

— Non pas, au contraire, il est très-satisfait d'y figurer, et il vient réclamer de vous un service.

— Ah! il sera le bienvenu... Lequel?

— Il se réserve de vous le dire lui-même.

— Bon! Je l'attends.

Louët se présenta chez moi le lendemain. Il était toujours le même bon et naïf garçon; seulement, il me paraissait avoir fait un grand pas dans l'art de la toilette.

— Eh bien, Louët, vous voilà donc! Mais, mon ami, vous avez l'air d'un millionnaire!

— Ah! oui, parce que je suis mieux mis qu'autrefois; eh bien, justement, au contraire, je n'ai plus le sou.

— Comment! vous n'avez plus le sou?

— Non. J'ai aventuré ma petite fortune, et je l'ai perdue.

— Entièrement?

— Entièrement.

— Ah! pauvre garçon!

— Aussi, je viens vous demander...

— Quoi?... Ce n'est pas un conseil pour la refaire, n'est-ce pas?

— Non. C'est votre protection.

— Auprès du ministère? demandai-je étonné.

— Non.

— Auprès du roi? demandai-je plus étonné encore.

— Non.

— Auprès du duc d'Orléans?

— Oui!

Je me rembrunis. Cette sainte et respectueuse amitié que j'avais vouée au duc, j'aurais tellement voulu la rendre pure de tout intérêt, afin que lui-même en comprît la réalité par le désintéressement, que, chaque fois qu'on me priait de demander quelque chose au prince royal, on me causait une peine réelle.

— Auprès du duc d'Orléans! répétai-je. Et que voulez-vous donc, mon cher Louët, que je demande pour vous au duc d'Orléans?

— Une petite place.

— Une petite place!

Et je haussai les épaules.

— Il ne vous refusera pas cela, à vous, ajouta Louët.

— Mais si, au contraire, cher ami, il me refusera cela, parce que je serai le premier à lui dire de me le refuser.

— Pourquoi cela?

— Parce que vous n'avez aucun titre, parce que vous ne connaissez pas M. le duc d'Orléans.

— Mais si, j'ai un titre; mais si, je le connais, me dit Louët; j'ai été son camarade de collége.

— A Henri IV ?

— A Henri IV.

— Vous êtes sûr ?

— Parbleu !

— Il se souviendra de vous ?

— J'étais dans la même classe que lui; d'ailleurs, s'il m'avait oublié, j'ai là un petit mot de sa main qui rafraîchirait ses souvenirs.

— Un petit mot de sa main ?

— Tenez, voyez plutôt.

Et il me montra, sur un fragment de papier à écolier, trois lignes d'une écriture fine qui contenaient ces mots :

« Mon cher Louët,

» Expliquez-moi depuis Ασκρωνδη jusqu'à ολος, je vous serai infiniment obligé.

» DE CHARTRES. »

Je m'emparai du papier avec empressement.

— Oh ! mais, lui dis-je, s'il en est ainsi, mon cher Louët, vous êtes sauvé, et je réponds de tout.

— Vous vous chargez de mon affaire, alors ?

— Avec le plus grand plaisir.

— Quand verrez-vous le duc ?

— Demain matin.

— Et quand pourrai-je revenir ?

— Demain, à midi.

— Et j'aurai ma place ?

— Je l'espère.

— Ma foi, mon cher monsieur, vous m'aurez rendu là un bien grand service.

— Je vous le rendrai !... Allez, et dormez sur les deux oreilles; vous vous réveillerez, après-demain, avec douze cents francs d'appointements.

Louët sortit sur cette douce promesse, et j'écrivis au prince royal, lui demandant un rendez-vous pour le lendemain matin.

Un quart d'heure après, j'avais mon rendez-vous.

Je logeais, à cette époque, rue de Rivoli, n° 22; mes fenêtres donnaient juste sur celles du duc d'Orléans, et souvent il répondait lui-même par un signe à des demandes du genre de celle que je venais de lui adresser.

Au reste, ces demandes étaient rares ; j'attendais toujours que le prince me fît appeler. Je savais avec quelle répugnance le roi et surtout la reine me voyaient aller chez leur fils.

Aussi, le lendemain, quand je me présentai chez le prince:

— Eh ! vous voilà ! me dit-il ; que diable avez vous donc de si pressé à me demander?

— Ah! monseigneur, une grâce que vous m'accorderez, j'en suis sûr, avec le plus grand plaisir.

— De qui où de quoi est-il question?

— Je ne sais pourquoi monseigneur s'explique si catégoriquement avec moi; il sait que je ne suis pas puriste.

— N'importe, il est bon de prouver que, quoique prince royal, on a fait ses classes.

— Justement, je viens parler à monseigneur d'un de ses camarades de collége..

— En resterait-il un qui ne fût pas placé? me demanda-t-il.

— Oui, monseigneur, et je l'ai découvert, répondis-je.

— Oh ! vous, je ne sais ce que vous ne découvririez pas...

— Dame ! monseigneur, quand on a découvert la Méditerranée.

— Eh bien, qu'avez-vous découvert encore?

— Je vous l'ai dit, un camarade de classe à monseigneur.

— Et qui se nomme?

Je tirai le petit papier de ma poche, prêt à l'utiliser à la première occasion.

— Louët, monseigneur.

Le duc jeta un cri.

— Oh ! quel cancre! dit-il.

Je le regardai en souriant et en remettant bien ostensiblement mon papier dans ma poche.

— Alors, dis-je, monseigneur, c'est autre chose.

— Comment! c'est autre chose?

— Oui, je n'ai plus rien à demander à Votre Altesse.

— Pourquoi cela?

— Dame!...

— Voyons, quel est ce papier que vous remettez dans votre poche, et que vous mourez d'envie de me montrer?

— J'en meurs d'envie; c'est vrai, monseigneur.

— Eh bien, montrez-le-moi, alors!

— Je n'ose pas.

— Donnez donc!

Je tendis la main vers le prince, et, le plus humblement possible, je lui remis le papier.

— Bon! me dit-il, c'est quelque machine infernale.

— Lisez, monseigneur.

Le prince jeta les yeux sur le petit chiffon de papier, et rougit jusqu'aux oreilles.

Il rougissait très-facilement, et, en supposant que ce soit un défaut, ce défaut lui était commun avec le duc de Nemours et le duc d'Aumale.

— Ah! ah! fit-il après avoir lu.

Puis, me regardant :

— Eh bien, qu'est-ce que cela prouve? dit-il. Que j'étais encore plus cancre que lui.

— Monseigneur ne fera-t-il pas quelque chose pour son supérieur, alors?

— Que désirez-vous que je fasse?

Et il s'approchait tout doucement de la cheminée, roulant le petit papier dans ses doigts.

— Dame! monseigneur le placera, j'espère bien.

— Où?

— Près de lui.

— En quelle qualité?

— Mais ne fût-ce que comme futur professeur de ses enfants; il leur expliquera depuis Ασκρωνδη jusqu'à ολος.

— Non, dit-il, mais j'ai une idée.

— Pardieu! cela ne m'étonne pas.

Le prince se mit à rire.

— Croyez-vous qu'il veuille apprendre l'allemand?

— Il apprendra tout ce que voudra monseigneur.

— Eh bien, j'en fais un secrétaire adjoint de madame la duchesse d'Orléans; quand il saura l'allemand, il traduira les lettres qu'elle recevra d'Allemagne... Voilà la seule place que j'aie à lui donner.

— Et les appointements courront?...

— De demain; dites-lui de se présenter chez Asseline.

— Merci pour lui et pour moi, monseigneur.

Et il s'approchait de plus en plus de la cheminée, roulant toujours son petit papier entre ses doigts.

Enfin, il allongea le bras vers la flamme du foyer; mais je m'avançai vers la cheminée; et, étendant la main entre le papier et la flamme:

— Pardon, monseigneur, lui dis-je.

— Quoi, pardon?

— Ce petit papier...

— Eh bien?

— C'est mon courtage.

— Qu'en ferez-vous?

— Je le ferai encadrer.

— Oh! vous en êtes bien capable!... Laissez-moi le brûler.

— Monseigneur, je le cacherai dans un portefeuille, et ne le montrerai qu'une fois par semaine.

— Vous me le promettez?

— Parole d'honneur!

— En ce cas, prenez; et, comme vous avez hâte de me quitter pour annoncer la bonne nouvelle à votre protégé, allez-vous-en.

— Oh! monseigneur n'aura pas besoin de me donner deux fois mon congé.

— Allez! allez!

Il me fit signe de la main, et je sortis.

Pauvre prince! j'ai bien des anecdotes de ce genre-là à raconter sur lui, et je les raconterai, je l'espère bien.

C'était par la bonté de son cœur, c'était par la loyauté de son patriotisme qu'il avait conquis cette popularité dont il jouissait.

Aussi, quand il mourut, j'écrivis ces mots prophétiques :

« Dieu vient de supprimer le seul obstacle qui existât entre la monarchie et la république. »

Et c'est pour cela que vous êtes mort, monseigneur ; c'est que vous étiez un obstacle, et que la république était une nécessité.

CXXXVII

Première représentation d'*Hernani*. — Le vieil as de pique. — Parodies. — D'où date l'histoire de Cabrion et de Pipelet. — Eugène Sue et Desmares. — Soulié me revient. — Il m'offre ses cinquante ouvriers en guise de claqueurs. — Première représentation de *Christine*. — Souper chez moi. — Hugo et de Vigny corrigent les vers *empoignés*.

Hernani avait été rendu à Hugo presque sans examen ; on n'avait pas eu le temps de nous le relire, Taylor tenant à monter l'ouvrage avant son départ pour l'Égypte.

Nous fûmes invités à entendre la lecture au comité, qui était en même temps la lecture aux acteurs, la pièce étant reçue d'avance.

Cette lecture fit un immense effet ; pourtant, je préférais, et je préfère encore *Marion Delorme*.

A deux heures, le jour de la représentation, nous étions dans la salle.

Nous comprenions bien que la victoire remportée par de Vigny était une victoire sans portée. Ce n'était pas de Shakspeare, de Gœthe et de Schiller que les gens sensés doutaient, c'était de nous.

Nous demandions un théâtre national, original, français, et non pas grec, anglais ou allemand : c'était à nous de le faire.

Bon ou mauvais, *Henri III*, du moins, était une pièce originale, tirée de nos chroniques, dans laquelle on retrouvait peut-être des souvenirs des autres théâtres, mais qui n'en imitait aucun.

Marion Delorme, qu'on n'avait pas pu obtenir de la censure, et *Hernani*, qu'on allait représenter, étaient des pièces du même genre.

Seulement, *Henri III* était un ouvrage plus fort par le fond, et *Hernani* et *Marion Delorme* des ouvrages plus remarquables par la forme.

Malheureusement, les Comédiens français étaient roidis dans certaines habitudes; il était impossible, en général, de les faire passer du tragique au comique, sans qu'ils fissent quelque terrible faute d'intention et même d'intonation; nous avons raconté l'anecdote de Michelot et des quatre vers relatifs à l'armoire.

Il faut dire aussi que, souvent, chez Hugo, le comique et le tragique se touchent sans nuances intermédiaires, ce qui rend l'interprétation de sa pensée plus difficile que si, entre la familiarité et la grandeur, il se donnait la peine d'établir une gamme ascendante ou descendante.

La langue anglaise rhythmée, scandée, divisée par brèves et par longues, a un grand avantage sur la nôtre, et, cet avantage, Shakspeare l'a largement exploité; ses pièces, en général, sont écrites en trois langues : en prose, en vers blancs et en vers rimés.

Les gens du peuple ou de condition inférieure parlent en prose, les personnages intermédiaires parlent en vers blancs, les princes et les rois parlent en vers rimés.

En outre, si les idées s'élèvent dans la bouche de l'homme de condition inférieure, Shakspeare met à sa disposition les deux modes ascendants d'exprimer sa pensée; si les idées s'abaissent dans la bouche d'un roi ou d'un prince, il sera libre de s'emparer, pour ne pas nuire à l'expression, du langage de la bourgeoisie, et même du langage du peuple.

Au reste, le public qui nous écoutait ignorait toutes ces choses, était indifférent à toutes ces distinctions: on venait pour applaudir ou pour siffler ; on applaudissait ou l'on sifflait, voilà tout.

La première représentation d'*Hernani* a laissé un souvenir unique dans les annales du théâtre : la suspension de *Marion Delorme*, le bruit qui se faisait autour d'*Hernani*, avaient vivement excité la curiosité publique, et l'on s'attendait, avec juste raison, à une soirée orageuse.

On attaquait sans avoir entendu, on défendait sans avoir compris.

Au moment où Hernani apprend de Ruy Gomez que celui-ci a confié sa fille à Charles V, il s'écrie :

>... Vieillard stupide, il l'aime !

M. Parseval de Grandmaison, qui avait l'oreille un peu dure, entendit : « Vieil as de pique, il l'aime ! » et, dans sa naïve indignation, il ne put retenir un cri :

— Ah! pour cette fois, dit-il, c'est trop fort !

— Qu'est-ce qui est trop fort, monsieur ? qu'est-ce qui est trop fort ? demanda *mon ami* Lassailly, qui était à sa gauche, et qui avait bien entendu ce qu'avait dit M. Parseval de Grandmaison, mais non ce qu'avait dit Firmin.

— Je dis, monsieur, reprit l'académicien, je dis qu'il est trop fort d'appeler un vieillard respectable comme l'est Ruy Gomez de Silva, « vieil as de pique ! »

— Comment ! c'est trop fort ?

— Oui, vous direz tout ce que vous voudrez, ce n'est pas bien, surtout de la part d'un jeune homme comme Hernani.

— Monsieur, répondit Lassailly, il en a le droit, les cartes étaient inventées... Les cartes ont été inventées sous Charles VI, monsieur l'académicien ! si vous ne savez pas cela, je vous l'apprends, moi... Bravo pour le vieil as de pique ! bravo Firmin ! bravo Hugo ! Ah !...

Vous comprenez qu'il n'y avait rien à répondre à des gens qui attaquaient et qui défendaient de cette façon-là.

Hernani eut un grand succès, mais plus matériellement contesté que celui d'*Henri III*.

Et c'est tout simple, les beautés de forme et les beautés de style sont les moins senties du vulgaire, et ce sont les beautés familières à Hugo. En revanche, ces beautés, étant tout artistiques, avaient une grande influence sur nous, et sur moi en particulier.

Hernani eut tous les honneurs du triomphe : il fut outrageusement attaqué, et défendu avec rage ; il eut sa parodie, parodie très-spirituelle, contre les habitudes reçues, et qui avait pour titre : *Arnali, ou la Contrainte par cor,* pièce française traduite du goth.

A propos de parodie, constatons un fait historique dont la date pourrait s'égarer dans la nuit des temps, si nous ne la consignions point ici.

L'histoire — car c'est une histoire — de Cabrion et de M. Pipelet remonte au mois de mars 1829.

Voici à quelle occasion s'accomplit cet événement qui donna, alors, tant d'inquiétudes aux portiers parisiens, que, depuis ce temps, ils en sont devenus mélancoliques !

Henri III, destiné d'avance à un grand succès ou tout au moins à un grand bruit, devait avoir sa parodie ; pour faciliter l'exécution de cette œuvre importante, j'avais d'avance communiqué mon manuscrit à de Leuven et à Rousseau ; puis, sur leur demande, j'avais collaboré de mon mieux à la pièce, qui reçut le titre du *Roi Dagobert et sa Cour.*

Mais ce titre parut à la censure irrévérencieux à l'égard du *descendant* de Dagobert.

Par le descendant de Dagobert, cette honorable compagnie qui porte pour armes des ciseaux de sable sur champ d'argent, entendait Sa Majesté Charles X.

Elle confondait descendant avec successeur ; mais, on le sait, messieurs du comité d'examen n'y regardent point de si près.

Nous changeâmes le titre, et nous prîmes celui de *la Cour du roi Pétaud,* titre auquel la censure ne trouva aucun inconvénient.

Comme si personne ne descendait du roi Pétaud !

Ce fut donc sous ce titre que fut jouée, au Vaudeville, la parodie d'*Henri III et sa Cour*.

Cette parodie parodiait la pièce, scène par scène.

Or, à la fin du quatrième acte, la scène d'adieu de Saint-Mégrin à son domestique était parodiée par une scène entre le héros de la parodie — j'ai eu le malheur d'oublier son nom — et son portier.

Dans cette scène très-tendre, très-touchante, très-sentimentale, le héros demandait au portier une mèche de ses cheveux, sur l'air *Dormez donc, mes chères amours!* fort en vogue à cette époque-là, et tout à fait approprié à la situation.

Le soir de la représentation, tout le monde sortit en chantant le refrain de l'air, et les paroles de la chanson.

Trois ou quatre jours après, nous dînâmes chez Véfour, de Leuven, Eugène Sue, Desforges, Desmares, Rousseau, quelques autres et moi.

A la fin du dîner, qui avait été fort gai, et où le fameux refrain :

> Portier, je veux
> De tes cheveux!

avait été chanté en chœur, Eugène Sue et Desmares résolurent de donner une réalité à ce rêve de notre imagination; et, entrant dans la maison n° 8 de la rue de la Chaussée-d'Antin, dont Eugène Sue connaissait le concierge de nom, ils demandèrent au brave homme s'il ne se nommait pas M. Pipelet.

Celui-ci répondit affirmativement.

Alors, au nom d'une princesse polonaise qui l'avait vu, et qui était devenue amoureuse de lui, ils lui demandèrent avec tant d'instances une boucle de ses cheveux, que, pour se débarrasser d'eux, le pauvre Pipelet finit par la leur donner.

Du moment qu'il eut commis cette faiblesse, Pipelet fut un homme perdu. Le même soir, trois autres demandes lui furent adressées de la part d'une princesse russe, d'une baronne allemande et d'une marquise italienne, et, à chaque fois que cette demande lui était adressée, un chœur invisible chantait sous la grande porte :

> Portier, je veux
> De tes cheveux !

Le lendemain, la plaisanterie continua ; nous envoyâmes les gens de notre connaissance demander des cheveux à maitre Pipelet, qui ne tirait plus le cordon qu'avec angoisses, et qui — mais inutilement — avait enlevé de sa porte l'écriteau sacramentel :

Parlez au portier.

Le dimanche suivant, Eugène Sue et Desmares résolurent de donner au pauvre diable une sérénade en grand ; ils entrèrent dans la cour à cheval, et, chacun une guitare à la main, ils se mirent à chanter l'air persécuteur. Mais, nous l'avons dit, c'était un dimanche ; les maîtres étaient à la campagne ; le portier, se doutant qu'on chercherait à empoisonner son jour dominical comme les autres, et qu'il n'aurait pas même, ce jour-là, le repos que Dieu s'était accordé à lui-même, avait prévenu tous les domestiques de la maison. Il se glissa derrière les chanteurs, ferma la porte de la rue, fit un signal convenu d'avance, et sur lequel cinq ou six domestiques accoururent à son aide, et les troubadours, forcés de convertir en armes défensives leurs instruments de musique, ne sortirent de là que le manche de leur guitare à la main.

Des détails de ce combat, qui dut être terrible, personne n'en sut jamais rien, les combattants les ayant gardés pour eux ; mais on sut qu'il avait eu lieu, et, dès lors, le portier de la rue de la Chaussée-d'Antin fut mis au ban de la littérature.

A partir de ce moment, la vie du pauvre homme devint un enfer anticipé : on ne respecta plus même le repos de la nuit : tout littérateur attardé dut faire le serment de revenir à son domicile par la rue de la Chaussée-d'Antin, ce domicile fût-il la barrière du Maine.

Cette persécution dura plus de trois mois.

Au bout de ce temps, comme un nouveau visage se présentait pour faire la demande accoutumée, la femme Pipelet, tout en pleurs, se présenta au vasistas, et annonça que son mari, succombant à l'obsession, venait d'être conduit à l'hôpital sous le coup d'une fièvre cérébrale.

Le malheureux avait le délire, et, dans son délire, ne cessait de répéter avec rage le refrain infernal qui lui coûtait la raison et la santé.

Voilà la vérité sur cette grande persécution des Pipelets, qui a fait tant de bruit pendant les années 1829 et 1830.

Revenons à *Christine*.

La pièce, rendue par la censure, était répétée avec acharnement. Le romantisme, qui s'était emparé du Théâtre-Français, venait de franchir la Seine, avait tourné l'Académie comme une de ces forteresses que les grands généraux dédaignent d'attaquer dans les guerres d'invasion, et menaçait d'emporter l'Odéon d'assaut.

Cela faisait révolution au quartier Latin.

Harel, pour donner, du reste, plus de solennité à la prochaine représentation, faisait des *relâches* multipliés, ce qui était, à cette époque, un moyen de publicité, une façon de réclame encore inconnue.

Le matin de la répétition générale, je reçus un mot de Soulié; c'était — à part la petite correspondance qu'on a eue, et l'envoi des places pour *Roméo et Juliette*, — le seul signe de vie qu'il m'eût donné depuis un an.

Soulié me demandait un laissez-passer pour cette répétition.

Je m'empressai d'envoyer ce laissez-passer pour lui et les personnes qui voudraient l'accompagner.

Le soir, la répétition eut lieu.

Les répétitions générales de cette époque, c'étaient des représentations réelles. Les amis n'étaient pas encore blasés ; le succès ne les avait pas encore rendus indifférents ou jaloux ;

il semblait qu'il y eût un intérêt général à la réussite de quelques-uns. La cause que nous défendions était celle de tous les inconnus espérant se faire connaître ; de l'influence acquise par nous, ils prendraient une bonne part pour faire leur route plus sûre et meilleure. L'égoisme les faisait dévoués.

La répétition générale de *Christine* eut donc un succès d'enthousiasme.

Après le cinquième acte, je sortis de l'orchestre, et j'allai donner droit dans Soulié.

Soulié était fort ému ; il me tendit les bras.

Je l'embrassai avec une effusion profonde : il m'en coûtait d'être en froid avec un homme que j'aimais et dont plus que les autres — parce que mieux que les autres je m'en rendais compte — j'admirais le talent.

— Allons, me dit-il, décidément tu as eu raison de faire ta *Christine* seul. C'est une admirable chose dont certaines parties pêchent par l'exécution seulement ; mais l'exécution s'apprend... Tu tiendras un jour tout le théâtre ; et, alors, nous serons, nous autres, tes humbles serviteurs.

— Allons, lui répondis-je, cher ami, tu es fou !

— Non pas, je parle comme je pense, sur l'honneur. Te dire que cela me fait un énorme plaisir, ce serait aller trop loin, tu ne me croirais pas ; mais, enfin, c'est ainsi.

Je le remerciai.

— Voyons, me dit-il, causons sérieusement. Je sais qu'il y a une cabale organisée contre ta pièce, et qu'on doit, demain soir, te secouer d'importance

— Ah ! je m'en doutais bien.

— Te reste-t-il cinquante parterres ?

— Oui.

— Donne-les-moi ; je viendrai avec tous mes ouvriers de la scierie mécanique, et nous te soutiendrons cela, sois tranquille !

Je lui donnai, sans compter, un paquet de billets ; puis, comme on m'attendait sur la scène, je l'embrassai de nouveau, et nous nous quittâmes.

Je crois qu'il y avait quelque chose de cette fraternité et de cette confiance que l'on cherche vainement au théâtre, chez cet homme qui, sifflé, trois ou quatre mois auparavant, dans la même salle et sous le même titre, demandait cinquante places à son rival, pour soutenir une pièce dont le succès devait d'autant mieux faire ressortir la chute de la sienne, et chez ce rival qui, à pleines mains, à l'instant même, lui donnait, sans concevoir un seul doute, sans éprouver la moindre crainte, une masse de billets suffisant à faire tomber la meilleure pièce, si les billets étaient distribués en de mauvaises mains.

Nous étions peut-être ridicules, mais, à coup sûr, nous étions bons.

Aucun retard n'ayant été regardé comme nécessaire, la pièce passa le lendemain.

Frédéric ne m'avait pas menti ; on avait organisé — qui cela ? je ne m'en doute même pas, — on avait organisé, ou peut-être même, sans autre agglutinatif que la haine qu'on nous portait, s'était organisée toute seule la plus rude cabale qu'on eût jamais vue. Comme d'habitude, j'assistais à ma première représentation dans une loge ; je ne perdis donc rien des incidents de cette terrible bataille qui dura sept heures, et dans laquelle, dix fois terrassée, la pièce se releva toujours, et finit, à deux heures du matin, par mettre le public, haletant, épouvanté, terrifié, sous son genou.

Oh ! je le dis, avec un enthousiasme qui n'a rien perdu de sa force par ces vingt-cinq ans de guerre, et malgré mes cinquante succès, c'est une grande et magnifique lutte que celle du génie de l'homme contre la volonté mauvaise du public, la vulgarité des assistants, la haine des ennemis ! il y a une satisfaction immense à sentir, aux endroits dramatiques, l'opposition plier sur les jarrets, et, lentement renversée en arrière, toucher la terre de sa tête vaincue ! Oh ! comme la victoire donnerait de l'orgueil, si, au contraire, chez les bons esprits, elle ne guérissait pas de la vanité !

Il est impossible de rendre, après le monologue de Sentinelli à la fenêtre, sifflé, il est impossible de rendre l'effet de l'arrestation de Monaldeschi ; toute la salle éclata rugissante d'applaudissements, et, quand, au cinquième acte, Monaldeschi, sauvé par l'amour de Christine, envoya la bague empoisonnée à Paula, il y eut des cris de fureur contre le lâche assassin, lesquels se convertirent en bravos frénétiques, quand on le vit, blessé déjà, sanglant, se traînant bas, et rampant aux pieds de la reine, qui, malgré ses supplications et ses prières, prononça ce vers, jugé *impossible* par Picard :

Eh bien, j'en ai pitié, mon père... Qu'on l'achève !

Cette fois, la salle était vaincue, le succès décidé.

L'épilogue, calme, froid, grandiose, espèce de souterrain gigantesque aux dalles humides et aux voûtes sombres où j'enterrais les cadavres de mes personnages, nuisit à ce succès. Ces coupables à cheveux blancs, au cœur éteint, se retrouvant, après trente ans, l'un sans haine, l'autre sans amour, s'étonnant ensemble et demandant ensemble pardon du crime qu'ils avaient commis, présentaient une suite de scènes plus philosophiques et plus religieuses que dramatiques.

Vis-à-vis de moi-même, je reconnus que je m'étais trompé ; il y avait eu erreur, il y eut pénitence : je coupai l'épilogue, c'est-à-dire le morceau qui, quoique loin d'être irréprochable comme style, était sous ce rapport, le meilleur de tout l'ouvrage.

Hâtons-nous de dire que le reste, pastiche d'une langue que je bégayais à peine à cette époque, n'était pas bien fort.

Je n'avais pas perdu de vue Soulié pendant la représentation ; lui et ces cinquante hommes étaient là.

Un masque sur le visage, je n'eusse pas osé faire pour le succès de ma propre pièce ce qu'il faisait, lui !

O cher cœur d'ami ! chère âme loyale ! peu t'ont connu, peu t'ont apprécié ; mais, moi qui t'ai connu, moi qui t'ai apprécié, de ton vivant, je t'ai défendu ; après ta mort, je te glorifie !...

En somme, tout le monde sortait du théâtre sans qu'une seule personne pût dire si *Christine* était une chute ou un succès.

Un souper attendait chez moi ceux de nos amis qui voulaient y venir souper. Nous rentrâmes, sinon joyeux de la victoire, au moins tout échauffés par le combat.

Nous étions vingt-cinq, à peu près :

Hugo, de Vigny, Paul Lacroix, Boulanger, Achille Comte, Planche, — Planche lui-même, que le chien de la Haine n'avait pas encore mordu, et qui n'avait que des dispositions à devenir enragé plus tard, — Cordelier-Delanoue, Théodore Villenave... que sais-je, moi? toute cette bruyante troupe pleine de jeunesse, de vie, d'action, qui nous entourait à cette époque ; tous les volontaires de cette grande guerre d'invasion qui n'était pas si terrible qu'elle s'annonçait, et qui, au bout du compte, ne menaçait de prendre Vienne que pour obtenir les frontières du Rhin.

Et, ici, écoutez ce qui se passa ; ce que je vais raconter, c'est presque le pendant de l'épisode de Soulié ; c'est, j'en réponds, une chose inouïe dans les fastes de la littérature.

Il y avait à changer, dans ma pièce, une centaine de vers *empoignés* à la première représentation, pour me servir du terme vulgaire mais expressif ; ils allaient être signalés à la malveillance et ne manqueraient pas d'être empoignés de nouveau à la seconde représentation ; il y avait, en outre, une douzaine de coupures qui demandaient à être faites et pansées par des mains habiles et presque paternelles ; il fallait qu'elles fussent faites à l'instant même, pendant la nuit, afin que le manuscrit fût renvoyé le lendemain matin, et que les raccords fussent faits à midi, pour que la pièce pût être jouée le soir.

La chose m'était impossible, à moi qui avais vingt-cinq convives à nourrir et à abreuver.

Hugo et de Vigny prirent le manuscrit, m'invitèrent à ne m'inquiéter de rien, s'enfermèrent dans un cabinet, et, tandis que nous autres, nous mangions, buvions, chantions, ils travaillèrent... Ils travaillèrent quatre heures de suite avec la même conscience qu'ils eussent mise à travailler pour eux, et, quand ils sortirent au jour, nous trouvant tous couchés et endormis, ils laissèrent le manuscrit, prêt à la représentation, sur la cheminée, et, sans réveiller personne, ils s'en allèrent, ces deux rivaux, bras dessus, bras dessous, comme deux frères!

Te rappelles-tu cela, Hugo?

Vous rappelez-vous cela, de Vigny?

Nous fûmes tirés de notre léthargie, le lendemain matin, par le libraire Barba, qui venait m'offrir douze mille francs du manuscrit de *Christine*, c'est-à-dire le double de ce que j'avais vendu *Henri III.*

Décidément, c'était un succès!

CXXXVIII

Un fiacre qui passe. — Madame Dorval dans *l'Incendiaire*. — Deux artistes. — Le duc d'Orléans demande pour moi la croix d'honneur. — Sa recommandation reste sans effet. — M. Empis. — Le salon de madame Lafond. — Mon costume d'Arnaute. — Madame Malibran. — Frères et sœurs en art.

Le lendemain de la première représentation, ou plutôt le soir de la seconde, à une heure du matin, je traversais la place de l'Odéon, passant de la lumière de la salle à l'obscurité de la rue, du bruit des applaudissements d'une salle comble au silence d'un carrefour vide, de l'enivrement à la réflexion, de la réalité au rêve, lorsqu'une tête de femme sortit de la portière d'un fiacre en criant mon nom.

Je me retournai; le fiacre s'arrêta; j'ouvris la portière.

— C'est vous qui êtes M. Dumas? me dit la personne qui était dans le fiacre.

— Oui, madame.

— Eh bien, montez ici, et embrassez-moi... Ah! vous avez un fier talent, et vous faites un peu bien les femmes!

Je me mis à rire, et j'embrassai celle qui me parlait ainsi.

Celle qui me parlait ainsi, c'était Dorval; Dorval, à qui j'aurais pu renvoyer ses propres paroles : « Vous avez un fier talent, et vous faites un peu bien les femmes! »

C'est que, depuis le jour où nous lui avons vu jouer Malvina, du *Vampire*, Dorval, de son côté, avait énormément grandi.

C'était dans *l'Incendiaire*, surtout, qu'elle avait été magnifique.

Celui ou celle qui lit ces lignes ne sait probablement pas aujourd'hui ce que c'est que *l'Incendiaire*; je ne me rappelle moi-même qu'un rôle de prêtre très-bien joué par Bocage, et une scène de confession où Dorval était sublime.

Figurez-vous une jeune fille à laquelle on a mis une torche à la main — comment? par quel moyen? je ne m'en souviens plus; peu importe, d'ailleurs! il y a vingt-deux ou vingt-trois ans de cela : j'ai oublié le drame, et, je le répète, je ne vois plus que l'artiste. — Elle jouait à genoux cette scène de confession dont je parle et qui durait un quart d'heure ; pendant ce quart d'heure, on ne respirait pas, ou l'on ne respirait qu'en pleurant.

Un soir, madame Dorval fut plus belle, plus tendre, plus pathétique qu'elle n'avait jamais été.

Pourquoi cela? Je vais vous le dire.

Vous avez vu des Ruysdaël et des Hobbéma, n'est-ce pas ? vous vous souvenez comment parfois un rayon de soleil s'égare dans leurs paysages, fait lumineux un coin de ciel gris, fait transparente cette atmosphère brumeuse où de grands bœufs pâturent dans de hautes herbes? Eh bien, écoutez ceci : quand l'artiste est fatigué, qu'il a joué dix fois, vingt fois, cinquante fois de suite le même rôle, peu à peu l'inspiration s'éteint, le génie s'endort, l'émotion s'émousse; le ciel de l'acteur devient gris, son atmosphère brumeuse ; il cherche ce rayon de soleil qui réveille la toile d'Hobbéma ou de Ruysdaël. Ce rayon de soleil, c'est un spectateur ami, un artiste de talent accoudé au balcon; c'est quelque tête pensive dont les yeux brillent dans la pénombre d'une loge. Alors, la communication s'établit entre la salle et le théâtre, la commotion électrique se fait sentir, et, grâce à elle, l'acteur ou l'actrice remonte aux jours des premières représentations; toutes ces cordes qui se sont endormies peu à peu se réveillent et, tout à coup, pleurent, gémissent, se lamentent plus vibrantes que jamais ; le public bat des mains, crie bravo, croit que c'est pour lui que l'actrice fait ces prodiges. Pauvre public ! c'est pour une âme que tu ne soupçonnes pas, tous ces efforts, tous ces cris, toutes ces larmes ! seulement, tu en profites comme d'une rosée, comme d'une lumière, comme d'une flamme. Cette rosée, d'ailleurs, que t'importe qui la verse, cette lumière qui la répand, cette flamme qui l'allume, puisque, à cette rosée, à cette lumière, à cette flamme, tu te rafraîchis, tu t'éclaires, tu te réchauffes !

Eh bien, un soir, Dorval avait été sublime ; — pour qui ? elle n'en savait rien ; — pour une femme qui l'avait tenue trois heures palpitante sous son regard d'aigle ; pendant trois heures, toute la salle avait disparu aux yeux de Dorval : c'était pour cette femme qu'elle avait pleuré, parlé, vécu, agi enfin ; et, quand cette femme avait applaudi, quand cette femme avait crié bravo, l'actrice avait été payée de sa peine, récompensée de sa fatigue, indemnisée de son génie !

Elle s'était dit : » Je suis contente, puisqu'elle l'est. »

Puis la toile s'était abaissée, et, haletante, brisée, mourante, comme la pythie qu'on enlève au trépied, Dorval était remontée à sa loge, et, de triomphatrice devenue victime, elle était tombée presque évanouie sur un sofa.

Tout à coup, la porte de sa loge s'ouvrit, et l'inconnue parut sur le seuil.

Dorval tressaillit, s'élança, lui prit les deux mains comme à une amie.

Les deux femmes se regardèrent un instant, souriant en silence, et des larmes dans les yeux.

— Excusez-moi, madame, dit enfin l'inconnue avec une voix d'une incroyable douceur ; mais je n'ai pas voulu rentrer chez moi sans vous dire la joie, l'émotion, le bonheur que je vous dois. Oh ! c'est admirable, voyez-vous, c'est merveilleux, c'est sublime !

Dorval la regardait, la remerciait des yeux, de la tête, et surtout de ce mouvement d'épaules qui n'appartenait qu'à elle, et, cela, tout en interrogeant sa physionomie, tout en demandant à chaque muscle de son visage : « Mais qui donc êtes-vous, madame ? qui êtes-vous ? »

L'inconnue devina sa pensée, et, avec cette voix dont la suavité ne peut être comprise que de ceux-là seuls qui ont connu cette merveilleuse sirène:

— Je suis madame Malibran, dit-elle.

Dorval jeta un cri, étendit la main vers la seule gravure qui ornait sa loge.

C'était le portrait de madame Malibran dans Desdemona.

A partir de ce moment, madame Dorval avait une des deux choses qui lui avaient manqué jusque-là pour devenir une femme du plus haut mérite : une amie pleine de vérité, mais, en même temps, pleine de distinction ; cette amie, madame Malibran venait la lui offrir.

Maintenant qu'elle avait la part de l'amitié, restait à la Providence à lui faire celle de l'amour.

Après avoir joué Adèle d'Hervey et Marion Delorme, madame Dorval joua Ketty Bell. Ce dernier rôle joué, elle était une femme accomplie, une actrice parfaite.

L'exclamation de madame Dorval quand elle m'arrêta près de l'Odéon, cette consanguinité artistique, qu'elle scellait franchement par un baiser fraternel, me rendirent bien heureux ! Pour que l'orgueil soit satisfait, il faut que l'éloge vienne de plus haut, ou tout au moins d'aussi haut que celui qui le reçoit.

Ce qui vient d'en haut est de l'ambroisie; ce qui vient d'en bas n'est que de l'encens.

Un jour, Michelet m'écrivit, — je n'ai jamais vu Michelet, je ne lui ai jamais parlé, — un jour, dis-je, Michelet m'écrivit :

« Monsieur, je vous aime et je vous admire, parce que vous êtes une des forces de la nature. »

Cette lettre me fit un plaisir beaucoup plus réel et beaucoup plus vif que si l'on m'eût écrit que je venais d'être nommé grand-croix de la Légion d'honneur.

A propos de la Légion d'honneur, deux mots qui indiqueront la sensation produite par les deux succès d'*Henri III* et de *Christine*.

Christine avait été jouée le 20 février, et, le 9 mars, très-probablement sur la demande du duc de Chartres, qui, selon son désir, avait assisté à la première représentation, le duc d'Orléans écrivait à M. Sosthène de la Rochefoucauld :

« Palais-Royal, 9 mars 1830.

» J'apprends, monsieur, que vous avez l'intention de soumettre au roi la proposition d'accorder à M. Alexandre Dumas la croix de la Légion d'honneur, à l'époque de l'année où Sa Majesté est dans l'usage de faire une promotion dans l'ordre. Les succès dramatiques de M. Alexandre Dumas me semblent, en effet, de nature à mériter cette faveur, et je serai d'autant plus aise qu'il l'obtienne, qu'il a été, pendant près de six ans, attaché à mon secrétariat, et à l'administration de mes forêts, et qu'il a été, pendant ce temps, le soutien de sa famille de la manière la plus honorable. On me dit qu'il est dans l'intention de faire un voyage dans le nord de l'Europe, et qu'il attacherait un grand prix à ce que sa nomination pût avoir lieu avant son départ. Je ne sais si le 12 avril ne serait pas une occasion où vous pourriez en soumettre la proposition au roi ; mais j'ai voulu vous en suggérer l'idée, en vous témoignant l'intérêt que je porte à M. Dumas. Et je profite avec grand plaisir de cette occasion pour vous offrir, monsieur, l'assurance très-sincère de mes sentiments pour vous.

» Votre affectionné,

» LOUIS-PHILIPPE D'ORLÉANS. »

Un jour que j'étais à la bibliothèque, M. le duc d'Orléans descendit ; il tenait une lettre à la main.

Il s'avança vers moi, qui m'étais levé à son entrée, et me tenais debout.

— Tenez, monsieur Dumas, me dit-il, voici ce que l'on m'a demandé pour vous... Lisez.

Je lus, et, à mon grand étonnement, ce que je lus, c'était la lettre que je viens de transcrire.

Je savais que M. Sosthène de la Rochefoucauld, qui avait beaucoup d'amitié pour moi, devait, poussé par Beauchesne, présenter mon nom au travail de M. de la Bouillerie; mais j'étais loin de me douter que M. le duc d'Orléans consentît jamais à me recommander.

Je rougis beaucoup; je balbutiai quelques mots de remercîment, et je demandai au duc à qui je devais cette bonne fortune, d'être recommandé par lui.

— A un ami, me répondit-il, sans que je pusse en tirer autre chose.

Malheureusement, la recommandation de M. le duc d'Orléans n'eut aucun effet. On m'assura, dans le temps, que c'était M. Empis, chef de bureau à la maison du roi, qui avait paralysé cette bonne intention du prince et de M. de la Rochefoucauld.
— M. Empis suivait, en littérature, une ligne opposée à la mienne; il a fait une pièce extrêmement remarquable: *la Mère et la Fille;* le rôle principal en fut créé par Frédérick Lemaître, à son entrée à l'Odéon, avec un succès extraordinaire.

J'ai dit: « Malheureusement la recommandation de M. le duc d'Orléans n'eut aucun effet. » Expliquons le mot *malheureusement*.

Oui, malheureusement, car, à cette époque où la croix de la Légion d'honneur n'avait pas encore été prodiguée, la croix de la Légion d'honneur eût été pour moi une véritable récompense. J'étais jeune; j'étais plein de foi, d'ardeur, d'enthousiasme; j'entrais dans la carrière, enfin; ma nomination m'eût causé, alors, une véritable joie.

Mais c'est un des malheurs de ceux qui donnent, de ne jamais savoir donner à temps; cette croix que le duc d'Orléans demandait pour moi en 1830, le roi Louis-Philippe ne me la donna qu'aux fêtes de Versailles, en 1836; et encore ce ne fût pas lui qui me la donna, ce fut le prince royal, qui, à l'occasion de son mariage, avait eu à sa disposition une grand'croix, deux croix d'officier, et une croix de chevalier.

La grand'croix fut pour François Arago; les deux croix d'officier furent pour Augustin Thierry et Victor Hugo; la croix de chevalier fut pour moi.

Arrivé à cette époque de ma vie, je dirai toutes les histoires qui se rattachent à cette croix, et comment M. de Salvandy, pour qu'on lui pardonnât la croix d'officier donnée à Hugo, et la croix de chevalier donnée à moi, fut obligé de la donner en même temps à un brave garçon dont le nom parfaitement inconnu devait nous protéger de son obscurité.

Il en résulta que je mis la croix dans ma poche, au lieu de la mettre à ma boutonnière.

Cela me rappelle l'histoire du père d'un de mes confrères en littérature, marchand de coton très-riche, qui, ayant eu la croix pour avoir prêté deux millions à Charles X, n'en porta jamais le ruban qu'à la boutonnière du gousset de son pantalon.

Il me fallut donc, pour cette fois, me priver du ruban rouge.

J'en voulus, d'abord, à M. Empis d'avoir défait ce beau projet; mais je lui en voulus bien davantage, depuis, d'avoir fait *Julie, ou la Réparation!*

On s'était grandement amusé, pendant ce joyeux hiver de 1830, si rude qu'il fût. — Il y a ceci de remarquable que les révolutions surprennent presque toujours les peuples au milieu des danses, et les rois au milieu des feux d'artifice.

Il y avait eu surtout force bals masqués.

Il existait, alors, à Paris, un salon tout à fait artiste : c'était celui de madame Lafond.

Madame Lafond était, à cette époque, une femme de trente-six à trente-huit ans, dans tout l'éclat d'une beauté brune admirablement conservée, avec des yeux noirs pleins d'éloquence et des cheveux noirs pleins de souplesse ; joignez à cela un sourire ravissant, les mains les plus gracieuses du monde, un esprit à la fois distingué et bienveillant, et vous aurez une idée fort imparfaite de la maîtresse de ce salon.

Son mari était Lafond l'instrumentiste; il avait un grand

talent sur le violon; il était petit, blond; secondait à merveille sa femme dans les soirées qu'elle donnait, mais où il ne jouait guère que le rôle que joue le prince Albert à la cour de la reine Victoria.

Je crois qu'il s'est tué par accident, en tombant de voiture. Il avait deux fils beaucoup plus jeunes que moi, qui portaient encore la petite veste ronde, le col rabattu, et que l'on envoyait coucher à huit heures.

Ils sont devenus, depuis, deux charmants garçons que j'ai revus dans les ambassades.

A cette époque, on ne connaissait, comme costume fashionable, ni les pierrots ni les débardeurs ; Chicard et Gavarni étaient encore cachés dans les profondeurs de l'avenir, et le bal de l'Opéra ne sortait pas du domino traditionnel, avec lequel il eût été difficile de nouer ces galops insensés au son de cette musique terrible qui a fait proclamer Musard le Napoléon du cancan.

Le cancan lui-même, cette admirable danse nationale, la seule qui ait de l'imprévu et du pittoresque, était consigné à la barrière avec les objets prohibés par l'octroi.

Le choix d'un costume était chose grave pour un auteur de vingt-six ans, auquel, à tort ou à raison, on commençait, alors, à faire dans le monde une réputation d'Othello.

J'avais fait connaissance, chez Firmin, aux bals de Firmin, — et je ne sais pourquoi je n'ai point parlé des bals de Firmin, qui étaient de charmantes réunions où l'on était sûr de trouver, sans blanc ni rouge, les plus jeunes et les plus jolis visages de Paris,—j'avais, dis-je, fait, chez Firmin, connaissance d'un spirituel garçon, élève de M. Ingres, et devenu depuis un artiste éminent, d'Amaury Duval.

Il arrivait de Grèce; il avait fait partie de l'expédition artistique qu'on avait envoyée dans la patrie de Périclès, à la suite de la bataille de Navarin, et, à l'un des bals de Firmin, il était venu déguisé en Pallikar. Le Pallikar était fort bien porté dans ce temps-là : Byron l'avait mis à la mode; toutes nos plus jolies femmes avaient quêté pour cette mère des jolies femmes qu'on appelle la Grèce.

Depuis ce temps, je m'étais lié avec Amaury; plus tard, j'ai donné, en souvenir de notre jeune amitié, ou plutôt de notre amitié de jeunesse, son nom à l'un de mes romans. Il s'était déclaré le soutien enragé de nos œuvres, et c'était lui, on se le rappelle, fils et neveu d'académicien, qu'on avait accusé d'avoir, après la première représentation d'*Henri III,* demandé la tête des académiciens.

J'allai le trouver. Il s'agissait, dans un bal costumé, de tirer parti de mes avantages.

J'ai dit que je n'avais jamais été beau; mais j'étais grand, bien découplé, quoiqu'un peu mince; j'avais le visage maigre, de grands yeux, le teint brun; avec cela, s'il était impossible de faire de la beauté, il était aisé de faire du caractère.

Il fut convenu que le costume des Arnautes m'irait à merveille. Amaury me dessina un costume d'Arnaute.

Ce qu'il y avait surtout de remarquable dans ce costume, c'était le turban, qui, après s'être enroulé deux ou trois fois autour de la tête, passait sous le cou, et allait se rattacher à son point de départ.

Seulement, il fallait faire faire le costume, tout couvert de broderies, de soutaches et de galons.

On y travailla quinze jours.

Enfin la soirée arriva, il fut fini pour onze heures.

A minuit, j'entrais chez madame Lafond.

Ce costume, encore à peu près inconnu en France ; cette veste et ces guêtres de velours rouge brodées d'or; cette fustanelle blanche comme la neige, où l'on n'avait pas triché d'un seul lé; ces armes d'argent éblouissantes et merveilleusement ciselées; et surtout l'originalité de la coiffure attirèrent tous les yeux sur moi.

Je devinai que j'allais avoir un triomphe; mais ce que je ne devinais pas, c'est en quoi le triomphe consisterait.

Je n'avais pas fait dix pas dans la salle, qu'une jeune femme vêtue en prêtresse romaine, toute couronnée de verveine et de cyprès, s'excuse près de son danseur, le quitte, vient à moi, m'entraîne dans un petit boudoir, me fait asseoir, reste debout devant moi, et me dit:

— Ah! par exemple, monsieur Dumas, vous allez m'apprendre comment on met ce turban-là; je joue demain Desdemona avec Zucchelli; ces diables d'Italiens se costument ainsi que vous savez; je veux, au moins, qu'il soit coiffé comme vous; cela me montera la tête.

La prêtresse romaine, c'était madame Malibran, — madame Malibran, dont j'aurai tant à parler encore, et dont j'ai déjà parlé en deux occasions, à propos de la première représentation d'*Henri III*, dont elle vit tout le cinquième acte suspendue à la colonne d'une loge des troisièmes; et à propos de Dorval, dans les bras de laquelle elle courut se précipiter à la suite d'une représentation de *l'Incendiaire;* — c'était madame Malibran, l'incomparable artiste qui, seule peut-être, a réuni, à un degré auquel personne n'a atteint, le drame au chant, la force à la grâce, la gaieté à la tristesse.

Hélas! elle aussi est morte jeune! elle aussi n'est plus qu'une ombre à notre horizon! ombre de Desdémone, ombre de Rosine, ombre de la Somnambule, ombre de Norma, ombre resplendissante, mélodieuse, mélancolique, que ceux qui l'ont vue vivante revoient vivante encore, mais qui n'est plus qu'un fantôme pour ceux qui ne l'ont pas vue!

Elle est morte jeune; mais, au moins, elle a emporté dans la tombe tous les bénéfices des morts prématurées; elle est morte belle, aimante, aimée, au milieu de ses triomphes, ceinte de sa gloire, couronnée de ses succès, ensevelie dans sa renommée!

Mais les artistes de théâtre ne laissent rien d'eux-mêmes, rien qui puisse transmettre à la postérité la pureté de leur chant, la grâce de leur pose, la passion de leur geste, — rien que ce reflet qui en reste dans la mémoire des contemporains.

C'est donc à nous, peintres ou poëtes, qui laissons après nous quelque chose: c'est à nous, privilégiés de l'art, qui avons la faculté de reproduire la forme ou l'esprit des choses matérielles et périssables avec le pinceau ou la plume; c'est à nous, à qui Dieu a donné pour âme un miroir qui, au lieu d'oublier, se souvient; c'est à nous de vous faire revivre, ô nos frères! ô nos sœurs! tels que vous étiez, et, s'il est possible, plus grands encore, plus beaux encore que vous n'étiez!

Quand j'ai commencé ce livre, croyez-vous, vous qui me lisez, que ç'ait été dans le but égoïste de dire éternellement *moi?* Non, je l'ai pris comme un cadre immense pour vous y faire entrer tous, frères et sœurs en art, pères ou enfants du siècle, grands esprits, corps charmants, dont j'ai touché les mains, les joues, les lèvres; vous qui m'avez aimé, et que j'ai aimés; vous qui avez été ou qui êtes encore la splendeur de notre époque; vous-mêmes qui m'êtes restés inconnus; vous-mêmes qui m'avez haï! Les *Mémoires d'Alexandre Dumas!* mais c'eût été ridicule! Qu'ai-je donc été par moi-même, individu isolé, atome perdu, grain de poussière emporté dans tous les tourbillons? Rien! Mais, en m'adjoignant à vous, en pressant de la main gauche la main droite d'un artiste, de la main droite la main gauche d'un prince, je deviens un des anneaux de la chaîne d'or qui relie le passé à l'avenir. Non, ce ne sont pas mes Mémoires que j'écris; ce sont les Mémoires de tous ceux que j'ai connus, et, comme j'ai connu tout ce qui était grand, tout ce qui était illustre en France, ce que j'écris, ce sont les Mémoires de la France.

Je passai une bonne partie de ma soirée à apprendre à madame Malibran comment on mettait un turban d'Arnaute, et, le lendemain, Zucchelli jouait Othello, coiffé comme je l'étais la veille.

Madame Malibran avait eu raison : sans doute, la coiffure d'Othello lui avait *monté la tête;* jamais elle n'avait été si belle, si grande, si sublime!

Au revoir, Marie! — car, vous aussi, vous vous appeliez Marie, comme Marie Dorval, comme Marie Pleyel... Au revoir! je vous retrouverai à Naples!

CXXXIX

Pourquoi la recommandation du duc d'Orléans au sujet de ma croix avait échoué. — Le milliard d'indemnité. — Voyage de la Fayette en Auvergne. — Sa réception à Grenoble, à Vizille et à Lyon. — Voyage de Charles X en Alsace. — Varennes et Nancy. — Ouverture des Chambres. — Le discours royal et l'adresse des 221. — L'article 14. — La conquête d'Alger, et la reprise de nos frontières du Rhin.

Passons d'une soirée d'artiste à une soirée aristocratique, et qui fit un bien autre bruit!

Je veux parler de la fameuse soirée du Palais-Royal; de la soirée donnée, le 31 mai 1830, par M. le duc d'Orléans à son beau-frère le roi de Naples.

Mais, auparavant, reprenons les choses d'un peu plus haut.

Pourquoi la recommandation de M. le duc d'Orléans au sujet de ma croix avait-elle eu si peu d'influence?

C'est que, de jour en jour, et au fur et à mesure que sa popularité grandissait, son crédit baissait aux Tuileries.

C'est que, de jour en jour, le duc d'Orléans, enhardi, et pesant dans son esprit cette question qu'il fallait poser, m'avait-il dit, à un concile, et non à un prince du sang, laissait échapper contre la cour des paroles qui indiquaient une opposition plus ouverte.

C'est que, depuis l'entrée de M. de Polignac au ministère, c'est-à-dire depuis le lendemain de cette fameuse audience de Victor Hugo, reçu par le roi à Saint-Cloud, tout le monde s'attendait à une révolution.

Il fallait que cette révolution fût bien publiquement flottante dans l'air, puisque, pour mon compte, j'avais répondu à M. de Lourdoueix ce fameux *j'attendrai*, qui, eussé-je attendu, ne m'eût guère remis qu'à six mois.

Le 2 mars, la Chambre s'était ouverte.

Le roi se présenta à la séance d'ouverture décidé à un coup d'État.

Qui avait décidé Charles X à ce coup d'État ?

Mille choses.

Son voyage, à lui, en Alsace ; le voyage de M. de la Fayette en Auvergne ; puis d'autres événements que nous indiquerons en leur lieu et place.

Le général la Fayette, après avoir touché son indemnité comme émigré royaliste, avait résolu de faire, comme républicain, un voyage en Auvergne.

En effet, le milliard indemnitaire venait d'être distribué, et, chose étrange ! il avait encore plus enrichi les libéraux que les royalistes.

Le duc d'Orléans touchait seize millions pour sa part.

Le duc de Liancourt touchait un million quatre cent mille francs ;

Le duc de Choiseul, un million cent mille francs ;

Le général la Fayette, quatre cent cinquante-six mille cent quatre-vingt-deux francs ;

M. Gaëtan de la Rochefoucauld, quatre cent vingt-huit mille deux cent six francs ;

M. Thiars, trois cent cinquante-sept mille huit cent cinquante francs ;

Enfin, M. Charles de Lameth, deux cent un mille six cent quatre-vingt-seize francs.

Le général la Fayette partit donc pour l'Auvergne.

Le général la Fayette, que j'ai beaucoup connu, et qui avait quelque amitié pour moi ; le général la Fayette, — que j'espère peindre à son tour dans la suite de ces Mémoires, sans que le respect du jeune homme et la sympathie de l'ami nuisent à l'impartialité de l'historien, — était né en 1757, à Chavagnac, près de Brioude, et, quelques jours avant la clôture de la session de 1829, était, comme nous l'avons dit, parti pour l'ancien pays des Arvernes. Il avait cédé au désir de revoir cette terre natale qui jette dans notre âme de si profonds souvenirs, qu'elle nous attire à elle pendant tout le cours de notre vie, avec cela de remarquable, que cette attraction est d'autant plus grande qu'on avance vers la mort, comme si la nature avait mis une certaine joie pour l'homme à aller chercher sa tombe près de son berceau.

Or, le général la Fayette avait, dans ce voyage, été reçu avec joie, avec amour, avec respect, mais sans fanatisme. Des banquets lui avaient été donnés à Issoire, à Clermont, à Brioude ; mais ces banquets n'avaient eu jusque-là aucun caractère politique : c'étaient des concitoyens qui fêtaient un concitoyen, et pas autre chose.

Tout à coup, on apprit le changement de ministère, et l'avénement de M. de Polignac au pouvoir.

A partir de ce moment, à la minute même où arrive la nouvelle de ce changement de ministère, le voyage de la Fayette change d'aspect ; c'est à la fois quelque chose de puissant comme une protestation et de religieux comme une espérance. Le général était au Puy, — chose remarquable, — dans la même ville où avaient régné les aïeux de M. de Polignac, lorsque, deux heures avant le repas qu'on lui prépare, on apprend la formation du ministère du 8 août ; aussitôt on se réunit, on s'agite, on se presse autour de l'illustre voyageur ; des cris de « Vive la Fayette ! » se font entendre, et, au repas qui est donné deux heures après, on porte ce toast, passablement révolutionnaire :

— A la chambre des députés, le *seul et dernier espoir* de la France !

Le général avait résolu d'aller à Vizille voir sa petite-fille, femme de M. Augustin Périer ; elle y habitait le château bâti autrefois par le connétable de Lesdiguières, vieux manoir féodal devenu la maison du fabricant et l'atelier de l'industriel.

Pour se rendre à Vizille, la ville historique où les états de 1788 manifestèrent les premiers, avec ceux de Bretagne, l'opposition aux volontés royales, il fallait passer par Grenoble.

D'ailleurs, ne l'eût-il point fallu, le général était bien homme à se détourner de deux ou trois lieues pour cueillir cette fleur de la popularité qui se fane si vite, et qui, à quarante ans de distance, renaissait pour lui aussi fraîche la seconde fois que la première.

Grenoble est la ville de l'opposition ; nulle part n'ont germé d'aussi vigoureuses semences de liberté que dans cette cité insoumise, qui brisa, pour en faire hommage à Napoléon, en 1815, les portes qu'on ne voulait pas lui ouvrir ; qui vit, en 1816, guillotiner Didier, Drevet et Buisson, et fusiller vingt-deux conspirateurs, parmi lesquels étaient un vieillard de soixante-cinq ans et un enfant de quinze !

Quarante jeunes gens à cheval et plusieurs voitures sortirent pour aller au-devant du général, le rencontrèrent à une lieue de la ville, et lui firent cortége ; puis, à la porte de France, l'ancien maire, — destitué, sans doute, au milieu de toutes les réactions politiques de l'époque, — l'attendait, et lui présenta une couronne de chêne au feuillage d'argent.

Cette couronne, *témoignage de l'amour et de la reconnaissance du peuple*, était le résultat d'une souscription à cinquante centimes.

A Vizille, on fit mieux encore, on tira le canon.

Le 5 septembre, ce fut au tour de Lyon de manifester au général une sympathie qui avait tout le caractère d'une ovation.

En effet, une députation fut nommée pour recevoir le général sur les limites du département du Rhône ; cette députation était escortée d'une troupe de cinq cents cavaliers, de mille jeunes gens à pied, et de soixante voitures occupées par les principaux négociants de la ville. — Au milieu de ces voitures était une calèche vide, attelée de quatre chevaux, et destinée au général.

A la porte de Lyon, le général fut harangué par un ancien avocat. Nous ne nous rappelons pas cette harangue plus que libérale ; nous nous rappelons seulement quelques mots de la réponse de celui auquel elle était adressée.

— Aujourd'hui, répondit le général, après une longue diversion de brillant patriotisme et d'espérances constitutionnelles, je me retrouve au milieu de vous dans un moment que j'appellerais critique, si je n'avais reconnu partout sur mon passage, si je ne voyais dans cette puissante cité cette fermeté calme, et même dédaigneuse, d'un grand peuple qui connaît ses droits, sent sa force, et restera fidèle à ses devoirs !

C'était, à dix mois de distance, prophétiser l'association bretonne, le refus de l'impôt, et la révolution de juillet.

La relation du voyage du général fut imprimée et vendue à cent mille exemplaires.

« Jupiter aveugle ceux qu'il veut perdre. »

La monarchie était bien aveuglée !

Un des journaux du pouvoir publia sur ce voyage un article dont voici quelques lignes :

« Le voyage du général la Fayette est une orgie révolutionnaire qui est moins le résultat d'un enthousiasme patriotique que des combinaisons de l'esprit de parti. Le comité directeur et les loges maçonniques les avaient commandées ; on voulait fêter la Révolution dans la personne de celui qui, depuis 1789, en avait prêché et défendu les principes ; c'est, en un mot, la Révolution vivante élevée sur le pavois. »

Quant au voyage de Charles X en Alsace, il est bon que nous en disions aussi quelques mots ; il fera pendant à celui du général la Fayette. D'ailleurs, tous les événements prennent un intérêt de l'approche des grandes catastrophes.

Ce voyage, tout au contraire de celui de la Fayette, qui, comme on vient de le voir, avait excité partout l'enthousiasme des populations, n'avait, suivant la coutume des voyages princiers, présenté qu'un dévouement officiel et factice étendu sur des haines réelles, comme on étend un beau tapis sur une table vermoulue. Bien plus, il avait offert quelques-uns de ces augures funestes qui annoncent les grands cataclysmes politiques.

On avait traversé Varennes ; — et, d'abord, par quel hasard, par quel oubli, par quel malheur Varennes, la ville fatale à la monarchie, avait-elle trouvé place dans l'itinéraire du roi ? — mais ce n'était pas le tout : à Varennes, on s'était arrêté, pour changer de chevaux, juste au même endroit où Louis XVI, la reine, madame Élisabeth, les enfants de

France et leur gouvernante, madame de Tourzel, avaient été forcés de s'arrêter eux-mêmes devant les menaces de Drouet, et de descendre de leur voiture pour suivre M. Sausse dans son magasin d'épiceries, qui fut pour eux l'antichambre du Temple.

Madame la duchesse d'Angoulême, qui avait été de ce premier voyage, était du second.

En reconnaissant l'endroit fatal après trente-huit ans, elle tressaillit, poussa un cri, ne voulut pas donner à la voiture le temps de relayer, et ordonna aux postillons de doubler la poste.

Cette fois, les postillons obéirent ; — le 21 juin 1791, ils avaient refusé.

Cependant, ils ne partirent point si vite qu'on ne pût entendre la duchesse d'Angoulême murmurer quelques paroles imprudentes ; ces paroles, emportées par le vent de la haine, précédèrent la duchesse sur la route ; si bien que, lorsque, arrivé à Nancy, la ville royaliste par excellence, Charles X se montra avec sa famille sur le balcon du palais pour saluer le peuple, des sifflets retentirent à plusieurs reprises, couvrant les rares acclamations qui s'élevaient à chaque salut du roi : le peuple traitait ses princes comme on traite des acteurs qui ont mal joué leur rôle.

Le duc d'Orléans ne perdait rien de vue ; ainsi qu'un chasseur à l'affût, il s'apprêtait à profiter de toutes les fautes du gibier royal chassé par lui.

Aussi, moi qui, familier dans la maison, sentais, pour ainsi dire, battre le pouls de son ambition, je ne faisais aucun doute de ses désirs, que chaque jour écoulé convertissait visiblement en espérances.

J'ai dit que la Chambre s'était ouverte le 2 mars 1830.

J'assistais à cette ouverture.

Au moment où le roi mettait le pied sur la première marche du trône, son pied s'embarrassa dans le tapis de velours qui la couvrait.

Le roi fit un faux pas, et faillit tomber.

Sa toque roula à terre.

Le duc d'Orléans se précipita pour la ramasser, et la rendit au roi.

Je touchai mon voisin du coude ; — autant que je puis me le rappeler, c'était Beauchesne.

— Avant un an, lui dis-je, il en arrivera autant de la couronne... Seulement, au lieu de la rendre à Charles X, le duc d'Orléans la gardera pour lui.

Ce fut dans le discours que prononça Charles X, après avoir raffermi sur sa tête cette toque que venait de lui rendre le duc d'Orléans, que se trouvait ce fameux paragraphe :

« Je ne doute pas de votre concours pour opérer le bien que je veux faire. Vous repousserez avec mépris les perfides insinuations que la malveillance cherche à propager. Si de coupables manœuvres suscitaient à mon pouvoir des obstacles que je ne veux pas, que je ne dois pas prévoir, je trouverais la force de les surmonter dans ma résolution de maintenir la paix publique, dans la juste confiance des Français, et dans l'amour qu'ils ont toujours pour leur roi. »

A ce discours répondit l'adresse des 221 ; à ce paragraphe, cet autre paragraphe :

« La Charte a fait du concours permanent des vues politiques de votre gouvernement avec les vœux de votre peuple, la condition indispensable de la marche régulière des affaires publiques. Sire, notre loyauté, notre dévouement, nous condamnent à vous dire que ce concours n'existe pas. »

C'était une déclaration de guerre dans toutes les règles.

En entendant la lecture de l'adresse, Charles X tressaillit de tout son corps.

Puis, lorsque la députation eut quitté les Tuileries :

— Je ne souffrirai pas qu'on trempe ma couronne dans le ruisseau ! dit-il.

Et la Chambre fut dissoute.

C'étaient là de ces événements qui, alors, retentissaient dans tous les cœurs, même dans celui du *Journal des Débats*.

Il attaqua le ministère avec une violence qui n'est point dans ses habitudes.

« Polignac, la Bourdonnaye et Bourmont, s'écria-t-il, c'est-à-dire Coblence, Waterloo, 1815 ! Voilà les trois principes, voilà les trois personnages du ministère ! Pressez-les, tordez-les, et il n'en dégouttera qu'humiliations, malheurs et dangers! ».

Charles X lut l'article.

— Ah! dit-il, ces gens-là ne savent donc pas que, dans cette Charte qu'ils invoquent, il y a un article 14 que nous pouvons leur mettre sous la gorge?

Et, en effet, le ministère Polignac n'avait été créé et mis au monde que pour pouvoir appliquer ce fameux article 14 que Louis XVIII avait caché dans la Charte comme un poignard de miséricorde, mais dont il n'avait jamais voulu se servir.

C'était dans cet article 14 que reposait toute l'espérance du roi et de M. de Polignac.

Aussi, lorsqu'on avait appelé M. de Peyronnet au ministère :

— Songez, lui avait dit M. de Polignac, que nous voulons appliquer l'article 14.

— C'est bien aussi mon intention! avait dit M. de Peyronnet.

Tout allait donc pour le mieux, puisque tout le monde était d'avis d'appliquer à la France ce topique de l'article 14 ; seulement, restait à savoir si la France se le laisserait appliquer.

Au reste, on espérait, par deux éblouissants mirages, lui faire tourner la tête d'un autre côté ; et, tandis qu'elle serait tout attentive à ces deux grands événements, on lui passerait un bâillon entre les dents, on lui mettrait un bandeau sur les yeux.

Ces deux événements, c'étaient la conquête d'Alger et la restitution de nos frontières du Rhin.

De la conquête d'Alger, vous savez la cause : un jour, agacé par notre consul, le dey lui avait donné un coup d'éventail à travers le visage. Ce coup d'éventail avait été suivi de trois ans de blocus ; mais, attendu que ce blocus ne bloquait rien, Hussein-dey, avec la logique turque, en avait conclu que, comme l'insulté, en Turquie, se venge toujours dans la mesure de sa force, nous n'étions pas bien forts, puisque nous ne nous vengions pas.

En conséquence, étant bloqué, et tout bloqué qu'il était, il se donna la distraction de faire canonner le vaisseau d'un parlementaire; en outre, il menaçait tout bonnement notre consul à Tripoli de le faire empaler ; notre consul à Tripoli, qui n'avait aucun goût pour ce genre de mort, se réfugia à bord d'un bâtiment anglais, qui le déposa, un beau jour, à Marseille.

C'était par trop d'insolences: l'expédition d'Afrique fut résolue.

L'Angleterre, cette bonne amie, cette chère alliée, qui, en cette double qualité, se croit le droit de se mêler de toutes nos affaires ; qui, toutes les fois que nous mettons le pied sur un rivage quelconque, tremble que ce ne soit pour y établir un comptoir; l'Angleterre, qui, après nous avoir pris l'Inde, les Antilles, l'île de France, voudrait nous prendre encore les deux ou trois stations qui nous restent, soit dans le golfe du Mexique, soit dans l'Océanie, soit dans la mer des Indes, s'inquiéta fort de ce projet d'expédition.

La Russie, au contraire, s'en réjouissait: la France lui plaisait campée de l'autre côté de la Méditerranée, surveillant le Portugal et Gibraltar.

Charles X avait compris que la Russie était sa véritable alliée; que, nous autres dominateurs de l'Occident, nous n'avions rien à démêler avec elle, dont les ambitions regardent l'Orient. L'Autriche, à cause de ses côtes de la Méditerranée, donnait la main à l'expédition ; la Hollande, dont le consul avait été mis à la chaîne par ordre du dey, y applaudissait; le roi de Piémont, qui y voyait la sûreté du commerce de Gênes et de la Sardaigne, s'en réjouissait fort ; la Grèce, qui y voyait un nouveau coup porté à ses vieux ennemis, nous faisait signe d'aller en avant; Méhémet-Ali, qui y voyait l'affaiblissement de la Porte, nous offrait son concours ; enfin, toutes les puissances de l'Italie moderne : la Toscane, Rome, Naples et la Sicile, nous criaient bravo !

C'était une bien belle occasion d'envoyer, au moins une fois, promener l'Angleterre.

Ce fut M. d'Haussez, le ministre de la marine, qui s'en chargea.

Un jour, lord Stuart, l'ambassadeur de Londres à Paris, vint, avec cet air rogue qui n'appartient qu'au diplomate anglais, lui demander une explication.

— Si vous désirez une explication diplomatique, répondit M. d'Haussez, M. le président du conseil vous la donnera ; si une explication personnelle vous suffit, je vous la donne, et la voici : Nous nous f...... de vous !

J'étais chez madame du Cayla le soir où M. d'Haussez raconta cette héroïque brutalité ; je dois dire que tout le monde y applaudit, même les femmes.

Lord Stuart transmit la réponse à son gouvernement, qui, sans doute, la trouva bonne, puisqu'il nous laissa faire.

L'histoire se chargera d'enregistrer les oppositions qui furent faites au projet de conquête : Alger était imprenable ; c'était prouvé, disait-on, par l'expédition de Charles-Quint en 1541, de Duquesne en 1662, et de lord Exmouth en 1816 ; toutes trois avaient échoué ou avaient donné de médiocres résultats ;

Heureusement, ce ne fut point l'avis de François Arago, qu'on envoya chercher pour le consulter. — François Arago connaissait Alger, ayant été fait prisonnier par un corsaire, et étant resté plusieurs mois à son bord.

Il dit qu'on trouverait aux environs d'Alger deux choses niées par les ingénieurs, — du bois et de l'eau.

Il convainquit M. de Polignac, qui ne demandait pas mieux que d'être convaincu ; M. de Polignac, à son tour, convainquit le général Bourmont, qui accepta le commandement de l'armée de terre, et l'amiral Duperré, qui accepta le commandement de la flotte. Puis, tous les préparatifs poussés avec ardeur, cent trois bâtimens de guerre, trois cent soixante et dix-sept bâtimens de transport, et deux cent vingt-cinq bateaux portant trente-six mille hommes de débarquement et vingt-sept mille marins, mirent à la voile le 16 mai, et, sortant du port de Toulon, s'avancèrent majestueusement vers Alger.

Voilà pour la conquête d'Alger, qui, on le voit, à la fin du mois de mai où nous allons arriver, était en bon train.

Maintenant, passons à la restitution de nos frontières du Rhin.

Un accident n'avait point, comme l'autre, amené ce projet. Non, c'était une combinaison politique, combinaison dont tout l'honneur doit revenir à M. de Renneval; car ce fut M. de Renneval qui en conçut et en émit la première idée.

La France et la Russie contractaient une alliance offensive et défensive contre l'Angleterre.

Forte de cette alliance, la France reprenait ses frontières du Rhin, et, fermant les yeux, laissait, de son côté, la Russie prendre Constantinople.

La Turquie crierait, mais on s'en inquiétait peu.

La Prusse crierait, la Hollande crierait. Alors, on prendrait le Hanovre à l'Angleterre, et l'on en ferait deux parts.

On donnerait l'une à la Prusse, l'autre à la Hollande.

Quant à l'Autriche, elle se tairait, grâce à une portion de la Servie, dont on pétrissait un gâteau qu'on lui jetait comme à Cerbère, non-seulement pour l'empêcher de mordre, mais encore pour l'empêcher d'aboyer.

C'était, comme on voit, deux beaux projets à mener de front pour un roi de France. Le même homme abolissant la puissance barbaresque, effroi de la Méditerranée, et rendant à la France ses provinces rhénanes, c'est-à-dire accomplissant un exploit où avait échoué Charles-Quint, et reconquérant par la négociation ce que Napoléon avait perdu par les armes, — c'était à la fois un grand homme de guerre et un grand homme politique.

Qu'avait-on à craindre, et qui pouvait faire échouer la royauté dans ce double projet?

Deux éléments : l'Océan ! le peuple !

CXL

La soirée du 31 mai 1830 au Palais-Royal. — Le roi de Naples. — Question d'étiquette. — Comment il faut parler au roi de France. — Ce qu'était Charles X. — M. de Salvandy. — Les premières flammes du volcan. — Le duc de Chartres m'envoie aux renseignements. — Alphonse Signol. — Je l'arrache des mains d'un garde royal. — Son exaspération et ses menaces. — Le volcan n'était qu'un feu de paille.

Ce fut sur ces entrefaites qu'eut lieu le bal dont j'ai parlé au commencement de l'autre chapitre.

Ce bal, nous l'avons dit, était donné par le duc d'Orléans à son beau-frère le roi de Naples.

Le roi de Naples était cet ignoble François, fils de Ferdinand et de Caroline, qui, choisi, en 1820, par les patriotes pour les représenter, avait trahi les patriotes ; qui, donné pour tuteur à la révolution, avait étouffé la révolution. Maitre de sa bourgeoisie, décimée en 1798, proscrite en 1820 ; sûr de ses lazzaroni, — la véritable force sur laquelle s'appuie le trône des Deux-Siciles, — il venait visiter la France, et passer quelques jours en famille.

Les voyageurs couronnés — la reine était du voyage — avaient été parfaitement reçus à la cour, et, cependant, telle était la répulsion que Paris avait manifestée pour ce trahisseur, que le préfet de la Seine, quelque désir qu'il en eût, n'avait point osé lui donner une fête, de peur que le peuple ne cassât ses carreaux.

Soutenu par l'excuse de la parenté, comptant sur sa popularité toujours croissante, le duc d'Orléans osa ce que n'avait point osé le préfet de la Seine.

Seulement, restait à vider une grande question, ou plutôt à obtenir une grande faveur : c'était que le roi Charles X assistât à cette fête.

Je me rappelle tout le mouvement qui se fit, à cette époque, au Palais-Royal. Le duc d'Orléans, qui savait son cérémonial aussi bien qu'homme du royaume, n'ignorait pas qu'un roi de France donne des fêtes, mais n'en accepte pas. Il y avait bien un précédent à cette dérogation : une centaine d'années auparavant, Louis XV, en revenant de je ne sais quel voyage ou quelle fête, avait passé trois jours chez M. le prince de Condé; mais c'était *à la campagne,* à Chantilly, ce qui était sans conséquence. Il est vrai aussi qu'en allant chez le duc d'Orléans, on allait chez la duchesse, et que la duchesse était fille d'un roi et d'un *vrai Bourbon,* comme disait madame la duchesse d'Angoulême, ce qui n'était pas gracieux pour les d'Orléans, lesquels, alors, se trouvaient de *faux Bourbons*; mais c'était si beau de recevoir le roi chez soi ! un si grand honneur devait en rejaillir sur le lambel d'or de la famille, que le duc d'Orléans ferma les yeux pour ne pas voir la grimace que faisait madame la dauphine, ferma les oreilles pour ne pas entendre les paroles que disait madame la duchesse d'Angoulême, et, poursuivant sa demande, insista si respectueusement, que Charles X se laissa fléchir, à la condition qu'une compagnie de ses gardes occuperait le Palais-Royal une heure avant son arrivée.

C'était une bien misérable question que cette question d'étiquette, comparée à celle qui se débattait à cette heure entre le peuple et la monarchie.

Une fois la promesse royale obtenue, toute la maison ne songea plus qu'au bal.

On résolut de montrer au roi de Naples toutes les illustrations littéraires et artistiques de la France. Le roi Charles X, qui les connaissait peu ou point, les verrait en même temps; on ferait ainsi d'une pierre deux coups.

Il paraît que j'étais une fausse illustration, comme les d'Orléans étaient de faux Bourbons; car j'avais été, sinon oublié, du moins omis sur la liste.

Le duc de Chartres réclama, et l'excellent jeune homme eut la joie de m'envoyer un billet d'entrée.

J'hésitais à aller à la fête. Cet homme que je devais y voir, c'était le fils de ce roi et de cette reine qui avaient empoisonné mon père. Mais ne pas répondre à l'invitation, c'eût été faire, et par mon absence un chagrin, et par la cause de cette absence une douleur au duc de Chartres. Je pris le parti d'accepter.

Les invitations portaient : *Huit heures et demie;* le roi Charles X arrivait à neuf heures.

En m'apercevant, le duc d'Orléans vint à moi ; j'étais tout étonné de cette marque d'attention.

Il s'agissait, non pas d'une faveur à me faire, mais d'un conseil à me donner. Son Altesse royale me supposait assez peu ferré sur l'étiquette, et voulait me chausser d'un fer neuf, afin que je ne glissasse point sur le parquet du Palais-Royal.

— Monsieur Dumas, me dit le duc, si, par hasard, le roi vous faisait l'honneur de vous adresser la parole, vous savez qu'en lui répondant vous ne devez dire ni *sire* ni *majesté*, mais simplement *le roi ?*

— Oui, monseigneur, répondis-je, je sais cela.

— Comment, vous savez cela ?

— Oui, monseigneur ; et même je sais pour quel motif on doit parler ainsi. Les mots *sire* et *majesté* ont été profanés du moment qu'ils ont été donnés à l'usurpateur, et les vrais courtisans ont pensé, avec beaucoup de sagacité, qu'ils ne pouvaient plus être donnés à un roi légitime.

— Très-bien ! dit le duc en tournant sur ses talons, et en indiquant visiblement par l'accent de sa voix qu'il eût autant aimé que j'eusse été un peu moins instruit des choses de cour.

Dix minutes après, on entendit battre aux champs.

Le duc d'Orléans prit la duchesse par le bras, fit signe à madame Adélaïde et au duc de Chartres de le suivre, et s'avança avec tant de rapidité au-devant du royal visiteur, qu'il perdit sa femme dans la chambre des gardes, comme avait fait, trois mille ans auparavant, Énée en sortant de Troie, et comme devait faire, dix-huit ans plus tard, le duc de Montpensier en sortant des Tuileries.

Le duc se trouva dans le grand vestibule du Palais-Royal au moment où Charles X, descendant de voiture, mettait le pied sur le premier degré de l'escalier qui y conduisait.

On s'était précipité derrière les illustres hôtes, que l'on vit reparaître, à travers une double haie de gardes, dans l'ordre suivant :

Le roi Charles X marchait le premier, donnant le bras à madame la duchesse d'Orléans.

M. le dauphin venait ensuite, donnant le bras à madame Adélaïde ;

Puis, le duc d'Orléans, donnant le bras à madame la dauphine ;

Et, enfin, M. le duc de Chartres, donnant le bras à madame la duchesse de Berry.

Au-devant d'eux, et pour les recevoir à la porte du premier salon, s'avancèrent le roi et la reine de Naples.

Il y a déjà vingt-deux ans que le roi Charles X est allé mourir dans l'exil ; les hommes de notre génération l'ont vu ; mais les hommes de trente ans et les jeunes gens de vingt ne l'ont pas vu : c'est pour eux que nous écrivons les lignes suivantes.

Charles X était, alors, un vieillard de soixante et seize ans, grand, mince, portant d'habitude un peu inclinée sa tête, garnie de beaux cheveux blancs ; il avait l'œil encore vif et souriant, le nez bourbonien, la bouche disgracieuse, à cause de la lèvre inférieure qui retombait sur le menton ; du reste, plein de grâce, de courtoisie, de foi et de loyauté ; fidèle à ses amitiés, fidèle à ses serments ; il avait tout d'un roi, excepté l'enthousiasme. Il avait dans les manières quelque chose de grand et de royal qu'il tenait de sa race. Si l'article 14 n'eût pas été dans la Charte, il n'eût certes pas songé à faire un coup d'État ; car, pour faire un coup d'État, il eût fallu manquer à son serment, forfaiture après laquelle — il le disait lui-même — il n'eût osé regarder ni le portrait de François Ier, ni la statue du roi Jean. Au surplus, désirant l'absolutisme par paresse, la tyrannie par défaut d'activité, il avait coutume de dire, à propos de tyrannie et d'absolutisme : « Vous pétririez tous les princes de la maison de Bourbon dans le même mortier, que vous n'en tireriez pas un grain de despotisme ! » et Louis Blanc l'a admirablement peint dans ces lignes : « Aussi humain que médiocre, s'il voulait que son pouvoir fût absolu, c'était pour se dispenser de le rendre violent, car il n'y avait en lui rien d'énergique, pas même son fanatisme; rien de grand, pas même son orgueil. »

Au reste, la précaution qu'avait prise le duc d'Orléans à mon endroit était exagérée.

Le roi ne regarda même pas de mon côté; il est vrai que je ne cherchai pas le moins du monde à me trouver dans la direction du regard du roi.

J'avais une véritable antipathie pour les Bourbons de la branche aînée, et il a fallu aux morts l'histoire, aux vivants l'exil, pour que je leur rendisse plus tard la justice qui leur est due.

Le roi, le dauphin, la dauphine et la duchesse de Berry arrivés, la fête commença.

M. de Salvandy a raconté, à propos de cette fête, toute sa conversation avec le duc d'Orléans, conversation commençant par ces mots, qui firent la fortune politique de l'auteur d'*Alonzo* :

— Monseigneur, c'est une vraie fête napolitaine, car nous dansons sur un volcan...

Et, en effet, le volcan ne tarda point à jeter ses premières flammes.

Elles partirent du Palais-Royal, cratère de 1789, que l'on croyait éteint depuis trente-cinq ans, et qui n'était qu'endormi.

J'étais là, je le vis jaillir, je puis raconter l'éruption : elle se fit sous mes yeux.

J'avais cherché l'air sur la terrasse; je rêvais à cette étrange coïncidence du hasard qui me faisait, moi, déjà républicain à cette époque, témoin presque obligé de cette fête, donnée par ces Bourbons de France, contre lesquels mon père avait combattu, à ces Bourbons de Naples, qui l'avaient empoisonné, quand, tout à coup, de grands cris retentirent et de grandes lueurs apparurent dans le jardin du Palais-Royal.

Une flamme immense, pareille à celle d'un bûcher, s'élevait du carré de gazon d'un des parterres, et semblait jaillir du piédestal de la statue d'Apollon.

Voici ce qui était arrivé. Les nombreux spectateurs de la fête princière, entassés dans le jardin du Palais-Royal, avaient voulu avoir leur part de plaisir : au mépris des sentinelles qui gardaient les carrés de gazon, une douzaine de jeunes gens avaient enjambé les balustrades, et, se tenant par la main en chantant le vieux *Ça ira* révolutionnaire, ils avaient commencé une ronde.

Pendant ce temps, d'autres jeunes gens s'étaient amusés à établir une pyramide de chaises, et à illuminer cette pyramide en plaçant dans les interstices des chaises des lampions pris à droite et à gauche.

Le principal architecte de ce tremblant édifice, le principal acteur de cette ronde révolutionnaire, était un jeune homme à qui sa mort a donné quelque célébrité.

Il s'intitulait homme de lettres, et s'appelait Alphonse Signol.

Trois jours auparavant, il était venu m'apporter, en me priant de le lire, un drame ayant pour titre : *le Chiffonnier*.

Certes, le drame n'était pas sans mérite, — et l'on verra plus tard ce qu'il devint, — mais c'était si loin de la littérature que je faisais, et que, par conséquent, je comprenais, qu'il m'eût été impossible de l'aider en rien, même d'un conseil.

Tant que Signol n'avait fait que poser les lampions sur les chaises, tout avait bien été; mais il s'avisa de poser les chaises sur les lampions, et tout alla mal.

La flamme d'un lampion gagna la paille d'une chaise, et le bûcher s'alluma.

De là les cris, de là les lueurs, de là les femmes fuyant à travers les arbres du jardin et sous les arcades des galeries de pierre.

Ce tumulte attira vite l'attention des hôtes de M. le duc d'Orléans.

Des cris et un incendie dans ce jardin du Palais-Royal

tandis que Charles X se trouvait dans les appartements, c'était grave !

Je vis le duc d'Orléans qui gesticulait vivement à une fenêtre, et, comme je commençais à me préoccuper bien plus de ce qui se passait dedans que de ce qui s'accomplissait dehors, je sentis qu'on me touchait doucement l'épaule.

Je me retournai. C'était M. le duc de Chartres, qui, après avoir inutilement essayé de distinguer quelque chose au milieu de ce désordre et de cette fumée, désirait savoir si j'avais été plus heureux que lui.

Je répondis négativement; mais, en même temps, j'offris d'aller m'informer par moi-même de la cause et du résultat de ce tumulte.

Comme le duc de Chartres repoussait cette offre seulement de manière à me faire voir qu'il ne la repoussait que par discrétion, en cinq secondes je fus dans le vestibule, et en cinq autres secondes dans le jardin.

J'arrivai tout juste pour être témoin d'une lutte entre un jeune homme et un soldat, lutte dans laquelle le jeune homme allait avoir le dessous, quand, croyant le reconnaitre, je m'élançai.

Vigoureux comme je le suis, j'eus bientôt séparé les deux adversaires.

Je ne m'étais pas trompé : le jeune homme, c'était Signol.

Le soldat était un caporal ou un sergent appartenant au 3ᵉ régiment de la garde.

Signol avait été assez maltraité dans la lutte ; aussi était-il furieux. Tout séparé qu'il était du soldat, il le menaçait encore.

— Ah ! misérable, lui disait-il en lui montrant le poing, je ne veux pas avoir affaire à toi...; mais le premier officier de ton régiment que je rencontre, j'engage ici ma parole d'honneur que je lui enverrai un soufflet.

J'essayai de le calmer.

— Non, non, non, dit-il ; c'est promis, ce sera tenu, et vous serez mon témoin, vous... N'est-ce pas que vous serez mon témoin ?

Je lui répondis : « Oui, » pour le calmer, et je l'entrainai dans la rue de Valois.

Là, sous prétexte de connaître les motifs de sa querelle, je lui demandai comment les choses s'étaient passées, et il me raconta ce que je viens de rapporter moi-même.

Au milieu de son récit, il trouva moyen de me demander si j'avais lu son drame.

Je lui répondis affirmativement.

— Eh bien, dit-il, j'irai en causer demain avec vous.

Et, comme s'il eût craint que le tumulte ne se calmât en son absence, il s'élança de nouveau dans le jardin du Palais-Royal.

Je ne le retins pas, je savais ce que je voulais savoir : il n'y avait rien de prémédité dans l'accident ; c'était une gaminerie, voilà tout.

Je remontai et rendis compte de mon expédition à M. le duc de Chartres.

La narration était si précise et si nette, que, transmise par le jeune prince aux illustres hôtes de son père, elle calma aussitôt les craintes qu'un moment ils avaient semblé éprouver.

D'ailleurs, pour plus grande sécurité, on força la foule d'évacuer le jardin, et la fête continua sans interruption jusqu'au matin.

A minuit, le roi et la famille royale s'étaient retirés.

CXLI

Une affaire pressante. — Un témoin de perdu, deux de trouvés. — Rochefort. — Signol au théâtre des Italiens. — Il insulte le lieutenant Marulaz. — Les deux épées. — Le duel. — Signol est tué. — *Victorine et le Chiffonnier.* — La part du mort.

Le lendemain, je fus réveillé par Signol.

Comme, un instant après sa rentrée dans le jardin du Palais-Royal, on l'avait forcé, la baïonnette au flanc, de l'évacuer, il me parut — si toutefois la chose était possible, — plus exaspéré encore, le lendemain au matin, qu'il ne l'était la veille au soir.

Ce n'était pas seulement un officier du 3ᵉ régiment qu'il voulait tuer; c'était, comme Han d'Islande, tout le régiment qu'il voulait anéantir.

Croyant voir, dans cette monomanie de meurtre, un commencement de folie, je lui parlai de son mélodrame.

Alors, l'homme changea de face : c'était dans le but d'apporter quelque soulagement à sa vieille mère qu'il avait fait ce drame ; toute une année d'espoir, de bien-être reposait sur cette œuvre. Si je ne la gardais pas pour la relire, si je ne consentais pas à la retoucher, ou tout au moins si je ne lui donnais pas des conseils pour qu'il la retouchât, il sentait bien que, comme elle était incomplète, que, comme il était impossible qu'elle fût jouée ainsi, elle serait refusée, et, le drame refusé, adieu cet espoir, douce lueur qui un instant avait éclairé le fils et la mère !

Je promis de relire le *Chiffonnier*, et de faire mon possible pour qu'il arrivât à bonne fin.

Après quoi, j'invitai l'auteur à déjeuner.

Nous nous quittâmes vers midi ou une heure. Il allait au Théâtre-Italien chercher une stalle qui lui revenait comme rédacteur de je ne sais plus quel journal.

On jouait, le soir, *la Gazza ladra*.

Moi, j'avais, le même soir, avec une très-jolie femme que j'avais connue chez Firmin, et qui jouait les Mars en province, un rendez-vous où il fut question de choses si intéressantes, que je ne rentrai chez moi que le lendemain, vers midi.

Mon domestique me dit que le jeune homme qui, la veille, avait déjeuné avec moi était venu pour me parler, à sept heures du matin, et avait paru très-contrarié de ne pas me trouver à la maison.

Il avait demandé du papier et une plume, et avait écrit quelques mots.

Joseph — c'était le nom de mon domestique — me présenta le papier, et je lus :

« Alphonse Signol, pour affaire pressante. »

Je crus qu'il s'agissait de son drame, et, comme je ne trouvais pas l'affaire aussi pressante que Signol voulait bien le dire, comme j'étais passablement fatigué, je me couchai en recommandant à mon domestique de dire à quiconque viendrait me demander que je n'étais pas chez moi.

Vers cinq heures, je me réveillai et sonnai.

Signol était revenu, et avait écrit de nouveau quelques lignes.

Je me fis apporter le billet ; voici ce qu'il contenait :

« Cher monsieur Dumas,

» Je me bats demain matin à l'épée avec M. Marulaz, lieutenant au 3ᵉ de la garde.

» Je vous avais dit que je vous prendrais pour témoin, et je suis venu ce matin vous prier de me rendre ce service.

» Vous n'étiez pas chez vous ; j'ai dû chercher mon affaire ailleurs : je l'ai trouvée.

» Si je suis tué, je vous recommande *le Chiffonnier* ; c'est la seule ressource qui restera à ma mère.

» *Vale et me ama !*

» Alph. Signol. »

Cette lettre me préoccupa tristement pendant la journée et pendant la nuit.

J'ignorais entièrement où demeurait Signol, — si toutefois Signol demeurait, — je ne pouvais donc envoyer chez lui.

Je pensai tout à coup qu'il me serait possible d'avoir de ses nouvelles au café des *Variétés* ; il y allait presque tous les jours ; et, un mois auparavant, il y avait eu, avec Soulié, une querelle qui avait fini par l'échange de deux coups de pistolet.

Il était cinq heures de l'après-midi, à peu près.

Rochefort — un de mes amis, garçon d'esprit, qui a fait quelques pièces originales, entre autres *Jocko* ; plus, de charmantes chansons, — prenait un verre d'absinthe à une des tables du café.

En m'apercevant, il se leva.

— Ah ! me dit-il en tourmentant son nez, selon son habitude, ce pauvre Signol !...

— Eh bien ?

— Eh bien, il vient d'être tué !

Je poussai un soupir, quoique, au fond, il ne m'apprît rien de nouveau ; mes pressentiments m'avaient déjà dit ce que Rochefort m'apprenait.

Voici comment les choses s'étaient passées :

En me quittant l'avant-veille, Signol était allé chercher sa stalle au Théâtre-Italien. Le malheur avait voulu qu'on la lui donnât.

C'était une stalle d'orchestre.

Un autre malheur voulut que ce fussent un officier et des soldats du 3e régiment de la garde qui se trouvassent, ce soir-là, de service aux Italiens.

Une stalle était vide devant Signol.

A la fin du premier acte, un officier vint s'y asseoir.

C'était le fils du général Marulaz, aujourd'hui général lui-même, à ce que je crois.

Ce n'était pas son tour de service : il remplaçait un de ses amis ; cet ami avait un rendez-vous, — voyez l'étrange enchaînement de circonstances ! — il vint prier Marulaz de vouloir bien le suppléer, et Marulaz y consentit.

A peine celui-ci avait-il eu le temps de s'asseoir, qu'il sentit deux mains s'appuyer sur le dossier de sa stalle.

Il pensa qu'il n'y avait là, sans doute, aucune mauvaise intention ; aussi ne s'en plaignit-il pas d'abord ; mais, les deux mains ne se retirant pas au bout de dix minutes, il se retourna.

Ces deux mains étaient celles de Signol.

Marulaz, avec politesse, fit observer à Signol que la place

de ses mains n'était pas sur le dossier de sa stalle, et, devant cette première observation, Signol, sans rien répondre, retira ses mains.

Cet incident pouvait être l'effet du hasard, et le jeune officier de la garde n'y attacha, dans ce moment, aucune importance. Mais, cinq minutes après, en s'adossant à sa stalle, il sentit les même mains à la même place.

Cette fois, il n'attendit pas, et, se retournant aussitôt :

— Monsieur, dit-il, j'ai déjà eu l'honneur de vous faire observer que vos mains me gênaient... Ayez la bonté de les mettre dans vos poches, si vous n'avez pas d'autre place ; mais, pour Dieu ! ne les mettez plus sur ma stalle !

Signol retira une seconde fois ses mains.

Mais, avant qu'il se fût écoulé deux minutes, le jeune officier sentit, non plus les mains de Signol au milieu de son dos, mais la tête de ce fâcheux voisin sur son épaule.

Cette fois, la patience lui échappa, et, se levant et se retournant :

— Mordieu ! monsieur, s'écria-t-il, si c'est un parti pris, dites-le tout de suite !

— Eh bien, oui, monsieur, répondit Signol en se levant à son tour, c'est un parti pris.

— Et dans quel but ?

— Dans le but de vous insulter ; et, si ce que j'ai fait ne suffit pas, tenez !...

Et le fou, l'insensé donna un soufflet à Marulaz !

Tout étourdi de cette insulte à laquelle il ne comprenait rien, le jeune officier porta machinalement la main à son sabre, et, machinalement encore, le tira à moitié du fourreau.

— Ah ! voyez ! s'écria Signol, il va m'assassiner !

Marulaz repoussa son sabre au fourreau.

— Non, monsieur, dit-il, je ne vous assassinerai pas, mais je vous tuerai !

Et, pour lui rendre avant tout l'insulte qu'il en avait si gratuitement reçue, Marulaz, qui est très-fort, enleva Signol comme il eût fait d'un enfant, le fit passer d'une travée dans l'autre et le mit sous ses pieds.

L'événement jeta un grand trouble dans la salle, d'autant plus grand que les voisins eux-mêmes ne savaient pas de quoi il était question ; ils avaient entendu une altercation ; ils avaient vu donner un soufflet, ils avaient entendu ces mots : « Il va m'assassiner ! » ils avaient vu, comme un éclair, briller la lame du sabre aussitôt rentrée au fourreau ; enfin, ils voyaient un homme qui en tenait un autre sous ses pieds. Ne sachant pas précisément lequel avait tort ou raison, ils prirent parti pour le faible, entourèrent Marulaz, et tirèrent de ses mains Signol, qui, tout chancelant et à moitié étouffé, gagna le corridor, puis la rue, puis le café du théâtre.

Marulaz l'y suivit ; il ne s'agissait plus ici d'une lutte, il s'agissait d'une réparation. On échangea les cartes, et l'on se donna rendez-vous, pour le surlendemain, au bois de Vincennes.

La journée du lendemain devait être employée par chaque adversaire à réunir ses témoins, et, par les témoins, à régler les conditions du combat.

Le lendemain, à deux heures, les quatre témoins s'étaient réunis, avaient conféré entre eux, et l'épée était acceptée.

Le lieutenant Marulaz avait pris pour un de ses témoins l'ami qu'il avait remplacé dans son service ; cet ami avait des épées de combat ; Marulaz les examina, les trouva à sa main, et pria son ami de les apporter.

— Soit, dit l'ami ; seulement, je te préviens que l'une des deux porte malheur ; elles ont déjà servi trois ou quatre fois, et les combattants qui ont eu celle dont je te parle ont été tués ou blessés.

— Peste ! dit en riant Marulaz, ne me dis pas laquelle !... Si j'ai la mauvaise, je ne veux pas le savoir.

Le lendemain, on se rendit au bois de Vincennes.

Chacun avait apporté ses épées.

On tira les épées au sort ; ce furent les épées du témoin de Marulaz qui gagnèrent.

Puis on tira à qui aurait le choix entre les deux épées.

Ce fut Marulaz qui gagna encore.

Il prit au hasard la première venue.

— Bravo! lui dit tout bas son ami, tu as pris la bonne!

On se mit en garde.

A la deuxième passe, Marulaz désarma Signol.

— Monsieur, s'écria celui-ci en faisant un pas de retraite, je suis désarmé!

— Je le vois bien, monsieur, répondit Marulaz avec calme; mais, comme vous n'êtes pas blessé, ramassez votre épée, et continuons.

Signol ramassa son épée, tira une ficelle de la poche de son gousset, assura la poignée de l'épée dans sa main, et, avec une rapidité peut-être tant soit peu hors des règles d'un combat régulier, se remit en garde, se fendit, et blessa grièvement son adversaire au bras.

En sentant le froid du fer, en voyant son sang couler, Marulaz s'irrita; il fondit sur son adversaire, le força de rompre pendant plus de vingt pas, l'accula à une haie, se fendit, et lui passa son épée au travers du corps.

Signol poussa un cri aigu, étendit les bras, et rendit le dernier soupir avant même d'être couché à terre.

— Messieurs, dit Marulaz en se tournant vers les quatre témoins, ai-je fait loyalement?

Ceux-ci s'inclinèrent et rendirent hommage à la loyauté du jeune officier.

S'il y avait eu quelque chose à redire dans cette fatale rencontre, c'était du côté du mort.

Mais on ne reproche rien à un cadavre...

J'avais, on se le rappelle, hérité du manuscrit de Signol; — ce manuscrit, le directeur de la Porte-Saint-Martin en avait un double.

Trois ou quatre mois après, j'assistais à la première représentation de *Victorine, ou la Nuit porte conseil*. C'était la fable du *Chiffonnier*, enfermée, il est vrai, dans un cadre charmant que n'avait point trouvé Signol.

Un des auteurs était Dupeuty; les autres étaient Dumersan et Gabriel.

J'allai trouver Dupeuty; je lui remis le manuscrit du *Chiffonnier*, et je lui demandai s'il était juste que la mère de

Signol fût privée du tiers qui, à mon avis, devait lui revenir.

Dupeuty et ses collaborateurs ignoraient complétement l'existence d'un manuscrit primitif ; l'idée de leur vaudeville leur avait été communiquée par le directeur de la Porte-Saint-Martin, et ils avaient travaillé sur cette idée; mais, en apprenant sa filiation, spontanément, loyalement, généreusement, ils associèrent la pauvre mère à leur succès.

C'est ainsi que mourut Signol, et c'est ainsi que fut faite et représentée *Victorine, ou la Nuit porte conseil*.

CXLII

Alphonse Karr. — Le cuirassier. — La médaille de sauvetage et la croix de la Légion d'honneur. — Le domicile de Karr à Montmartre. — *Sous les tilleuls* et la critique. — Prise d'Alger. — M. Dupin aîné. — Pourquoi il n'écrit pas ses Mémoires. — Signature des ordonnances de juillet. — Ce qui m'empêche de partir pour Alger.

L'événement que nous venons de raconter nous a conduit au 2 juin.

En regardant le ciel, tout étoilé, du haut de la terrasse du duc d'Orléans, Charles X avait dit :

— Voilà un beau temps pour ma flotte d'Alger !

Il se trompait : presque au sortir du port, la flotte avait été dispersée par une tempête, et, à l'heure où il parlait, elle se ralliait à grand'peine à Palma.

Au reste, l'opposition allait son train ; grands et petits journaux frappaient sur le gouvernement, les uns avec des massues, les autres avec des verges. Nous avons dit comment le *Journal des Débats* avait traité le ministère Polignac à son avénement.

Si nous avions les petits journaux sous les yeux, peut-être prouverions-nous que les railleries des nains n'ont pas fait moins de mal que les injures des géants.

Au nombre des petits journaux qui, à cette époque, faisaient au gouvernement une guerre de tirailleurs, *le Figaro*, sous la direction de Bohain, et rédigé, comme on sait, par Janin, Romieu, Nestor Roqueplan, Brucker, Vaulabelle, Michel Masson et Alphonse Karr, marchait au premier rang.

Karr, le plus inconnu peut-être, alors, de toute cette pléiade de combattants, et devenu depuis un de nos artistes littéraires les plus distingués, — remarquez que je dis artistes littéraires, et non pas littérateurs ou hommes de lettres, — Karr faisait ses premières armes.

Il avait assisté à la lecture d'*Henri III* chez Nestor Roqueplan. C'est là que je l'ai connu.

Selon notre habitude, et comme nous avons fait et comptons faire encore pour tous les hommes remarquables de notre époque, prenons à ses débuts cet esprit singulier, qui a le privilége de donner à la vérité le charme du paradoxe. Cette vérité, toute nue et toute déguenillée chez les autres, est toujours, en sortant des mains d'Alphonse Karr, couverte de voiles d'or.

Alphonse Karr est certainement l'homme qui, depuis 1830, et sous les divers gouvernements qui se sont succédé, a dit à ces gouvernements, à ceux qui les flattaient ou à ceux qui les attaquaient, le plus de vérités, — si vraies, que, tout au contraire des vérités des autres, les vérités d'Alphonse Karr sont incontestables, et que plus on les creuse, plus elles sont vraies.

C'était, alors, un beau garçon de vingt-deux à vingt-trois ans, aux traits fermes et arrêtés dans un encadrement de cheveux noirs; ayant, dès ce temps-là, adopté une excentricité de costume qu'il a conservée depuis; extrêmement bien pris de taille, extrêmement vigoureux de corps, extrêmement adroit et fort à tous les exercices gymnastiques, et particulièrement à la natation et à l'escrime.

Pendant l'été de 1829, en se baignant dans la Marne, il avait sauvé un cuirassier qui se noyait. Le cuirassier était lourd, presque aussi vigoureux que Karr; de sorte qu'il s'en était fallu de bien peu qu'au lieu que ce fût Karr qui sauvât le cuirassier, ce ne fût le cuirassier qui noyât Karr.

Le fait eut assez d'éclat pour que Karr reçût du gouvernement une médaille que je lui ai vu porter quelquefois. Cette médaille fut pour les railleurs la source d'une foule de lazzi que la réputation de bravoure bien connue de Karr maintint toujours, il est vrai, dans les bornes du convenable, mais qui ne s'épuisa jamais. Pour la fameuse médaille, il n'y a point prescription, et je ne sais ce que je lisais encore hier à ce propos dans une petite feuille politico-littéraire.

Un jour, à un grand dîner auquel j'assistais et où se trouvaient une foule de gens décorés, non pas d'une médaille quelconque, mais de la croix de la Légion d'honneur, bien autrement répandue, bien autrement prodiguée aujourd'hui que toutes les médailles du monde, ces plaisanteries contre Karr, qui était un de nos convives, se renouvelèrent. Karr, avec son calme ou plutôt son flegme habituel, appela le garçon, demanda une plume, de l'encre et du papier, découpa le papier en autant de fragments arrondis qu'il y avait de décorés à table, écrivit sur chaque fragment la cause pour laquelle chacun avait été décoré, et fit passer chaque fragment à son adresse.

Cela calma les rieurs.

Karr est né en Allemagne, en décembre 1808, et, depuis 1848 seulement, il est naturalisé Français. Son père était un des cinq ou six musiciens allemands qui, du clavecin, ont fait le piano. Trois de ses oncles sont morts capitaines au service de la France. Il était, en outre, neveu du baron Heurteloup et cousin d'Habeneck.

A cette époque, Karr ne faisait aucun article politique dans *le Figaro*. Plus d'une fois il m'a dit très-sérieusement avoir vu passer devant lui la révolution de juillet, et même celle de février, sans savoir de quoi il s'agissait. Depuis, il a fort étudié et fort compris les révolutions; car, en 1848, et à propos d'elles, il écrivait: « Plus cela change, plus c'est la même chose! »

En 1829, il était professeur au collége Bourbon, et faisait des vers; il en envoya au *Figaro*; ce fut Bohain qui les reçut. — Bohain était un de ces hommes francs qui professent un majestueux dédain pour la poésie.

Il répondit à Karr :

« Mon cher monsieur, vos vers sont charmants ; mais envoyez-moi de la prose. J'aimerais mieux me pendre que de mettre un seul vers dans mon journal ! »

Karr n'insista point. Les hommes d'esprit sont rares : il ne voulut pas que Bohain se pendît, il lui envoya de la prose.

C'était une grande humiliation dévorée par le jeune poëte !

Tous les articles un peu bucoliques que publia *le Figaro*, à cette époque, sont d'Alphonse Karr.

Karr s'était fait un domicile des plus fantastiques. Il avait loué à Montmartre l'ancien Tivoli, à moitié tombé dans les carrières ; il en restait un petit bois et le bureau des cannes. La nuit, il couchait dans le bureau des cannes ; le jour, il se promenait dans le petit bois.

Ce fut là qu'il commença son premier roman : *Sous les tilleuls*. — Il le finit rue de la Ferme-des-Mathurins, dans l'atelier des deux Johannot, qu'il prit après eux.

De Montmartre, Alphonse Karr ne venait pas à Paris deux fois par mois ; il avait un canot à Saint-Ouen, et passait dans son canot tout le temps qu'il ne passait point dans son bois ou dans son bureau des cannes.

Sous les tilleuls parut en 1831, je crois. L'ouvrage était remarquable et fut remarqué. Cela veut dire qu'on l'attaqua avec acharnement, comme on attaque en France tout ce qui apparaît dans des conditions de force ou d'originalité.

On accusa d'abord l'auteur d'avoir imité un livre de Nodier qui avait paru quinze jours après le sien ; malheureusement, la date était là : il fallut abandonner l'accusation.

Alors, on lui reprocha d'avoir tout simplement traduit son livre de l'allemand ; on alla même jusqu'à donner le titre du livre allemand : *Unter den Linden* (sous les tilleuls) ; mais il fut reconnu qu'il n'y avait, dans toute la littérature allemande, aucun livre portant ce titre ; seulement, dans presque toutes les grandes villes, — ce que, du reste, ne niait pas

Alphonse Karr, — il y a une promenade publique appelée ainsi.

L'auteur avait mis pour épigraphes, en tête des chapitres ou des lettres, des vers de lui, sans doute ceux qu'avait refusés Bohain ; mais il avait cru devoir les décorer des noms de Schiller, de Gœthe, d'Uhland ; la critique y fut prise : elle exalta les vers aux dépens de la prose ! Prose et vers étaient d'Alphonse Karr ! Bien plus : une grande partie des lettres que renferme le roman avaient été, en réalité, écrites à une jeune fille dont Karr avait été très-amoureux.

Karr ne fut décoré qu'en 1845 ou 1846. Un jour, il fut averti par Cavé qu'il était question de donner la croix à son père ou à lui.

La croix avait été promise à son père par Marie-Louise, et son père l'attendait encore en 1840.

Karr alla trouver M. Duchâtel, et, s'étant assuré que Cavé lui avait dit vrai :

— Monsieur, dit-il au ministre, quand un fils et un père se trouvent dans les conditions de la croix, le fils ne l'accepte pas avant son père.

M. Duchâtel se contenta de décorer le père : il fallait décorer le père et le fils.

Son père mort, Karr fut décoré à son tour ; il prit à la boutonnière de l'habit du mort le dernier ruban qu'il avait porté, et le mit à la sienne.

Au commencement du mois de juillet 1830, je rencontrai dans la rue Alphonse Karr donnant le bras à Brucker ; — Brucker, peintre sur porcelaine, était un des esprits les plus originaux du journalisme de 1830 ; — je rencontrai, dis-je, Karr au bras de Brucker, juste au moment où l'on tirait le premier des cent coups de canon qui annonçaient la prise d'Alger.

— Tiens ! demanda Karr, qu'est-ce que cela ? On dirait le canon.

— C'est sans doute Alger qui est prise, répondis-je.

— Bah ! on l'assiégeait donc ? reprit Karr.

Alger était prise, en effet ; son surnom de *la Guerrière* ne lui avait servi à rien. Ce nid de vautours, mal tué par Duquesne, comme avait dit Hugo, était, enfin, écrasé par M. de Bourmont.

Aussitôt la grande nouvelle reçue, le ministre de la marine, M. le baron d'Haussez, avait couru chez le roi.

En entendant annoncer son ministre, Charles X s'était élancé vers lui les bras ouverts ; M. d'Haussez avait voulu lui baiser la main ; mais Charles X, l'attirant sur sa poitrine :

— Dans mes bras ! dans mes bras ! avait-il dit ; aujourd'hui, tout le monde s'embrasse.

Et le roi et le ministre s'étaient embrassés.

Cependant, à travers ces faveurs apparentes dont la Providence semblait combler le chef de la branche aînée, les hommes aux yeux clairvoyants apercevaient un abîme.

— Prenez garde ! s'écriait M. Beugnot, pareil à un pilote effrayé, prenez garde ! la monarchie va sombrer sous voiles, comme un vaisseau tout armé !

— Je serais beaucoup moins inquiet si M. de Polignac l'était davantage ! disait M. de Metternich à M. de Renneval, notre ambassadeur à Vienne.

Il est vrai que l'opposition elle-même, qui n'avait pas la vue aussi longue que M. Beugnot et que M. de Metternich, se chargeait de rassurer la royauté, au cas où la royauté eût été inquiète.

En effet, comment craindre quelque chose quand M. Dupin aîné, un des chefs de l'opposition, disait pendant la discussion de l'adresse :

« La *base fondamentale* de l'adresse est un *profond respect pour la personne du roi* ; elle exprime au plus haut degré la *vénération pour cette race antique des Bourbons* ; elle représente la *légitimité,* non-seulement comme une *vérité légale,* mais encore comme une *nécessité sociale* qui est aujourd'hui, *dans tous les bons esprits,* le résultat de l'expérience et de la conviction.

O cher monsieur Dupin ! esprit ferme, juge intègre, lumière

pure du barreau, législateur sans crainte et sans reproche ; vous qui, en revoyant le procès de Jésus, avez écrit sur Ponce Pilate ces lignes sublimes :

« Pilate, voyant qu'il ne pouvait rien gagner sur l'esprit de cette multitude, mais que le tumulte s'excitait de plus en plus, Pilate fit apporter de l'eau, et, lavant ses mains devant le peuple, il leur dit : « Je suis innocent du sang de ce juste, et » ce sera à vous d'en répondre. » (Math., XXVII, 24). Et il accorda ce qu'ils demandaient (Luc, XXIII, 24), et il le remit entre leurs mains pour être crucifié. (Math., XXVII, 26.)

« Lave tes mains, Pilate ! elles sont teintes du sang innocent ! Tu l'as octroyé par faiblesse, tu n'es pas moins coupable que si tu l'avais sacrifié par méchanceté ; » les générations ont redit jusqu'à nous : « Le juste a souffert sous Ponce Pilate » *(passus est sub Pontio Pilato)*. »

« Ton nom est resté dans l'histoire pour servir d'enseignement à tous les hommes publics, à tous les juges pusillanimes, pour leur révéler la honte qu'il y a de céder contre sa propre conviction !... La populace en fureur criait au pied de ton tribunal ; peut-être toi-même n'étais-tu pas en sûreté sur ton siége ; qu'importe ! ton devoir parlait, et, en pareil cas, mieux vaut recevoir la mort que la donner ! »

O cher monsieur Dupin ! avocat de Jésus Christ et de Béranger sous la Restauration ; président de la Chambre et procureur général sous Louis-Philippe ; président de l'assemblée nationale et procureur général sous la République, pourquoi n'écrivez-vous pas vos Mémoires, comme je fais des miens ? pourquoi, tout à l'encontre de ce lâche Ponce Pilate, qui a eu peur, ne vous montrez-vous pas, vous, inamovible dans vos convictions, inébranlable dans vos devoirs, tenace dans vos sympathies, immobile sur votre banc de procureur général, calme sur votre fauteuil de président, impassible sur votre chaise curule de législateur ?... Quel enseignement le monde eût pu tirer des Mémoires d'un homme qui, comme vous, eut tant d'occasions de donner des preuves de sa fidélité aux Bourbons de la branche aîné, le 29 juillet 1830 ; de sa fidélité aux Bourbons de la branche cadette, le 24 février 1848 ; et enfin, de sa fidélité à la République, le 2 décembre 1851 !

Mais vous êtes modeste, cher monsieur Dupin ! La modestie est, avec le courage civil et la conscience politique, une de vos grandes qualités, et, par modestie, vous n'osez dire vous-même ce que vous pensez de vous !

Soyez tranquille : toutes les fois que l'occasion s'en présentera, j'aurai l'honneur de vous suppléer dans cette honorable tâche ; — regrettant seulement de ne pas en savoir plus que je n'en sais, pour en dire davantage, et vous traiter selon vos mérites...

Comment craindre, avons-nous dit, quand la société *Aide-toi, le ciel t'aidera*, dans un banquet, aux *Vendanges de Bourgogne*, déclare que le roi est le premier pouvoir de l'État, et boit à la santé de Charles X ?

Comment craindre, enfin, quand M. Odilon Barrot, dans un autre banquet donné par six cents électeurs, et décoré de deux cent vingt et une couronnes symboliques, confond dans un même toast le roi et la loi ?

O grands hommes d'État, fossoyeurs de rois, ensevelisseurs de monarchies, quand donc les peuples, las de votre fausse science, vous frotteront-ils, une bonne fois pour toutes, le visage dans les événements que vous faites, et que vous ne voyez pas ?

Aussi, complétement rassuré, le 24 juillet, Charles X tint-il conseil. A ce conseil, les destinées de la monarchie furent pesées de nouveau, et la signature des ordonnances fut décidée.

Seul, M. d'Haussez fit au président du conseil cette observation, que M. de Bourmont lui avait fait promettre de ne rien risquer en son absence.

— Bah ! répondit le prince de Polignac, quel besoin avons-nous de lui ? ne suis-je pas ministre de la guerre par intérim ?

— Mais, lui demanda M. d'Haussez, sur combien d'hommes pouvez-vous compter à Paris ? En avez-vous au moins vingt-huit ou trente mille ?

— Oh! mieux que cela : j'en ai quarante-deux mille.

M. d'Haussez secoua la tête d'un air de doute.

— Tenez, dit le président du conseil en lui jetant d'un côté à l'autre de la table un papier roulé, voyez plutôt vous-même.

M. d'Haussez déroula le papier, et, additionnant les chiffres :

— Mais, dit-il, je ne vois ici que treize mille hommes, et treize mille hommes sur le papier, cela veut dire à peine sept à huit mille hommes sur le champ de bataille... Et où prenez-vous les vingt-neuf mille qu'il vous faut encore pour compléter votre total de quarante-deux mille?

— Soyez tranquille, répondit M. de Polignac, ils sont répandus autour de Paris, et, au bout de quelques heures, s'il le faut, ils seront sur la place de la Concorde.

Les ordonnances furent signées le lendemain.

Au moment de cette signature, le roi avait le dauphin à sa droite et M. de Polignac à sa gauche ; les autres ministres complétaient le cercle et entouraient la table verte.

Chacun signa à son tour.

M. d'Haussez reproduisit ses observations de la veille.

— Monsieur, lui dit Charles X, refusez-vous votre concours à vos collègues ?

— Sire, répondit M. d'Haussez, qu'il me soit permis d'adresser une question au roi.

— Laquelle, monsieur ?

— Le roi est-il décidé à passer outre, dans le cas où l'un de ses ministres ou plusieurs d'entre eux se retireraient ?

— Oui, monsieur, répondit Charles X avec fermeté.

— Alors, dit le ministre de la marine, je signe.

Et il signa.

Cinq minutes après, tout le monde était debout, et Charles X, passant près de M. d'Haussez, qui regardait avec attention les murailles, lui demandait :

— Mais que regardez-vous donc ainsi, monsieur d'Haussez ?

— Sire, répondit le ministre de la marine, je cherche s'il

n'y a pas ici, par hasard, quelque portrait du comte de Strafford (1).

Le roi sourit et passa.

Nous avons su, depuis, tous ces détails; mais, alors, ils étaient tenus dans un profond secret.

Deux ou trois hommes seulement furent prévenus. Ainsi, Casimir Périer, profondément dévoué, à cette époque, comme M. Dupin, comme M. Barrot et comme tant d'autres, aux Bourbons de la branche aînée, — nous le verrons bien, d'ailleurs, tout à l'heure, dans un instant, quand va éclater la révolution de juillet, et qu'il fera tout ce qu'il pourra pour s'opposer au mouvement ; — Casimir Périer, en train de dîner à sa maison de campagne, au bois de Boulogne, reçut une petite lettre pliée triangulairement. Il l'ouvrit, la lut, et, pâle, plus que pâle, livide, il laissa tomber ses bras avec désespoir.

On lui annonçait — qui ? nul n'en a jamais rien su, — que les ordonnances seraient signées le jour même.

Dans la nuit du 25 au 26, M. de Rothschild, qui jouait à la hausse, reçut ce simple petit mot de M. de Talleyrand :

« J'arrive de Saint-Cloud ; jouez à la baisse. »

Mais, moi qui n'étais pas M. Casimir Périer, moi qui n'étais pas M. de Rothschild, moi qui n'étais pas l'ami de M. de Talleyrand, moi qui ne jouais ni à la hausse ni à la baisse, je ne savais absolument rien de ce qui se passait, et j'allais partir pour Alger.

Alger, en effet, devait être une chose splendide à voir dans les premiers jours de la conquête.

J'avais retenu ma place à la malle-poste de Marseille; j'avais fait mes malles ; j'avais changé trois mille francs d'argent pour trois mille francs d'or; je partais le lundi 26, à cinq heures du soir, quand, le lundi matin, à huit heures, Achille Comte entra dans ma chambre en disant :

(1) Voir cette scène, admirablement décrite par Louis Blanc dans son *Histoire de dix ans*.

— Savez-vous la grande nouvelle ?

— Non.

— Les ordonnances sont dans *le Moniteur*... Partez-vous toujours pour Alger ?

— Pas si niais ! Ce que nous allons voir ici sera encore plus curieux que ce que je verrais là-bas !

Puis, appelant mon domestique :

— Joseph, lui dis-je, allez chez mon armurier ; rapportez-en mon fusil à deux coups et deux cents balles du calibre vingt !

CXLIII

Le troisième étage du n° 7 de la rue de l'Université. — Premier effet des ordonnances. — Le café du *Roi*. — Étienne Arago. — François Arago. — L'Académie. — La Bourse. — Le Palais-Royal. — Madame de Leuven. — Voyage à la recherche de son mari et de son fils. — Protestation des journalistes. — Noms des signataires.

Deux heures après, mon domestique était de retour avec les objets demandés. Je mis soigneusement sous clef fusil et balles, et je descendis pour prendre l'air de la rue.

Il était dix heures du matin : la physionomie de Paris était aussi tranquille que si *le Moniteur*, au lieu de publier les ordonnances, eût annoncé l'ouverture de la chasse.

Comte riait de mes prévisions.

Je l'emmenai déjeuner au troisième étage du n° 7 de la rue de l'Université.

Le troisième étage du n° 7 de la rue de l'Université était occupé, à cette époque, par une très-jolie femme qui avait bien voulu prendre à mon départ pour Alger un si vif intérêt, qu'elle devait me conduire jusqu'à Marseille.

J'allais lui annoncer que, momentanément du moins, j'avais renoncé à ce voyage, et que, par conséquent, si ses malles étaient faites, elle pouvait les défaire.

Elle n'avait pas très-bien compris le motif que j'avais donné à mon excursion africaine, — la curiosité ; — elle ne comprit pas davantage le motif que j'alléguai pour rester en France, et qui était absolument le même, — la curiosité. Son avis était que j'aurais pu trouver une meilleure raison, d'abord pour partir, ensuite pour rester.

Les lecteurs qui m'ont fait la grâce de suivre les différentes phases de ma vie dans ces Mémoires doivent s'être aperçus combien j'ai été avare de détails du genre de ceux que je leur communique en ce moment; mais j'aurai plus d'une fois occasion de revenir sur cette liaison, dont Dieu a permis que, pour les mauvais jours, il me restât un de ces vivants souvenirs qui changent les tristesses en joie, les larmes en sourire.

C'était à Firmin que j'en étais redevable. Il avait été jouer Saint-Mégrin en province, et, un jour, il était entré chez moi m'amenant une magnifique duchesse de Guise, pour laquelle il réclamait toute mon influence théâtrale.

Je commençai par demander à Firmin quel degré d'intérêt et quel genre d'intérêt il portait à sa protégée.

J'ai toujours fort respecté les protégées de mes amis, et, en face de cette belle personne, la demande acquérait une certaine importance.

Firmin m'avait répondu que son intérêt était tout artistique, et qu'ainsi le mien pouvait prendre la forme qui lui conviendrait.

Alors seulement, j'avais remarqué que la belle duchesse, que, jusque-là, je n'avais examinée que comme ensemble et au point de vue de la scène, avait des cheveux d'un noir de jais, des yeux azurés et profonds, un nez droit comme celui de la Vénus de Milo, et des perles au lieu de dents.

Il va sans dire que je me mis à son entière disposition.

Malheureusement ou heureusement, l'époque des engagements de théâtre était passée; les engagements de théâtre ont lieu au mois d'avril, et madame Mélanie S*** m'avait été présentée vers la fin du mois de mai.

J'échouai donc dans mes recommandations; mais, comme la belle duchesse vit bien qu'il n'y avait point de ma faute, elle ne prit pas de rancune de ma non-réussite.

Je la déterminai même à rester à Paris ; elle était jeune, elle pouvait attendre ; les occasions ne manqueraient pas, si elle se tenait prête à les saisir ; d'ailleurs, si ces occasions ne venaient pas d'elles-mêmes, je m'arrangerais de manière à les faire naître.

J'avais déjà assez de réputation, à cette époque, pour qu'une pièce signée de mon nom fît ouvrir les deux battants du théâtre à l'homme ou à la femme que je voudrais bien charger d'en porter le manuscrit au directeur.

En attendant, à l'exemple de l'abbé Vertot, je commençai mon siége. Je crus un instant que, comme Achille devant Troie, j'en avais pour neuf ans ! Je me trompais : j'en avais, comme le duc d'Orléans devant Anvers, pour trois semaines seulement.

Que mes lectrices soient franches, et elles avoueront ce que nos ingénieurs français ont avoué hautement à la gloire du général Chassé : c'est qu'une résistance de trois semaines est une résistance fort honorable, et qu'il y a peu de places, si bien fortifiées qu'elles soient, qui tiennent ce temps-là.

Or, la mienne avait tenu, et, comme elle n'avait été enlevée que par surprise, elle n'avait pu mettre dans la capitulation qu'il me serait défendu de quitter Paris sous prétexte de curiosité.

J'ai dit à quel point ma curiosité était grande de voir Alger au moment où cette ville venait d'être prise, et comment une curiosité plus grande encore me faisait renoncer à ce projet.

Puis, avouons une chose dont je crois me souvenir, si loin qu'il y ait du jour où j'écris ces lignes à l'époque où se passaient les événements que je raconte, c'est que cette extrême curiosité de voir Alger m'était venue dans un instant de mauvaise humeur, et que, cet instant de mauvaise humeur passé, de même que j'avais été fort content de trouver un prétexte pour partir, peut-être étais-je très-satisfait de trouver un prétexte pour rester.

A une heure, nous descendîmes, Achille Comte et moi ; nous fîmes quelques pas ensemble sur les quais ; puis, comme aucune agitation ne se manifestait, il me quitta en me donnant rendez-vous pour le lendemain.

J'allai au Palais-Royal ; je comptais y prendre langue ; mais pas moyen : le duc d'Orléans était à Neuilly ; le duc de Chartres était à Joigny, à la tête de son régiment ; M. de Broval était à Villiers ; — on n'avait point aperçu Oudard.

Je descendis au café du *Roi*. Les habitués principaux étaient, on se le rappelle, les rédacteurs de *la Foudre*, du *Drapeau blanc* et de *la Quotidienne*, tous journaux royalistes. On y applaudissait fort à la mesure prise.

Lassagne seul paraissait assez soucieux.

Je me mêlai peu à la conversation : tous ces hommes, Théaulon, Théodore Anne, Brisset, Rochefort, Merle, professaient une opinion opposée à la mienne, mais étaient mes amis.

J'ai horreur de me disputer avec mes amis ; j'aime mieux me battre contre eux.

Or, ma conviction était toujours la même, c'est-à-dire qu'avant vingt-quatre heures, on se tirerait des coups de fusil.

Pendant que j'étais au café du *Roi*, Étienne Arago y entra. Notre liaison, je l'ai dit, avait pris date du compte rendu qu'il avait fait de mon *Ode au général Foy* et de mes *Nouvelles contemporaines* dans *la Lorgnette* et dans *le Figaro*.

Ce jour-là, nous avions un autre motif pour nous rechercher, c'est que nos opinions étaient les mêmes.

Nous sortîmes ensemble ; — il était une heure et demie ; — à deux heures, son frère François devait prononcer un discours à l'Académie. Ayant un billet à sa disposition, Étienne me proposa de me faire entrer à la séance. Je n'avais jamais vu que l'extérieur de l'Institut ; je pensai que de longtemps une aussi bonne occasion ne me serait donnée d'en voir l'intérieur, et j'acceptai.

A l'entrée du pont des Arts, nous rencontrâmes un avocat de nos amis, Mermilliod, je crois. A la première nouvelle des ordonnances, cinq ou six journalistes et autant de députés s'étaient rendus chez maître Dupin, pour savoir de l'illustre jurisconsulte s'il y avait moyen de publier les journaux sans autorisation; mais l'illustre jurisconsulte, au lieu de résoudre le problème qu'on lui proposait, s'était contenté de répondre :

— Messieurs, la Chambre est dissoute... Messieurs, je ne suis plus député...

Et, quelques instances qu'ils eussent faites, journalistes et députés n'avaient pu tirer autre chose de lui.

Les journalistes s'en étaient allés furieux; les rédacteurs du *Courrier français,* du *Journal du Commerce,* du *Journal de Paris* avaient déclaré qu'ils allaient introduire un référé qui aurait pour but d'obtenir du président du tribunal de première instance, M. de Belleyme, une ordonnance prescrivant aux imprimeurs de prêter leurs presses aux journaux non autorisés.

Mais le moyen d'espérer que M. de Belleyme rendrait un arrêt, quand M. Dupin avait refusé de donner une simple consultation !

Néanmoins toutes ces démarches indiquaient déjà un commencement de résistance. Étienne, de son côté, prétendait que son frère ne prononcerait pas son discours, et prendrait pour prétexte de son silence la gravité de la situation.

Le courage et le patriotisme de François Arago étaient assez connus pour que l'on ne trouvât rien d'étonnant à cette opinion émise par son frère.

Nous arrivâmes à l'Institut. Il y avait grande agitation parmi tous ces immortels, d'habitude si calmes dans leurs habits bleus brodés de vert.

On n'était pas encore en séance. Le bruit courait qu'Arago ne parlerait pas. Quelques académiciens disaient qu'il parlerait, attendu qu'il était trop honnête homme pour compromettre l'Académie par son silence.

— Parlera-t-il? ne parlera-t-il pas? demandai-je à Étienne.

— Nous allons le savoir, me répondit-il; le voici là-bas.

— Eh! dis-je, n'est-ce point avec le duc de Raguse qu'il cause?

— Oui ; le duc de Raguse est un de ses plus vieux amis.

— Avançons donc... Je suis bien aise de savoir ce que le

signataire de la capitulation de Paris dit des signataires des ordonnances.

— Pardieu ! reprit Étienne, il dit qu'ils viennent de défaire, aujourd'hui 26 juillet 1830, ce qu'il avait fait, lui, le 30 mars 1814.

Nous continuâmes notre route; mais ce n'était pas chose facile que de se frayer un chemin au milieu de tant d'illustrations, à qui l'on devait au moins une excuse par bourrade.

Aussi le duc était-il déjà loin de François Arago quand nous arrivâmes près de celui-ci.

— Tu quittes Marmont, demanda Étienne ; que dit-il ?

— Il est furieux ! Il dit que ce sont des gens qui se perdent et il ne craint qu'une chose, c'est d'être obligé de tirer l'épée pour eux.

— Bon ! fis-je, il ne lui manquerait plus que cela pour se populariser !

— Et toi, que dis-tu ? demanda Étienne à son frère.

— Moi, je dis que je ne parlerai pas.

Cuvier passait ; il s'arrêta à ces mots, qu'il avait saisis à la volée.

— Comment ! vous ne parlerez pas ? s'écria-t-il.

— Non, répondit Arago.

— Et tu auras bien raison ! dit Étienne.

— Voyons, mon cher, venez donc par ici, et causons raisonnablement, dit Cuvier.

Et il entraîna François Arago loin de nous.

De l'endroit où nous étions, nous pouvions juger, par la vivacité des gestes, de l'animation des paroles. M. Villemain venait de joindre les deux interlocuteurs, et paraissait avoir pris Cuvier à partie. Plusieurs autres académiciens que je ne connaissais pas de visage, et peut-être pas même de nom, entouraient Arago, et semblaient, au contraire de M. Villemain, insister, comme Cuvier, pour qu'il parlât.

Au bout d'un quart d'heure, il était décidé qu'Arago parlerait. Du reste, la décision avait, si l'on peut dire cela, été prise à la majorité des voix, et il avait été impossible à l'illustre astronome de résister à ce désir de la plupart de ses confrères, qui déclaraient tout haut qu'ils regarderaient son silence comme factieux.

Il repassa près de nous pour aller prendre sa place.

— Eh bien, tu parles donc? lui demanda Étienne.

— Oui, mais sois calme, répondit-il; je t'assure qu'à la fin de mon discours, ils penseront qu'il vaudrait autant que je n'eusse point parlé.

— Que diable va-t-il pouvoir dire à propos de Fresnel? demandai-je à Étienne.

C'était l'éloge de Fresnel qui était l'objet du discours.

— Oh! dit Étienne, sous ce rapport, je suis tranquille! Fût-il question du Grand Turc, il trouvera bien moyen de leur glisser ce qu'il a sur le cœur.

Et, en effet, à propos de l'habile ingénieur des ponts et chaussées, du savant physicien, du sévère examinateur de l'École polytechnique, de l'illustre inventeur, enfin, des phares lenticulaires, Arago trouva moyen de jeter aux passions politiques d'ardentes allusions que l'assemblée accueillit par de frénétiques applaudissements.

Cuvier et les autres académiciens qui avaient insisté pour qu'Arago parlât avaient eu raison; seulement, ils avaient eu raison à notre point de vue, et non au leur.

Ce ne fut pas un simple succès qu'obtint Arago, ce fut un triomphe.

A la vérité, il est impossible d'être plus pittoresque, plus grand, plus beau même, que ne l'est François Arago à la tribune, quand une véritable passion l'emporte, qu'il relève la tête en secouant ses cheveux noirs de 1830 ou ses cheveux gris de 1848. Qu'il attaque les violateurs de la charte royaliste ou défende la constitution républicaine, c'est toujours le même éloquent orateur, parce que c'est toujours le même poëte inspiré, le même législateur convaincu.

C'est qu'Arago est non-seulement la science, mais encore la conscience; non-seulement le génie, mais encore la probité!

Constatons cela en passant; beaucoup le diront comme moi, je le sais bien, mais je veux être de ceux qui le disent.

En sortant de l'Institut, je montai chez madame Chassériau, qui demeurait à l'Académie même, grâce à la position qu'y occupait son père, M. Amaury Duval.

Madame Chassériau, qui s'est appelée depuis madame Guyet-Desfontaines, est une de mes plus anciennes amitiés ; je crois avoir déjà parlé d'elle, et dit que sa maison, avec les maisons de Nodier et de Zimmermann, était de celles où j'avais toujours de l'esprit. Qu'on ne s'y trompe point, ce n'est pas un compliment que je me fais, c'est une justice que je rends à madame Guyet-Desfontaines ; elle est si bonne, si gracieuse, si affable ; elle rit si bien et avec de si belles dents, qu'il faudrait être le plus grand niais de la terre pour ne pas avoir près d'elle au moins l'esprit qu'elle donne.

Elle était, comme tout le monde, assez préoccupée des événements ; elle ne pouvait, au reste, tarder à recevoir des nouvelles : M. Guyet-Desfontaines était allé consulter ce grand thermomètre de l'esprit parisien qu'on appelle la Bourse.

La Bourse était à l'orage : le trois pour cent était tombé de soixante et dix-huit francs à soixante et douze.

N'était-ce pas curieux que, dans la même journée, en même temps, à la même heure, la science et l'argent criassent anathème ? que l'Académie et la Bourse fussent du même avis ?

J'allai dîner chez Véfour. En traversant le jardin du Palais-Royal, je remarquai une certaine agitation ; des jeunes gens montés sur des chaises lisaient *le Moniteur* à haute voix ; mais cette imitation de Camille Desmoulins n'obtenait pas un grand succès.

Après mon dîner, je courus chez Adolphe de Leuven, dont le père était, comme on sait, un des principaux rédacteurs du *Courrier*. Madame de Leuven était fort inquiète de son mari, qui, sorti depuis deux heures de l'après-midi, n'était pas encore rentré à sept heures du soir. Elle avait chargé Adolphe d'aller aux informations ; mais Adolphe n'était pas plus revenu que le corbeau de l'arche. Je me mis à mon tour à la poursuite d'Adolphe.

M. de Leuven n'était pas rentré parce qu'il y avait réunion

au *Courrier français;* Adolphe n'était pas revenu parce qu'on l'avait envoyé chez Laffitte.

Dans les bureaux du *Courrier*, on rédigeait une protestation au nom de la Charte. Cette protestation devait être signée par tous les journalistes. Quant aux moyens de résistance, on ne parlait encore que du refus de l'impôt.

Tout à coup, Châtelain entra triomphant : M. de Belleyme venait de rendre une ordonnance qui prescrivait aux imprimeurs d'imprimer les journaux suspendus.

Tout le monde politique a connu Châtelain ; c'était un des hommes les plus honorables de la presse, un des rares républicains de 1830.

Il déclara formellement que *le Courrier français* paraîtrait le lendemain, dût-il paraître sous sa seule responsabilité.

Adolphe de Leuven rentra à son tour. Il avait été chez Laffitte, dont il avait trouvé la porte fermée.

Je retournai donner ces nouvelles à madame de Leuven; malheureusement, elles n'étaient pas tout à fait aussi pacifiques que celles de la colombe, et j'étais loin de revenir une branche d'olivier à la bouche ; cependant, je la rassurai à l'endroit de son mari et de son fils : tous deux étaient bien portants, et devaient rentrer aussitôt que la protestation serait arrêtée.

Nous disons *arrêtée* et non *signée*, parce que cette question fut longtemps débattue, de savoir si la protestation serait signée ou non.

Les uns prétendaient qu'il y avait dans la presse une force inconnue qui grandissait par le mystère. Ceux-là étaient d'avis que la protestation ne devait pas être signée. D'autres prétendaient, au contraire, que mieux valait faire acte public d'opposition, et signer la protestation en toutes lettres.

Chose étrange! c'étaient MM. Baude et Coste — deux hardis tirailleurs cependant — qui étaient d'avis de garder l'anonyme; et c'était M. Thiers, le prudent politique, qui était d'avis qu'on se nommât.

L'opinion de M. Thiers l'emporta.

A minuit, la dernière page de la protestation était couverte de quarante-cinq signatures.

Ces signatures étaient celles de MM. :

Gauja, Thiers, Mignet, Carrel, Chambolle, Peysse, Albert Stapfer, Dubochet et Rolle, du *National;*

Leroux, Guizard, Dejean, de Rémusat, du *Globe;*

Senty, Haussman, Dussart, Busoni, Barbaroux, Chalas, Billard, Baude et Coste, du *Temps;*

Guyet, Moussette, Avenel, Alexis de Jussieu, Châtelain, Dupont et de la Pelouze, du *Courrier français;*

Année, Cauchois-Lemaire et Évariste Dumoulin, du *Constitutionnel;*

Sarrans jeune, du *Courrier des Électeurs;*

Auguste Fabre et Ader, de *la Tribune des départements;*

Levasseur, Plagnol et Fazy, de *la Révolution;*

Larreguy et Bert, du *Journal du Commerce;*

Léon Pillet, du *Journal de Paris;*

Bohain et Roqueplan, du *Figaro;*

Vaillant, du *Sylphe.*

Qu'on ne s'étonne pas de nous voir transcrire ici ces quarante-cinq noms. Ce sont, à tout prendre, ceux de quarante-cinq hommes qui, en les écrivant, risquaient leur tête.

Quant à moi, qui ne risquais rien, mais qui n'eusse pas demandé mieux que de risquer quelque chose, je rentrai à onze heures chez moi, après avoir eu le soin de donner de mes nouvelles au n° 7 de la rue de l'Université.

On me croyait parti pour Alger !

CXLIV

Matinée du 27 juillet. — Visite à ma mère. — Paul Fouché. — *Amy Robsart.* — Armand Carrel. — Les bureaux du journal *le Temps.* — Baude. — Le commissaire de police. — Les trois serruriers. — Les bureaux du *National.* — Cadet de Gassicourt. — Le colonel Gourgaud. — M. de Rémusat. — Physionomie du passant.

J'étais rentré chez moi pour conserver, le lendemain, toute ma liberté d'action.

Dès le matin, j'allai faire visite à ma mère. Il y avait deux jours que je ne l'avais vue, et je craignais qu'elle ne fût inquiète, surtout si elle avait appris quelque chose de ce qui se passait.

Ma pauvre mère demeurait, alors, rue de l'Ouest. Je crois avoir déjà dit que nous avions choisi pour elle ce nouveau domicile, afin qu'elle fût plus près de la famille Villenave, qui, ayant, de son côté, quitté la rue de Vaugirard, demeurait porte à porte avec elle. Mais, par malheur, en ce moment où ma mère eût eu si grand besoin de ce voisinage, madame Villenave, madame Waldor et Élisa — la plus fidèle compagne de ma mère, avec son chat Mysouf, — étaient parties pour la Vendée, où elles avaient, à trois lieues de Clisson, une petite campagne nommée la Jarrie.

Je trouvai ma mère dans la plus parfaite tranquillité de corps et d'esprit ; aucun bruit de ce qui s'était passé n'était encore parvenu dans cette Thébaïde qu'on appelle le quartier du Luxembourg. Je déjeunai avec elle, je l'embrassai, et je partis la laissant dans cette douce quiétude.

En sortant, je tombai sur Paul Fouché. Il revenait de chez son beau-frère, Victor Hugo, qui demeurait rue Notre-Dame-des-Champs, et auquel il avait été annoncer qu'il avait, pour le lendemain, lecture de je ne sais quelle pièce à je ne sais quel théâtre.

Paul Fouché était, à cette époque, ce garçon myope et distrait qu'il est encore aujourd'hui, se heurtant indifféremment aux passants, aux bornes, aux arbres, contre lesquels il a toujours l'air de chercher les affiches des théâtres qui le jouent; absorbé dans la pensée qui le tient au moment où on le rencontre, et incapable, pour entrer dans la vôtre, de sortir de cette pensée, à laquelle il vous ramène sans cesse.

Sa pensée dominante était celle de sa lecture pour le lendemain.

Paul Fouché, si jeune qu'il fût, venait d'entrer avec assez de bruit dans la carrière dramatique. On avait, l'année précédente, joué sous son nom, à l'Odéon, une pièce dont les grandes beautés — beautés excentriques et mal appropriées à la scène — avaient précipité la chute; cette chute avait été profonde, mais glorieuse; c'était une de ces chutes qui illustrent un homme, comme certaines défaites illustrent un peuple. Paul Fouché avait eu son Poitiers, son Azincourt ou son Crécy : il pouvait choisir.

La pièce se nommait *Amy Robsart*; elle était tirée ou plutôt inspirée du roman de Walter Scott *le Château de Kenilworth*.

Le lendemain de la chute, Hugo avait réclamé la paternité de la pièce; mais l'honneur de l'unique représentation qu'elle avait eue n'en était pas moins demeuré à Paul Fouché.

Cette pièce ne fut point imprimée. Plus tard, Hugo me fit cadeau du manuscrit; je dois l'avoir encore.

Je voulus en vain tirer quelque nouvelle de Paul : Paul ne savait qu'une nouvelle, et ne croyait pas que le monde politique ou littéraire eût besoin d'en savoir une autre.

Cette nouvelle, c'était que, le lendemain, il lisait une pièce en cinq actes.

Je vis le moment où il allait anticiper sur les droits du comité, et me proposer de me la lire. Comme la lecture du plus beau drame de la terre ne m'eût point consolé de perdre le moindre détail de celui que Paris mettait en scène en ce moment, je sautai dans un cabriolet, et j'échappai à la lecture.

Je donnai au cocher l'adresse de Carrel.

Dès cette époque, Carrel était, pour la jeune opposition, un chef élu, sinon publiquement, au moins tacitement. J'avais connu Armand Carrel chez M. de Leuven, qui, lors de la rentrée en France du jeune proscrit politique, c'est-à-dire après le sacre de Charles X, l'avait fait admettre parmi les rédacteurs du *Courrier*; il demeurait, autant que je puis me le rappeler, rue Monsigny, ou, tout au moins, aux environs de cette rue.

Mort en 1836, Carrel n'est déjà plus, pour la génération des jeunes gens de vingt à vingt-cinq ans, qu'une médaille historique. C'était, à l'époque où nous sommes arrivés, un homme de vingt-huit ans, de taille moyenne, au front grave et fuyant, aux cheveux noirs, aux yeux petits, vifs, pleins d'éclairs, au nez long et pointu, aux lèvres minces et un peu pâles, aux dents blanches, au teint bilieux.

Tout en professant les principes du libéralisme le plus avancé, comme il arrive parfois aux hommes d'une grande intelligence et d'une exquise organisation, Carrel avait les habitudes les plus aristocratiques de la terre; ce qui faisait une opposition étrange entre ses paroles et son aspect. Il portait presque invariablement des bottes vernies, une cravate noire serrée autour du cou, une redingote noire boutonnée jusqu'à l'avant-dernier bouton, un gilet de piqué blanc ou de poil de chèvre chamois, et un pantalon gris.

Il y avait dans toute sa tournure un reste d'habitude militaire qui décelait l'ancien officier. Ce côté belliqueux était, de son corps, tant soit peu passé dans l'esprit de Carrel. Charlemagne signait ses traités avec le pommeau de son épée, et les faisait respecter avec la pointe: il en était de même de Carrel: ses articles avaient toujours l'air d'être écrits, non pas avec une plume, mais avec un stylet d'acier comme ceux dont se servaient les anciens, et qui laissaient dans la cire des tablettes la trace profonde de leur acuïté.

Au reste, beau style de polémique que celui de Carrel: noble, franc, présentant bien la poitrine à ses adversaires; quelque chose de pareil à la fois à Pascal et à Paul-Louis Courier.

D'instruction historique, Carrel en avait peu, — excepté à l'endroit de nos voisins d'outre-mer; secrétaire d'Augustin Thierry au moment où Augustin Thierry écrivait son beau livre de la *Conquête de l'Angleterre par les Normands*, Carrel, lui, des miettes de cette table splendide, avec sa ferme sobriété, avait fait un abrégé de l'histoire d'Angleterre.

Nous étions assez liés, quoique nous fussions peut-être injustes l'un pour l'autre : il me regardait trop comme un poëte, je le regardais trop comme un soldat.

Je le trouvai tranquillement occupé à déjeuner. Il avait signé la protestation pour accomplir un devoir, jouant sa tête à la pointe de la plume avec le même calme que, deux ou trois fois déjà, il l'avait jouée à la pointe de l'épée, mais ne croyant absolument à rien, qu'à la résistance légale.

Quant à la résistance à main armée, il la niait absolument.

Il comptait rester chez lui, et travailler toute la journée; sur mes instances, sur ce que je lui dis qu'il m'avait semblé voir dans les rues un commencement d'agitation, il se décida à sortir, mit dans ses goussets une paire de petits pistolets de poche du genre de ceux qu'on appelle des coups de poing, prit à la main une petite canne de baleine flexible comme une cravache, et descendit avec moi du côté des boulevards.

Sans doute, refroidi par ses affaires de Béfort et de la Bidassoa, hésitait-il à se mettre en avant, lui qui avait vu tant de gens demeurer en arrière.

Nous longeâmes les boulevards depuis la rue de la Chaussée-d'Antin jusqu'à la rue Vivienne, puis nous descendîmes place de la Bourse.

On se précipitait vers la rue de Richelieu. Les bureaux du journal *le Temps* étaient, disait-on, envahis et mis à sac par un détachement de gendarmerie à cheval.

Il va sans dire que nous suivîmes la foule; il n'y avait, comme presque toujours, que la moitié de l'histoire qui fût vraie. Une vingtaine de gendarmes, en effet, étaient rangés en bataille devant la maison où se trouvait l'imprimerie, située au fond d'une vaste cour.

La porte de la rue était fermée, et, pour envahir les ateliers, on attendait l'arrivée du commissaire de police.

Au moment où il arrivait, Baude, l'un des rédacteurs du *Temps*, et l'un des signataires de la protestation, ordonnait à la fois de fermer la porte des ateliers et d'ouvrir la porte de la rue.

Le commissaire, revêtu de son écharpe blanche, frappait à la porte juste comme la porte s'ouvrait; Baude et lui se trouvèrent face à face.

Le commissaire recula devant la formidable apparition.

Baude était un homme magnifique, non pas au point de vue de la beauté générale, mais à celui de la beauté relative. C'était un colosse de cinq pieds huit ou dix pouces, aux cheveux noirs, épais et flottants comme une crinière; ses yeux bruns, enfoncés sous de sombres sourcils, semblaient, dans certains moments, lancer des éclairs; il avait cette voix rude et tonnante qui fait, dans les révolutions, l'effet de la foudre dans les orages.

Baude était suivi des autres rédacteurs, des employés, des ouvriers, qui formaient derrière lui une masse d'une trentaine de personnes. En voyant la tête pâle et nue du chef, en voyant les visages contractés des ouvriers, on devinait que, sous la résistance légale que Baude allait invoquer, se cachait la résistance réelle, la résistance matérielle, la résistance armée.

Je serrai le bras de Carrel; lui-même était fort pâle et paraissait fort ému, mais il n'en restait pas moins muet, et secouait la tête en signe de dénégation.

Il se faisait, dans cette rue encombrée de deux mille personnes peut-être, un silence à laisser entendre le souffle d'un enfant.

Ce fut Baude qui prit la parole le premier, et qui interrogea le commissaire.

— Que voulez-vous, monsieur, lui demanda-t-il, et dans quel but vous présentez-vous à notre imprimerie?

— Monsieur, balbutia le commissaire de police, je viens, en vertu des ordonnances...

— Briser nos presses, n'est-ce pas ? interrompit Baude. Eh bien, moi, en vertu du Code, antérieur et supérieur à vos ordonnances, je vous somme de les respecter !

Et Baude étendit vers le commissaire de police un Code tout grand ouvert à l'article *Effraction*.

L'arme était terrible, plus effrayante, certes, qu'un pistolet ou une épée; mais les ordres qu'avait reçus le commissaire étaient précis.

— Monsieur, dit-il, il faut que je fasse mon devoir.

Et, se tournant vers un homme qui l'accompagnait :

— Qu'on aille me chercher un serrurier, ajouta-t-il.

— C'est bien, dit Baude, je l'attends !

Un murmure courut parmi le peuple. On commençait à comprendre qu'il se préparait là, en pleine rue, en face de la foule, sous le regard de Dieu, un des plus grands spectacles qu'il soit donné à l'œil humain de voir s'accomplir : la résistance de la loi à l'arbitraire, de l'individu à la masse, de la conscience à la tyrannie.

Aucun des spectateurs n'avait dit à Baude : « Comptez sur moi ! » mais il était évident que Baude avait déjà senti qu'il pouvait compter sur tous.

Le serrurier arriva ; suivant l'ordre du commissaire, il s'apprêta à franchir le seuil de la porte de la rue, pour aller ouvrir avec ses instruments les portes de l'imprimerie.

— Mon ami, lui dit Baude en l'arrêtant doucement par le bras, vous ne savez peut-être pas ce que vous risquez en obéissant à M. le commissaire de police? Vous risquez tout simplement les galères.

Et il lut à haute voix les lignes suivantes :

« Sera puni de la peine des travaux forcés à temps tout individu coupable ou complice de vol commis à l'aide d'effraction extérieure, ou d'escalade, ou de fausses clefs, dans une maison, appartement, chambre ou logement habités, ou servant à l'habitation, ou leurs dépendances, soit en prenant le titre d'un fonctionnaire public, ou d'un officier civil ou militaire, ou après s'être revêtu de l'uniforme ou du costume du fonctionnaire ou de l'officier, ou en alléguant un faux ordre de l'autorité civile ou militaire. »

A mesure que Baude lisait, le serrurier portait la main à sa casquette ; à la fin de l'article, il écoutait le lecteur la tête découverte.

A cette manifestation de respect d'un homme du peuple envers la loi, la foule éclata dans un immense applaudissement.

Le commissaire insista ; le serrurier, obéissant à cette voix impérative, fit un mouvement pour entrer.

Baude s'effaça, et, lui livrant le passage :

— Faites ! dit-il ; vous savez qu'il n'y va pour vous que des travaux forcés.

Le serrurier s'arrêta une seconde fois. Les applaudissements redoublèrent.

Le commissaire renouvela l'ordre de crocheter les portes.

— Messieurs, dit Baude à haute voix, j'en appelle de M. le commissaire au jury, et des ordonnances à la cour d'assises... Les noms de ceux qui voudront témoigner de la violence qui m'est faite ?

Cinq cents voix répondirent à la fois.

A l'instant même, les crayons et les papiers circulèrent dans la foule avec une ardeur et une unanimité admirables ; chacun prenait à son tour le crayon, et inscrivait son nom et son adresse sur le papier. Puis on passait toutes ces adresses à Baude.

— Vous le voyez, monsieur, dit-il au commissaire de police, les témoins ne me manqueront pas.

— Ma foi ! monsieur le commissaire, dit enfin le serrurier, chargez qui vous voudrez de la commission ; quant à moi, je me récuse.

Et, remettant son bonnet sur sa tête, il se retira.

Les vivats et les applaudissements l'accompagnèrent.

— Il faut, cependant, que force reste à la loi ! dit le commissaire.

— Je commence à croire, en effet, répondit Baude avec ironie, que force lui restera.

— Oh! je m'entends, dit l'officier de police. — Appelez un autre serrurier.

Un homme noir se détacha comme la première fois, et, comme la première fois, ramena un serrurier portant un trousseau de crochets à sa ceinture.

Les applaudissements qui avaient accompagné la retraite de l'autre se changèrent tout doucement en murmures, et saluèrent l'apparition de celui-ci.

Le serrurier eut peur.

En traversant la foule, il glissa son trousseau de crochets dans la main d'un des spectateurs qui le fit passer à son voisin, lequel s'en débarrassa de la même façon.

Quand il eut atteint la porte, l'ordre déjà donné à son confrère lui fut renouvelé.

— Monsieur le commissaire, dit le serrurier montrant alors sa ceinture vide, la chose est impossible : on m'a volé mes crochets.

— Tu mens ! dit le commissaire, et je vais te faire arrêter !

En effet, la main d'un agent s'étendait déjà vers le serrurier ; mais la foule s'ouvrit devant lui, l'enveloppa de ses replis, l'entraîna dans son tourbillon.

Il disparut comme dévoré !

On requit le serrurier chargé de river les fers des forçats.

Puis, comme la résistance commençait à prendre un caractère de gravité sombre et menaçant, on fit évacuer la rue avec l'aide des gendarmes.

La foule se retira par la place Louvois, par l'arcade Colbert et par la rue de Ménars, en hurlant :

— Vive la Charte !

Les hommes montaient sur les bornes, agitaient leur chapeau, et criaient à Baude:

— Comptez sur nous... Vous avez nos adresses... nous déposerons... Au revoir! au revoir!

Un renfort de gendarmerie que l'on vit arriver du côté du Palais-Royal acheva de faire évacuer la rue. Mais n'importe! la victoire morale était restée à l'opposition, Baude avait été grand comme une apparition de 1789.

Nous quittâmes la rue de Richelieu, Carrel et moi, et nous allâmes au *National*.

Le *National* avait à peine un an d'existence; il avait été fondé par Thiers, Carrel et l'abbé Louis, au château de Rochecottes, sur les genoux de madame de Dino, sous l'œil de M. de Talleyrand.

C'était le duc d'Orléans qui avait fourni l'argent nécessaire à sa fondation, et payé, pour ainsi dire, les mois de nourrice de cet Hercule au berceau qui, dix-huit ans plus tard, devait le prendre à bras-le-corps, et l'étouffer.

Ses bureaux étaient situés rue Neuve-Saint-Marc, au coin de la place des Italiens.

C'était un centre de nouvelles. La veille au soir, un rédacteur était rentré triste, abattu; il venait de parcourir les quartiers les plus pauvres, et, par conséquent, les plus faciles à soulever, et, en secouant la tête, il avait prononcé ces paroles décourageantes :

— Le peuple ne remue pas!

Lorsque, à deux heures, nous entrâmes dans les bureaux du *National*, le peuple ne remuait pas encore; cependant, on sentait passer dans l'air ce frissonnement qui fait hâter le pas et blêmir les visages sans que l'on sache pourquoi, et qui donne à l'homme cette terreur profonde et instinctive qu'éprouvent les animaux à l'approche des tremblements de terre.

D'où venait ce frissonnement qui n'était, pour ainsi dire, encore qu'à la surface de la société ?

C'était facile à deviner.

La motion de M. Thiers, qui avait amené quarante-cinq signatures au bas de la protestation des journalistes, — laquelle protestation avait non-seulement paru dans les journaux *le Globe*, *le National* et *le Temps*, mais encore été tirée à cent mille exemplaires, peut-être, et distribuée dans les rues, — cette motion, disons-nous, avait compromis quarante-cinq personnes.

Or, ces quarante-cinq personnes formaient, en même temps, un corps compacte agissant sur la masse, et quarante-cinq forces isolées agissant sur les individus. Chaque signataire était un centre possédant à sa circonférence plus ou moins étendue un nombre plus ou moins nombreux d'amis, d'employés, de commis, d'ouvriers, de compositeurs, de garçons imprimeurs, etc. Chacun avait mis en mouvement son entourage; or, chaque individu de cet entourage, si infime qu'il fût, était agent lui-même, et opérait sur des individus inférieurs à lui; il en résultait que l'impulsion, une fois donnée, s'était communiquée des grands centres aux petits, que l'engrenage marchait, et que l'on sentait trembler la société sous le clapotement d'une machine invisible, à peu près comme on sent trembler le moulin sous la rotation de ses ailes, le bateau à vapeur sous le battement de ses roues.

Carrel était invité à trois réunions différentes, toutes ayant pour but d'organiser la résistance.

L'une, libérale pure, presque républicaine, se tenait rue Saint-Honoré, dans la maison du pharmacien Cadet de Gassicourt; les membres principaux de celle-là étaient Thiers, Charles Teste, Anfous, Chevalier, Bastide, Cauchois-Lemaire et Dupont; on y débattait cette motion, de créer dans chaque arrondissement un comité de résistance chargé de se mettre en communication avec les députés.

L'autre réunion, qui était bonapartiste, avait lieu chez le colonel Gourgaud. Elle se composait, d'abord, du maître de la maison, puis du colonel Dumoulin, du colonel Dufays, du colonel Plavet-Gaubert et du commandant Bacheville. On cherchait un moyen de faire les affaires de Napoléon II; mais, comme tous ces hommes étaient bien plus des hommes d'action que des hommes de conseil, on n'arrêta rien, et l'on se donna rendez-vous pour le lendemain, place des Petits-Pères.

Une autre réunion, enfin, avait lieu dans les bureaux du *Globe*. Elle se composait de Pierre Leroux, de Guizard, de Dejean, de Paulin, de Rémusat et de quelques personnes étrangères à la rédaction du journal. Les avis les plus opposés y étaient émis: quelques-uns voulaient, pour le lendemain, faire un appel aux armes ; d'autres s'épouvantaient de la rapidité avec laquelle, une fois lancé, on descend, malgré soi, la pente des révolutions.

Au nombre des épouvantés était M. de Rémusat.

— Mais, s'écriait-il d'une voix désespérée, où allez-vous? où nous poussez-vous? Il ne s'agit point ici d'une révolution ; ce n'est point une révolution que nous avons voulu faire... La résistance légale, soit ; mais pas autre chose !

Il est bien entendu que, là non plus, on ne décida rien... si ce n'est de faire un lit à M. de Rémusat, que la fièvre venait de prendre.

Carrel n'alla à aucune de ces trois réunions. Lui aussi était pour la résistance légale seulement. Il ne croyait pas à une lutte possible entre des bourgeois et des soldats : il comprenait les révolutions prétoriennes, et demandait à ceux qui parlaient de prendre leur fusil :

— Avez-vous un régiment dont vous soyez sûr ?

Personne n'avait de régiment, attendu qu'aucune conspiration n'était organisée.

Mais il existait une conspiration immense, universelle, invincible : c'était celle de l'opinion publique, qui rendait les Bourbons solidaires de la défaite de 1815, et qui voulait venger Waterloo dans les rues de Paris.

Cette conspiration, elle était dans les yeux, dans les gestes, dans les paroles, et jusque dans le silence des gens que l'on croisait, des groupes que l'on rencontrait, des individus isolés qui s'arrêtaient, hésitant à aller à droite ou à gauche, mais dont l'hésitation même semblait dire : « Où se passe-t-il quelque chose ? où fait-on quelque chose ? afin que j'y aille et que je fasse ce que l'on y fait... »

CXLV

Le docteur Thibaut. — Le ministère Gérard et Mortemart. — Étienne Arago et le commissaire de police Mazue. — Le café Gobillard. — Incendie du corps de garde de la place de la Bourse. — Premières barricades. — La nuit.

Nous remontâmes du *National* aux boulevards. A la hauteur de la rue Montmartre, nous entendîmes quelque chose comme une fusillade du côté du Palais-Royal.

Il était à peu près sept heures du soir.

— Hein! qu'est-ce que cela? demandai-je à Carrel.

— Pardieu! répondit-il, c'est un feu de peloton.

— Eh bien, venez-vous de ce côté-là?

— Ma foi, non! répondit Carrel; je rentre chez moi.

— J'y vais, moi, lui dis-je.

— Allez-y; mais ne soyez pas assez fou pour vous jeter dans tout cela!

— Soyez tranquille... Adieu!

— Adieu!

Carrel s'éloigna de son pas calme et mesuré par le faubourg Montmartre, tandis que je m'élançais tout courant par la place de la Bourse.

Je n'avais pas fait cinquante pas, que je rencontrai le docteur Thibaut. Il avait l'air très-affairé.

— Ah! c'est vous, cher ami? lui dis-je. Eh bien, quelles nouvelles?

Thibaut, qui affectait d'habitude une gravité sans laquelle il prétendait qu'un médecin ne pouvait pas faire son chemin dans le monde, était, cette fois, plus que grave : il était sombre.

— Mauvaises! répondit-il; cela s'embrouille horriblement!

— Mais on se bat? lui dis-je.

— Oui ; un homme a été tué rue du Lycée, et trois autres dans la rue Saint-Honoré... Les lanciers chargent dans la rue de Richelieu et sur la place du Palais-Royal... Une barricade a été ébauchée rue de Richelieu, mais prise avant d'être achevée.

— Et où allez-vous?

— Vous saurez cela demain, si je réussis.

— Par ma foi, mon cher, vous avez l'air d'un diplomate.

— Qui sait?... Je vais peut-être faire un nouveau ministère !

— En votre qualité de docteur, mon cher ami, je vous invite à donner tous vos soins à l'ancien ; il me paraît diablement malade !

En ce moment, deux jeunes gens passèrent rapidement près de nous.

— Un drapeau tricolore? disait l'un. Ce n'est pas possible!

— Je te dis que je l'ai vu! répondait l'autre.

— Mais où cela?

— Quai de l'École.

— Quand?

— Il y a une demi-heure.

— Et qu'a-t-on fait à l'homme qui le portait?

— Rien... on l'a laissé passer.

— Allons de ce côté, alors.

— Allons.

Et ils s'enfoncèrent en courant dans la rue Notre-Dame-des-Victoires.

— Vous voyez, mon cher, dis-je à Thibaut, ça chauffe ! Allez à votre ministère, mon ami, allez !

— J'y vais!

Et il prit le chemin du boulevard des Capucines.

Thibaut ne m'avait pas menti. Il était réellement en train de faire un ministère; seulement, son ministère n'était pas destiné à mourir de longévité. C'était le ministère Gérard et Mortemart, qui devait avoir son pendant, à la révolution de 1848, dans le ministère Thiers et Odilon Barrot.

Mais, demandera-t-on, comment le docteur Thibaut pouvait-il faire un ministère ?

Eh! mon Dieu, je vais le dire en deux mots.

On se rappelle qu'en 1827 ou 1828, madame de Celles, fille du général Gérard, étant souffrante de la poitrine, avait demandé à madame de Leuven de lui indiquer un jeune médecin qui pût l'accompagner en Italie, et que madame de Leuven lui avait indiqué Thibaut. Celui-ci avait fait le voyage avec la belle malade, qui s'était trouvée à merveille et du voyage et du médecin ; si bien qu'au retour, le général Gérard, reconnaissant des soins que Thibaut avait donnés à sa fille, l'avait admis dans l'intimité de la maison.

Thibaut, au nom du général Gérard, allait, quand je le rencontrai, trouver M. le baron de Vitrolles, afin de l'engager à tenter une démarche conciliatrice près de M. de Polignac, et, s'il le fallait, près du roi lui-même.

Ainsi les esprits sérieux commençaient à entrevoir la gravité de la situation.

Voilà ce que ne pouvait me dire Thibaut au moment où nous nous rencontrâmes, et ce qu'il m'apprit plus tard.

Huit heures sonnaient à l'horloge de la Bourse ; je voulus regagner mon faubourg Saint-Germain ; mais, en entrant par un bout dans la rue Vivienne, je vis, à l'autre bout, apparaître des baïonnettes.

J'aurais pu m'en aller par la rue des Filles-Saint-Thomas, la curiosité me retint. Je battis en retraite jusqu'au café du théâtre des Nouveautés. Autant que je puis me le rappeler, il était tenu par un nommé Gobillard, excellent garçon, notre camarade à tous.

La troupe avançait d'un pas régulier, tenant toute la largeur de la rue, et poussant devant elle hommes, femmes, enfants.

Les gens refoulés par les soldats marchaient à reculons en criant :

— Vive la ligne !

Par les fenêtres ouvertes, les femmes agitaient leur mouchoir en criant :

— Ne tirez pas sur le peuple !

Parmi les hommes que la troupe chassait ainsi, il y avait de ces types qu'on ne voit apparaître au jour qu'à certaines heures, de ces hommes qui mettent en branle les émeutes et les révolutions, et que l'on pourrait appeler les hommes du commencement.

En arrivant sur la place de la Bourse, le front des troupes se développa ; cependant, comme il ne put embrasser toute la largeur de la place, une portion de ceux qui poussaient les soldats déborda sur les deux ailes, et reflua derrière eux.

Il y avait auprès du bâtiment de la Bourse une mauvaise baraque en planches qui servait de corps de garde. Le régiment y laissa une douzaine d'hommes, comme dans un blockhaus, et disparut à l'extrémité de la rue Vivienne, en tournant du côté de la Bastille.

A peine le régiment eut-il disparu, que quelques gamins s'approchèrent des soldats restés dans le corps de garde, en criant :

— Vive la Charte !

Tant que les gamins ne firent que crier, les soldats eurent patience ; mais, après les cris, vinrent les pierres.

Un soldat atteint d'une pierre fit feu ; une femme tomba. C'était une femme d'une trentaine d'années.

Les cris « Au meurtre ! » retentirent ; en un instant, la place fut évacuée, les lumières furent éteintes, les boutiques fermées.

Le théâtre des Nouveautés seul était resté éclairé et ouvert ; on y jouait *la Chatte blanche* ; ceux qui étaient dedans ne savaient pas ce qui se passait dehors.

Une petite troupe d'une douzaine d'hommes déboucha en ce moment de la rue des Filles-Saint-Thomas. Elle était conduite par Étienne Arago, et criait :

— Pas de spectacle ! fermez les théâtres ! on égorge dans les rues de Paris !...

Elle vint se heurter contre le cadavre de la femme tuée.

— Portez ce cadavre sur les marches du péristyle, afin que tout le monde le voie, dit Étienne ; je vais faire évacuer la salle...

Un instant après, en effet, la salle était évacuée, et le flot des spectateurs, s'ouvrait comme fait un torrent devant un rocher, pour ne pas fouler aux pieds le cadavre.

Je courus à Arago.

— Que fait-on, lui demandai-je, et qu'y a-t-il de décidé?

— Rien encore... On fait des barricades... on tue des femmes, et on ferme les théâtres comme tu vois.

— Où se retrouve-t-on?

— Demain matin, chez moi, rue de Grammont, 10.

Puis, se retournant vers les hommes qui l'accompagnaient:

— Aux Variétés, mes amis! dit-il; les théâtres fermés, c'est le drapeau noir sur Paris!

Et toute la petite troupe disparut avec lui dans la rue de Montmorency.

Elle avait passé devant la sentinelle et le corps de garde, sans que la sentinelle et le corps de garde eussent donné signe de vie.

Voici comment le mouvement avait commencé, et d'où venaient les coups de fusil que j'avais entendus avec Carrel.

Étienne Arago, — qu'on me pardonne de citer toujours le même nom, mais je m'engage à donner la preuve irrécusable qu'Étienne Arago fut la cheville ouvrière du mouvement insurrectionnel, — Étienne Arago, dis-je, venait de dîner avec Desvergers et Varin, et s'en retournait avec eux au théâtre du Vaudeville, situé alors rue de Chartres, lorsqu'un attroupement lui barra le chemin, rue Saint-Honoré, en face de la galerie Delorme.

On y annonçait qu'un homme venait d'être tué rue du Lycée.

Une charrette de moellons attendait, pour passer, que l'attroupement fût dissipé; quatre ou cinq voitures arrêtées comme elle par le même obstacle attendaient à la file.

— Pardon, mon ami, dit Étienne au conducteur en dételant le limonier, nous avons besoin de votre voiture.

— Pourquoi faire?

— Mais pour faire une barricade, donc!

— Oui, oui, des barricades! des barricades! crièrent plusieurs voix.

vi. 6

En un clin d'œil, les chevaux furent dételés, la voiture jetée sur le côté, les moellons dressés en travers de la rue.

— Bon! dit Arago; vous n'avez plus besoin de moi ici, et, moi, j'ai besoin ailleurs.

Et, laissant la barricade à la garde de ceux qui avaient aidé à la construire, il traversa le passage Delorme, longea la rue de Rivoli, et arriva au Vaudeville.

On commençait à entrer au spectacle.

— Pas de spectacle quand on se bat! dit-il; rendez l'argent à ceux qui ont payé!

Puis, à ceux qui persistaient à vouloir entrer :

— Pardon, messieurs, dit-il; mais on ne rira pas au Vaudeville, tandis qu'on pleure dans Paris.

Et il se mit en devoir de pousser la grille.

— Monsieur, demanda une voix, pourquoi fermez-vous le Vaudeville?

— Pourquoi?... Parce que je suis le directeur du théâtre, et qu'il me convient de le fermer.

— Oui; mais cela ne convient pas au gouvernement, et, au nom du gouvernement, je vous ordonne de le laisser ouvert.

— Qui êtes-vous?

— Parbleu! vous me connaissez bien...

— C'est possible; mais je désire que ceux qui nous écoutent et qui assistent à ce débat vous connaissent aussi.

— Je suis M. Mazue, commissaire de police.

— Eh bien, monsieur Mazue, commissaire de police, gare à vous! reprit Arago en le serrant contre la grille! on écrase ici ceux qui ne s'en vont pas!

— Monsieur Arago, demain vous ne serez plus directeur du Vaudeville!

— Monsieur Mazue, demain vous ne serez plus commissaire de police.

— C'est ce que nous verrons, monsieur Arago!

— Je l'espère, monsieur Mazue!

Et, aidé de deux machinistes, Étienne, malgré les efforts du commissaire de police, avait refermé la grille, et, sortant par la porte des acteurs, il avait commencé l'œuvre de la fermeture des autres théâtres, fermeture qui eut une influence immense sur le mouvement du soir et du lendemain.

Tous ces détails nous étaient donnés au café Gobillard, dont la porte était soigneusement close.

Nous étions là trois ou quatre ayant couru toute la journée, et mourant de faim. Nous nous fîmes servir à souper.

On devine sur quoi roula la conversation.

Les uns disaient que le mouvement qui s'opérait à cette heure n'avait pas plus de portée que celui de 1827, et que l'émeute, n'ayant pas la force de monter à l'état de révolution, avorterait de la même manière. Les autres, et j'étais de ceux-là, prétendaient, au contraire, qu'on n'était qu'au prologue de la comédie, et que le lendemain verrait s'accomplir bien des choses.

Nous étions au beau milieu de la discussion, quand un coup de feu retentit et nous fit tressaillir. Il était tiré sur la place.

Presque en même temps, on entendit le cri « Aux armes! » suivi d'un bruit pareil à celui d'un combat corps à corps.

— Vous voyez, dis-je, voilà le vrai drame qui commence!

Il était neuf heures quarante minutes à la pendule du café.

Nous montâmes rapidement à l'entre-sol, et regardâmes par les fenêtres.

Le corps de garde venait d'être surpris, enveloppé, attaqué par une vingtaine d'hommes. Une lutte s'accomplissait dans l'obscurité, lutte dont on ne distinguait que l'informe ensemble, et dont tous les détails échappaient.

Les soldats furent vaincus et désarmés. On leur prit leurs fusils, leurs gibernes et leurs sabres, et on les renvoya par la rue Joquelet ; puis une quinzaine d'hommes se détachèrent, vinrent enlever le cadavre de la femme, toujours gisant sur les marches du théâtre, le placèrent sur un brancard, et s'éloignèrent par la rue des Filles-Saint-Thomas en criant :

— Vengeance!

Trois ou quatre, armés d'une torche, restèrent derrière les autres; avec cette torche, ils allumèrent au milieu du corps de garde un feu de paille; puis, à coups de pied, ils enfoncèrent les planches du corps de garde de façon à ce qu'elles tombassent dans le feu. Les planches s'enflammèrent rapidement ; en un instant, toute la baraque ne forma plus qu'un immense brasier qu'abandonnèrent, pour rejoindre leurs compagnons, les trois ou quatre retardataires, et qui, en jetant de sinistres lueurs sur la place, brûla une partie de la nuit sans que personne songeât à l'éteindre.

Nous descendîmes, et, assez préoccupés de ce que nous venions de voir, nous achevâmes notre souper.

Vers minuit, nous nous séparâmes. Je pris la rue Vivienne, puis, le passage du Perron étant fermé, la rue Neuve-des-Petits-Champs et la rue de Richelieu.

Dans la rue de l'Échelle, des espèces d'ombres s'agitaient au milieu de l'obscurité. Je m'approchai ; on me cria : « Qui vive ? » Je répondis : « Ami ! » et je continuai de marcher en avant.

C'était une barricade qui s'élevait silencieusement, et comme si elle eût été bâtie par les esprits de la nuit. J'échangeai des poignées de main avec les ouvriers nocturnes et je gagnai le Carrousel.

Derrière la grille du château, on apercevait deux ou trois cents hommes campés dans la cour des Tuileries. Je pensai que cela devait être à peu près ainsi pendant la nuit du 9 au 10 août 1790. Je voulus regarder à travers la grille ; une sentinelle me cria :

— Au large !

Je poursuivis mon chemin.

Sur les quais, tout reprenait sa physionomie ordinaire.

J'atteignis la rue de l'Université sans avoir rencontré une seule personne ni sur le pont Royal, ni dans la rue du Bac.

Rentré chez moi, j'ouvris ma fenêtre, et j'écoutai : Paris semblait solitaire et silencieux ; mais cette tranquillité n'avait rien de réel ; on sentait que cette solitude était habitée, que ce silence était vivant !

CXLVI

Matinée du 27. — Joubert. — Charles Teste. — *La Petite-Jacobinière.* — Le pharmacien Robinet. — Les armes du *Sergent Mathieu.* — Pillage d'une boutique d'armurier. — Les deux gendarmes. — Les trois gardes royaux. — Un grand jeune homme blond. — Les terreurs d'Oudard.

Je fus réveillé, comme le 26, par Achille Comte.

— Eh bien ? lui demandai-je en me frottant les yeux.

— Oh ! cela marche !... dit-il ; le quartier des écoles est en pleine insurrection... Seulement, les étudiants sont furieux.

— Contre qui ?

— Mais contre les grands meneurs, Laffitte, Casimir Périer, la Fayette... Ils se sont présentés hier chez ces messieurs : les uns leur ont dit de se tenir tranquilles, les autres ne les ont pas même reçus... Et, tenez, Barthélemy et Méry vous donneront des détails là-dessus ; ils y étaient avec leurs poches pleines de poudre qu'ils avaient achetée chez un épicier.

Je m'habillai ; je pris une voiture pour aller embrasser ma mère, qui était toujours aussi calme que si rien d'extraordinaire ne se fût passé dans Paris. J'avais donné des ordres pour qu'elle restât dans cette ignorance, et ces ordres avaient été ponctuellement exécutés.

En quittant ma mère, je me fis conduire chez Godefroy Cavaignac, qui demeurait rue de Sèvres.

Il était déjà sorti ; je le trouverais, me dit-on, ou à la librairie de Joubert, passage Dauphine, ou place de la Bourse, chez Charles Teste, à *la Petite-Jacobinière.*

Joubert, qui a été, depuis, aide de camp de la Fayette, et lieutenant-colonel, je crois, était un ancien carbonaro, ami de Carrel ; condamné à mort, comme celui-ci, après l'affaire de Béfort, il s'était évadé des prisons de Perpignan, avec l'aide d'une religieuse et le concours de deux de ses amis, Fabre et Corbière.

Quant à Charles Teste, que nous avons tous connu, il avait, lui aussi, établi, sur la place de la Bourse, une librairie que l'on appelait, à cause des opinions de ceux qui la fréquentaient, du nom expressif de *Petite-Jacobinière*.

Charles Teste était un des hommes les plus dignes, un des caractères les plus nobles qu'on pût rencontrer. Pauvre, il était brouillé avec ses frères riches. Pendant tout le règne de Louis-Philippe, il ne voulut rien être, et vécut Dieu sait comment et de quoi ! Le jour où son frère fut condamné par la cour des pairs, il se mit à sa disposition, devint son soutien, son appui, son consolateur. Puis, après la révolution de 1848, tous ses anciens amis arrivés au pouvoir, il refusa de nouveau les places qui lui étaient offertes, et ne demanda d'autre faveur que la translation de son frère, de la prison où il était, dans une maison de santé.

Charles Teste est mort, il y a, je crois, dix-huit mois ou deux ans. Le jour où il rendit le dernier soupir, la France perdit un de ses grands citoyens.

Je me fis conduire passage Dauphine.

Cavaignac y avait apparu, mais il était parti avec Bastide ; on les croyait tous deux à la Petite-Jacobinière.

Je renvoyai mon cabriolet ; j'avais une visite à faire rue de l'Université, n° 7. Là, je n'avais pas pu établir un cordon sanitaire comme chez ma mère ; là, on savait tout. Je promis de regarder les choses en amateur, de ne me mêler de rien, et, moyennant cette promesse, on me laissa sortir.

Il y avait un grand rassemblement rue de Beaune, chez un pharmacien nommé Robinet ; le rassemblement se composait d'électeurs et de gardes nationaux du 10ᵉ et du 11ᵉ arrondissement.

On ne demandait pas mieux que de marcher, mais personne n'avait d'armes.

— Pas d'armes ? dit Étienne Arago en entrant. Si vous n'avez pas d'armes, il y en a chez les armuriers !

On connaissait, au *National* et à la Petite-Jacobinière, la réunion qui avait lieu chez Robinet, et on y avait député Arago.

Depuis le matin, il n'avait pas perdu son temps.

« Pas d'armes ! » était le cri général ; à la Petite-Jacobinière, comme partout, on disait : « Pas d'armes ! »

Le théâtre du Vaudeville venait de jouer *le Sergent Mathieu*; il y avait, par conséquent, dans le magasin d'accessoires, une vingtaine de fusils, de sabres et de gibernes.

Gauja et Étienne coururent au Vaudeville, mirent fusils, sabres et gibernes dans de grandes mannes d'osier qu'ils recouvrirent de toiles, recrutèrent commissionnaires et machinistes, et suivirent le cortège avec chacun un habit d'officier de la garde impériale sous leur redingote.

La place du Palais-Royal était encombrée de troupes. Un capitaine sortit des rangs.

— Que portez-vous là ? demanda-t-il aux commissionnaires.

— Un déjeuner de noces de chez Parly, capitaine, répondit Arago.

Le capitaine se mit à rire : la pointe des sabres et la pointe des baïonnettes passaient à travers les cloisons d'osier. Il tourna le dos, et rentra dans les rangs.

Fusils, sabres et gibernes arrivèrent à bon port à la Petite-Jacobinière, où ils furent distribués.

C'était à la suite de cette distribution qu'Étienne avait été envoyé chez Robinet.

A ces mots : « Si vous n'avez pas d'armes, il y en a chez les armuriers ! » chacun sortit.

Étienne courut chez le plus proche ; il était avec Gauja et un nommé Lallemand.

Cet armurier le plus proche demeurait rue de l'Université. Après avoir indiqué à Étienne sa boutique, située à gauche de la rue de Beaune, je tournai à droite pour aller prendre mon fusil.

Étienne et Lallemand se précipitèrent dans la boutique de l'armurier au moment où celui-ci essayait de fermer sa porte. Plus heureux avec l'armurier que, la veille, ne l'avait été avec lui le commissaire de police, Étienne parvint à entrer dans la boutique.

— Mon ami, dit-il, ne vous effrayez pas... Nous ne venons point prendre vos armes; nous venons les acheter.

Il prit cinq ou six fusils, en garda un pour lui, un pour Gauja, un pour Lallemand, et distribua les autres. Puis il vida ses poches, dans lesquelles il y avait trois cent vingt francs, et, pour le surplus de la fourniture, donna un bon sur son frère François, de l'Observatoire, qui paya religieusement.

Lallemand endossa le billet.

Ce Lallemand était un garçon fort instruit et fort spirituel, que nous appelions *le Docteur*, parce qu'il parlait toujours latin.

Je donne cette explication afin qu'on ne le confonde pas avec le professeur Lallemand.

On prit tout de suite, chez le même armurier, de la poudre et des balles; on n'allait pas, comme on le verra, tarder à en avoir besoin.

J'étais remonté chez moi; j'avais appelé mon domestique Joseph; je m'étais fait donner mon costume de chasse complet. C'était, pour l'exercice auquel nous allions nous livrer, le costume le plus commode, et qui surtout devait le moins attirer les yeux.

J'étais à moitié de ma toilette quand j'entendis une grande rumeur dans la rue du Bac; je me mis à la fenêtre : c'étaient Étienne Arago et Gauja qui appelaient la population aux armes.

On se souvient que je demeurais au-dessus du café Desmares; mais ce que j'ai oublié de dire, c'est que trois de mes fenêtres donnaient sur la rue du Bac.

En ce moment, du côté du pont, à l'entrée de la rue, parurent deux gendarmes. Que venaient-ils faire là? Quel hasard les y conduisait? Nous n'en sûmes rien.

En les apercevant, la foule qui encombrait la rue poussa de grands cris.

Les gendarmes parurent se consulter; mais, s'ils avaient

hésité un instant, leur hésitation ne fut pas longue. Ils mirent la bride aux dents, tirèrent d'une main leur sabre, et de l'autre un pistolet.

La foule était sans armes; elle rentra dans les allées, dans les boutiques ouvertes, ou s'esquiva par la rue de Lille.

Arago et Gauja s'embusquèrent aux deux coins de cette rue; l'un d'eux, je ne sais lequel, cria à l'autre :

— Allons! il est temps de commencer!

Au même moment, les deux gendarmes fondirent sur eux au grand galop.

Les deux coups de feu d'Étienne et de Gauja partirent en même temps.

Tous deux avaient visé le même homme; celui qu'ils avaient visé tomba percé de deux balles.

L'autre gendarme rebroussa chemin. Le cheval qui avait perdu son cavalier continua sa course, et s'enfonça dans la rue du Bac.

On se précipita vers le gendarme gisant à terre; il était mourant. On lui prit son sabre, son pistolet et sa giberne, et on le porta à la Charité.

Lorsqu'ils virent entrer un gendarme blessé dans la salle, et qu'ils apprirent qu'il avait été blessé en chargeant sur le peuple, les malades voulaient l'achever.

L'esprit de révolution était entré jusque dans les hôpitaux!

J'avais passé ma veste, pris mon fusil, ma carnassière, ma poire à poudre; j'avais bourré mes poches de balles, et j'étais descendu.

Arago et Gauja avaient disparu tous les deux.

On me connaissait dans le quartier, on se groupa autour de moi.

— Que faut-il faire? me demanda-t-on.

— Des barricades! répondis-je.

— Où cela?

— Une de chaque côté de la rue de l'Université; l'autre en travers de la rue du Bac.

On m'apporta une pince; je me mis à la besogne, et commençai à dépaver la rue. Tout le monde réclamait des armes.

Pendant ce temps, le tambour battait dans le jardin des Tuileries. Trois soldats de la garde royale apparurent en haut de la rue du Bac, du côté de la rue Saint-Thomas-d'Aquin.

— Tenez, dis-je à ceux qui m'entouraient, vous demandez des armes? on ne peut être servi plus à point; voilà trois fusils qui vous arrivent; seulement, il faut les prendre...

— Oh! si ce n'est que cela! dirent-ils.

Et ils se précipitèrent vers les soldats.

Ceux-ci s'arrêtèrent.

J'étais seul armé.

— Mes amis, criai-je aux soldats, donnez vos fusils, et il ne vous sera fait aucun mal.

Ils se consultèrent un instant, puis donnèrent leurs fusils.

Je les tenais en joue, prêt à tuer le premier qui eût fait une démonstration hostile.

On prit les fusils; ils n'étaient point chargés : de là était venue, sans doute, la facilité des pauvres diables à les rendre.

On poussa de grands cris de triomphe; le combat commençait par une victoire : un gendarme tué, trois gardes royaux prisonniers. Il est vrai que, ne sachant que faire de nos trois prisonniers, nous leur rendîmes la liberté à l'instant même.

Nous nous remîmes aux barricades.

Une petite troupe d'étudiants arrivait par le haut de la rue de l'Université; à sa tête marchait un grand jeune homme blond, vêtu d'une redingote vert-pomme.

Le grand jeune homme blond seul avait un fusil de munition.

On fraternisa, et l'on se réunit pour travailler aux barricades. Le voisinage de la caserne des gardes du corps, qui était située quai d'Orsay, faisait craindre une attaque.

Il était impossible que la sentinelle n'eût pas entendu les deux coups de feu, n'eût pas vu fuir le gendarme, et n'eût pas donné l'alarme.

J'étais fatigué de retourner des pavés; je cédai ma pince au grand jeune homme blond. Il se mit à piquer les entre-deux à son tour; mais la pince était lourde, elle lui échappa des mains, et vint me frapper à la jambe.

— Ah! monsieur, s'écria-t-il, je vous demande bien pardon, car je dois vous avoir fait grand mal!

C'était vrai; mais il y a des moments où la douleur n'existe pas.

— Ne faites pas attention, lui dis-je, c'est sur l'os.

Il releva la tête.

— Est-ce que vous auriez de l'esprit par hasard? me demanda-t-il.

— Parbleu! répondis-je, belle demande! c'est mon état d'en avoir.

— En ce cas, faites-moi le plaisir de me dire votre nom.

— Alexandre Dumas.

— Ah! monsieur!... (Il me tendit la main.) Moi, je m'appelle Bixio... Profession : étudiant en médecine. Si je suis tué, voici ma carte, ayez la bonté de me faire reporter chez moi; si vous êtes blessé, je mets ma science à votre disposition.

— Monsieur, j'espère que votre carte et votre science seront inutiles; mais n'importe! je prends l'une et j'accepte l'autre. N'oubliez pas plus mon nom, s'il vous plaît, que je n'oublierai le vôtre.

Nous nous donnâmes une poignée de main. Notre amitié date de là.

Les barricades achevées, nous en confiâmes la garde à ceux qui nous avaient aidés à les faire.

— Maintenant, dis-je à Bixio, où allez-vous?

— Je vais du côté du Gros-Caillou.

— En ce cas, je vous accompagne jusqu'à la Chambre... Je veux aller voir ce qui se passe au *National*.

— Comment! me dit Bixio, vous allez comme cela par les rues avec votre fusil?

— Mais, lui répondis-je, vous y allez bien, vous, ce me semble?

— Oui, de ce côté-ci de la Seine.

— Bah! je suis en chasseur, et non en combattant.

— Seulement, la chasse n'est pas ouverte.

— Eh bien, je l'ouvre, voilà tout.

Cependant, comme on le voit, je ne me hasardais pas à

traverser les Tuileries avec mon accoutrement : je faisais le tour par la place de la Révolution. Je la traversai sans obstacle, et suivis toute la rue Saint-Honoré. Les barricades de la rue de l'Échelle et de la rue des Pyramides étaient dispersées.

Comme j'arrivais à la rue de Richelieu, j'aperçus un régiment à la hauteur de la place Louvois. De l'autre côté du Palais-Royal apparaissait une épaisse ligne de troupes. Sur la place du Palais-Royal stationnait un escadron de lanciers.

A moins de revenir sur mes pas, je n'avais donc le passage libre d'aucun côté.

Je me trouvais presque en face de mon ancien bureau, du n° 216.

J'entrai et je montai au premier étage.

J'y trouvai Oudard.

Il me regarda, hésitant à me reconnaître.

— Comment, me dit-il, c'est vous?...

— Sans doute, c'est moi.

— Que venez-vous faire ici aujourd'hui?

— Je viens voir si je ne rencontrerai pas le duc d'Orléans.

— Et que lui voulez-vous?

Je me mis à rire.

— Je veux l'appeler *Votre Majesté,* répondis-je.

Oudard jeta un véritable cri de détresse.

— Malheureux! dit-il, comment pouvez-vous tenir de pareils propos?... Si l'on vous entendait!

— Oui, mais on ne m'entend pas... le duc d'Orléans surtout.

— Pourquoi le duc d'Orléans surtout?

— Parce que je présume qu'il est à Neuilly.

— Le duc d'Orléans est à sa place! répondit majestueusement Oudard.

— Mon cher Oudard, comme je suis moins savant que vous en fait d'étiquette, permettez-moi de vous demander où est cette place.

— Mais près du roi, je suppose.

— Alors, dis-je, j'en fais mon compliment à Son Altesse.

En ce moment, les tambours battaient au coin de la rue de

Richelieu, tournant par la rue Saint-Honoré, et s'avançant vers le Palais-Royal. Derrière les tambours, venait un général au milieu de son état-major. On pouvait le voir à travers les ouvertures des persiennes.

Il me prit envie de rendre Oudard malade de peur.

— Dites donc, Oudard, fis-je, il m'est avis que, si je décrochais ce général qui passe, cela avancerait beaucoup les affaires de M. le duc d'Orléans..., qui est près du roi.

Et je mis le général en joue.

Oudard devint pâle comme un mort, et se jeta sur mon fusil, qui n'était pas même armé. Je lui montrai en riant le chien abaissé sur la cheminée.

— Oh! me dit-il, vous allez partir d'ici, n'est-ce pas?

— Vous attendrez bien que les soldats aient défilé... Je ne peux pas raisonnablement attaquer, à moi tout seul, deux ou trois mille hommes.

Oudard s'assit. Je déposai mon fusil dans un coin, et j'ouvris la fenêtre toute grande.

— Mais que faites-vous encore? me dit-il.

— Je regarde passer les militaires...; cela m'amuse.

Et je regardai passer les militaires depuis le premier jusqu'au dernier.

Ils allaient à l'hôtel de ville, où l'on commençait à se battre chaudement. Le général qui les commandait et que j'avais mis en joue, à la grande terreur d'Oudard, était le général de Wall.

Derrière les derniers rangs, je sortis, mon fusil sur l'épaule, et, aussi tranquillement que si j'allais faire une ouverture dans la plaine Saint-Denis, je remontai la rue de Richelieu.

CXLVII

Aspect de la rue de Richelieu. — Charras. — L'École polytechnique. — La tête à perruque. — Le café de la porte Saint-Honoré. — Le drapeau tricolore. — Je deviens chef de bande. — Je suis consigné par mon propriétaire. — Un monsieur qui distribue de la poudre. — Le capitaine du 15ᵉ léger.

L'aspect de la rue de Richelieu était chose curieuse. A peine la troupe venait-elle de quitter la rue, et déjà l'insurrection y était rentrée flagrante, ou plutôt, sortant de toutes les portes des maisons, y régnait en souveraine.

Partout on effaçait les fleurs de lis, partout on grattait le chiffre du roi, partout on barbouillait les enseignes.

Au cri de « Vive la Charte! » commençait à succéder le cri de « A bas les Bourbons! »

Des hommes armés se montraient au coin des rues, ayant l'air de chercher un centre de résistance ou un champ de bataille.

De temps en temps, la porte d'une boutique s'ouvrait, et, par son entre-bâillement, laissait voir un garde national en uniforme, hésitant encore à sortir, mais n'attendant que le moment de se mêler à cet immense branle.

Aux fenêtres, des femmes secouaient leur mouchoir, et criaient *bravo* à tous les hommes apparaissant un fusil à la main.

Personne ne marchait du pas ordinaire; tout le monde courait. Personne ne parlait comme on parle d'habitude; on se jetait des paroles entrecoupées.

Une fièvre universelle semblait s'être emparée de la population; c'était merveilleux à voir! L'homme le plus froid, le plus insensible eût été forcé de partager ce frissonnement.

J'arrivai au *National*.

Sous la porte, je rencontrai Carrel causant avec Paulin.

— Ah! m'écriai-je, vous voilà!... tant mieux! On m'avait dit que vous aviez quitté Paris, et que vous étiez à la campagne avec Thiers et Mignet, dans la vallée de Montmorency même...

— Et qui vous avait dit cela?

— Est-ce que je me rappelle!...

En effet, il m'eût été impossible de dire de qui je tenais ce détail, qu'on m'avait donné, au reste, pour me prouver le peu de fond que les hommes du mouvement faisaient eux-mêmes sur la prétendue révolution qui s'accomplissait.

— Il y a du vrai là dedans, dit-il; je suis effectivement parti pour la campagne avec Thiers, Mignet et une autre personne que je voulais mettre en sûreté.

— Élisa? dis-je étourdiment.

— Oui, Élisa, ma femme, appuya Carrel; mais, Élisa en sûreté, je suis revenu, et me voici.

Carrel était tout entier dans les quelques mots qu'il venait de dire.

Ceux qui ont vécu dans l'intimité de Carrel ont connu la personne que je venais de nommer Élisa, et que lui, en manière de leçon à mon adresse, venait de nommer sa *femme*.

Il adorait cette personne, adorable en effet, bonne et dévouée parmi toutes les femmes! C'était entre eux une de ces liaisons que la société proscrit, mais que le cœur respecte; un de ces amours qui rachètent la faute commise par tant de vertu, que, de la pécheresse, ils font une sainte.

Qu'est-elle devenue, pauvre et noble créature, depuis la mort de Carrel? Je n'en sais rien; mais je sais que, lorsque je connus l'accident terrible, je pensai bien moins à celui qui venait de mourir qu'à celle qui était condamnée à vivre.

Je demande pardon à mes lecteurs de m'écarter à tout moment de mon sujet pour me jeter dans une divagation de cœur pareille à celle-ci; mais j'écris des mémoires et non une histoire; mes impressions, et non une chronologie; et, au fur et à mesure que mes impressions reviennent à mon souvenir, elles font flotter entre mes yeux et mon papier, selon qu'elles sont tristes ou joyeuses, un nuage sombre ou doré.

En ce moment, nous fûmes joints par un grand et beau garçon de vingt à vingt-deux ans.

Carrel lui tendit la main.

— Ah! c'est vous, Charras? lui dit-il.

— Oui, bien... Je vous cherchais.

— Pour quoi faire?

— Pour vous demander où l'on se bat.

— Est-ce qu'on se bat? dit Carrel.

— Mordieu! je le crois bien! dit Charras. N'importe, je n'aurais jamais cru qu'il fût si difficile de se faire casser la tête... Depuis hier au soir, je cours pour cela, et je n'en puis pas venir à bout!

Charras, l'un des plus braves officiers de l'armée d'Afrique, un des plus loyaux caractères de la révolution de 1848, avait été, vers le commencement de l'année 1830, chassé de l'École polytechnique pour avoir, dans le même dîner, chanté *la Marseillaise*, et crié : « Vive la Fayette! » L'une de ces deux choses eût bien suffi à motiver son expulsion ; mais, comme on ne pouvait le chasser deux fois, on se contenta de le chasser une bonne.

Depuis cette époque, il demeurait rue des Fossés-du-Temple, 38, chez Fresnoy, l'acteur, qui tenait un hôtel meublé, et qui était en même temps directeur du Petit-Lazari, théâtre de marionnettes que la protection de son locataire changea, huit jours après la révolution de juillet, en théâtre de personnages parlants.

Dès le 26, Charras avait pensé au rôle que pouvaient jouer ses anciens compagnons, les élèves de l'École, dans une insurrection. En conséquence, il s'était immédiatement mis en communication avec eux, et, le 27, il leur avait fait passer les journaux de l'opposition qui avaient paru, c'est-à-dire *le Globe*, *le Temps* et *le National*.

L'imprimeur du *Courrier français* avait refusé ses presses: *le Constitutionnel* et les *Débats* n'avaient point osé paraître.

A deux heures, les élèves gradés, sergents et sergents-majors, qui avaient le droit de sortie, s'étaient jetés dans les rues, avaient parcouru tous les quartiers en effervescence, et étaient rentrés à l'École en disant, d'après ce qu'ils avaient vu, qu'une collision était imminente. — A cette nouvelle, les têtes s'étaient montées.

Vers sept heures, on avait entendu les coups de fusil tirés dans la rue du Lycée, et les feux de peloton de la rue Saint-Honoré. Aussitôt, les élèves s'étaient réunis dans la salle de billard, et, là, ils avaient décidé que quatre d'entre eux seraient envoyés à Laffitte, à la Fayette et à Casimir Périer, pour leur annoncer la disposition de l'École, et leur dire que les élèves étaient prêts à se jeter dans l'insurrection.

L'École comptait dans son sein quarante ou cinquante républicains, autant peut-être, à elle seule, que Paris avec ses douze cent mille habitants.

Les quatre élèves choisis furent MM. Berthelin, Pinsonnière, Tourneux et Lothon.

On avait voulu les empêcher de sortir ; mais ils avaient forcé la consigne, et ils étaient arrivés à neuf heures du soir chez Charras.

Charras était en train de brûler le corps de garde de la place de la Bourse, et ne rentra qu'à onze heures et demie.

N'importe, il fut décidé qu'on irait immédiatement chez Laffitte.

On partit à minuit de la rue des Fossés-du-Temple ; on arriva à minuit vingt minutes à la porte de l'hôtel. On frappa et l'on sonna en même temps ; on avait hâte d'entrer. D'ailleurs, dans l'innocence de leur âme, les cinq jeunes gens se figuraient que Laffitte était aussi pressé d'accepter leur vie qu'ils étaient, eux, pressés de l'offrir.

Un concierge maussade ouvrit un guichet.

— Que voulez-vous? demanda-t-il.

— Parler à M. Laffitte.

— A quel propos?

— A propos de la révolution.

— Qui êtes-vous?

— Des élèves de l'École polytechnique.

— M. Laffitte est couché.

Et le concierge avait fermé la porte au nez des cinq jeunes gens.

Charras avait grande envie d'enfoncer la porte; il en fit même la proposition; mais, sur les observations de ses camarades, il se contenta de charger le concierge d'imprécations.

La manière dont on avait été reçu chez Laffitte n'engageait pas à tenter les autres visites projetées; on convint qu'on se présenterait, le lendemain, chez la Fayette et chez Casimir Périer, mais que, pour le moment, on rentrerait rue des Fossés-du-Temple.

On regagna donc l'hôtel Fresnoy; on s'établit comme on put, les uns sur des matelas, les autres sur des chaises, les autres par terre.

Le lendemain, au point du jour, on se rendit chez un professeur de mathématiques, préparateur aux examens de l'École, nommé Martelet.

M. Martelet demeurait au n° 16 de la rue des Fossés-du-Temple.

Il s'agissait de se procurer des habits bourgeois; — le pavé du roi n'était pas sûr, en plein jour, pour des jeunes gens portant l'uniforme de l'École.

Les cinq amis trouvèrent chez M. Martelet tout ce qu'ils pouvaient désirer.

Puis, comme ils craignaient qu'en se présentant de trop bonne heure chez la Fayette, il ne leur arrivât ce qui leur était arrivé en se présentant trop tard chez Laffitte, ils se mirent, pour passer le temps, à faire une barricade.

Un perruquier était occupé, dans la maison située en face de celle de M. Martelet, à friser et à poudrer une perruque : il fut invité par les jeunes gens à se joindre à eux; mais, soit que les opinions politiques du perruquier s'opposassent à ce qu'il fît des barricades, soit qu'amoureux de son art, il trouvât son temps mieux employé à poudrer et à friser des perruques, il refusa.

Le hasard voulut que la barricade fût faite et la perruque accommodée juste en même temps.

Comme il n'y avait personne pour garder la barricade, on prit, chez le perruquier, une tête à perruque avec son pied;

on la plaça derrière les pavés; on la coiffa de la perruque fraîchement frisée et poudrée; on enfonça crânement sur la perruque un chapeau à trois cornes, et l'on confia au mannequin la garde de la barricade, avec défense, sous peine de mort, au perruquier de rien changer aux dispositions stratégiques qui venaient d'être prises.

Après quoi, on se dirigea vers la demeure de la Fayette.

La Fayette n'était pas chez lui.

Les jeunes gens laissèrent leurs noms au concierge, et s'apprêtèrent à reprendre leur odyssée en allant frapper à la porte de Casimir Périer.

Mais deux essais infructueux suffisaient à Charras; il avait laissé ses camarades accomplir leur troisième tentative, qui devait être aussi inutile que les deux premières, et il venait demander à Carrel : « Où se bat-on? »

C'est ce que bien peu de personnes savaient.

Cependant, on disait généralement que l'on se battait à l'hôtel de ville, et, dans certains moments, on entendait trembler le bourdon de Notre-Dame.

Comme Charras n'avait point d'armes, il pouvait couper en droite ligne par le Palais-Royal et le pont des Arts ou le pont Neuf; quant à moi, qui avais mon fusil, j'étais obligé de refaire le chemin que j'avais déjà fait, c'est-à-dire de rentrer dans le faubourg Saint-Germain par la place de la Révolution et la rue de Lille.

Charras partit de son côté, et je partis du mien. — Nous retrouverons Charras.

Quant à Carrel, il allait à la Petite-Jacobinière.

Je m'engageai de nouveau dans les rues.

L'esprit de haine allait grandissant encore : on ne se contentait plus d'effacer les fleurs de lis des enseignes, on traînait les enseignes elles-mêmes dans le ruisseau.

J'entrai un instant chez Hiraux; — on se rappelle le fils de mon ancien professeur de violon qui tenait le café de la porte Saint-Honoré, qu'il tient encore aujourd'hui. J'y entrai d'abord pour le voir, et, ensuite, parce qu'il me semblait qu'une grande agitation se manifestait chez lui.

Cette agitation était produite par une nouvelle qui venait de se répandre, et qui exaspérait les esprits. On disait que le duc de Raguse s'était offert au roi pour prendre le commandement de la force armée de Paris.

La nouvelle, étrange pour tout le monde, l'était encore davantage pour moi ; la surveille, n'avais-je pas entendu, à l'Académie, le duc de Raguse déplorer les ordonnances, et inviter François Arago à ne point parler ?

Et, en effet, loin qu'il se fût offert, le maréchal Marmont avait été au désespoir quand, le matin même, il avait reçu chez le prince de Polignac l'ordonnance qui le chargeait du commandement de la première division militaire.

Il avait été sur le point de refuser, mais sa mauvaise étoile l'avait emporté. — Il y a des hommes prédestinés aux choses fatales !

Cette nouvelle jeta peut-être cinq cents combattants de plus dans la rue.

En arrivant au pont de la Révolution, je m'arrêtai tout étourdi, croyant avoir mal vu et me frottant les yeux : le drapeau tricolore flottait sur Notre-Dame !

J'avoue qu'à la vue de ce drapeau que je n'avais pas revu depuis 1815, et qui rappelait tant de nobles souvenirs de l'époque révolutionnaire, tant de souvenirs glorieux de l'époque impériale, je sentis une étrange émotion s'emparer de moi.

Je m'appuyai contre le parapet, les bras tendus, les yeux fixes et mouillés de larmes.

Du côté de la Grève, éclatait une vive fusillade, et la fumée s'élevait en épais nuages.

La vue de mon fusil rallia autour de moi une douzaine de personnes. Deux ou trois étaient armées de fusils : les autres avaient des pistolets et des sabres.

— Voulez-vous nous conduire ? voulez-vous être notre chef ? dirent ces hommes.

— Je le veux bien, répondis-je. Venez !

Nous traversâmes le pont de la Révolution, et nous prîmes la rue de Lille, pour éviter la caserne d'Orsay, qui commandait le quai.

Les tambours de la garde nationale commençaient à battre le rappel. Notre petite troupe faisait noyau : à la rue du Bac, j'avais cinquante hommes, deux tambours et un drapeau.

Je voulus entrer chez moi en passant, pour prendre de l'argent ; j'étais sorti, le matin, sans m'inquiéter de ce que j'avais dans mes poches, et je m'étais aperçu que je ne possédais qu'une quinzaine de francs ; mais le propriétaire était venu, et m'avait consigné au portier.

Ma conduite du matin avait fait scandale ; j'avais, moi vingtième, désarmé trois gardes royaux ; j'avais, moi dixième, fait trois barricades ; enfin, comme on me trouvait sans doute assez riche pour me prêter quelque chose, on me mettait sur le dos le gendarme d'Arago et de Gauja.

Ma troupe me faisait la même offre que Charras avait faite, la veille, à ses compagnons : elle m'offrait d'enfoncer la porte ; mais je tenais à mon logement, je m'y trouvais bien, je n'avais pas la moindre envie que mon propriétaire me donnât congé ; je contins l'enthousiasme de mes hommes.

Nous nous remîmes en route, suivant la rue de l'Université. A ce moment, j'avais à peu près une trentaine d'hommes armés de fusils ; à la hauteur de la rue Jacob, j'eus l'idée de leur demander s'ils avaient des munitions. Ils n'avaient pas dix cartouches entre eux tous ; ce qui ne les empêchait pas de marcher au feu avec cette naïve et sublime confiance qui caractérise le peuple de Paris dans les jours d'insurrection.

Nous entrâmes chez un armurier dont les armes avaient été prises, pour lui demander s'il pouvait nous dire où nous trouverions des cartouches. Il nous dit qu'à la petite porte de l'Institut, rue Mazarine, nous trouverions un monsieur qui distribuait de la poudre. — Quoiqu'il fût assez peu probable qu'il y eût, à la petite porte de l'Institut, *un monsieur* qui distribuât de la poudre, nous nous rendîmes à l'endroit indiqué.

Le renseignement était parfaitement exact : nous trouvâmes, à la petite porte de l'Institut, *un monsieur* qui distribuait de la poudre.

Quel était ce monsieur ? d'où sortait-il ? au compte de qui

distribuait-il cette poudre? Je n'en sais rien, et ne m'en inquiéterai pas aujourd'hui, ne m'en étant pas inquiété alors. Je constate un fait, voilà tout.

Il y avait queue, comme on le comprend bien.

Chaque homme armé d'un fusil recevait douze charges de poudre; tout homme armé d'un pistolet en recevait six.

Quant aux balles, le monsieur n'en tenait pas. J'espérais m'en procurer chez Joubert, au passage Dauphine.

Pour ne pas effrayer les gens du passage, je laissai mes hommes dans la rue, et j'allai seul chez Joubert.

Joubert était parti avec Godefroy Cavaignac et Guinard.

Cavaignac et Guinard étaient brouillés; en se rencontrant par hasard chez Joubert, le fusil à la main, ils s'étaient jetés dans les bras l'un de l'autre.

Malgré l'absence du maître de la maison, on me donna une cinquantaine de balles que je rapportai à mes hommes.

Cela ne faisait pas deux balles par fusil.

Nous n'en continuâmes pas moins notre chemin, en nous confiant à la Providence.

Comme nous allions à la place de Grève, nous prîmes la rue Guénégaud, le pont Neuf et le quai de l'Horloge.

Rien ne paraissait devoir s'opposer à notre marche, que hâtaient le bruit de la fusillade et celui du canon, quand, en arrivant au quai aux Fleurs, nous nous trouvâmes en face d'un régiment tout entier. C'était le 15e léger.

Il n'y avait guère moyen, avec trente fusils et cinquante coups à tirer, d'attaquer quinze cents hommes.

Nous nous arrêtâmes.

Cependant, comme la troupe ne prenait pas vis-à-vis de nous une attitude agressive, tout en faisant faire halte à mes hommes, je m'avançai vers le régiment, le fusil haut, et indiquant par mes signes que je voulais parler à un officier.

Un capitaine s'avança.

— Que voulez-vous, monsieur? me demanda-t-il.

— Le passage pour moi et mes hommes.

— Où allez-vous?

— A l'hôtel de ville.

— Pour quoi faire?

— Mais, répondis-je, pour nous battre.

Le capitaine se mit à rire.

— En vérité, monsieur Dumas, me dit-il, je ne vous croyais pas encore si fou que cela.

— Ah! vous me connaissez? lui dis-je.

— J'étais de garde à l'Odéon un soir où l'on jouait *Christine;* vous y êtes venu, et j'ai eu l'honneur de vous voir.

— Alors, causons comme deux bons amis.

— C'est bien ce que je fais, ce me semble.

— Pourquoi suis-je un fou?

— Vous êtes un fou, d'abord parce que vous risquez de vous faire tuer, et que ce n'est point votre état, de vous faire tuer; ensuite, vous êtes un fou de nous demander le passage, attendu que vous savez bien que nous ne vous le donnerons pas... D'ailleurs, voyez ce qui vous arriverait, si nous vous laissions passer : ce qui arrive à ces pauvres diables qu'on rapporte...

Et il me montrait, en effet, deux ou trois blessés; les uns revenant appuyés sur les épaules de leurs camarades, les autres couchés sur des civières.

— Ah çà! mais, vous, que faites-vous là? lui demandai-je.

— Une chose fort triste, monsieur : notre devoir. Par bonheur, le régiment n'a pas d'autre ordre, jusqu'à présent, que celui d'empêcher la circulation. Nous nous bornons, comme vous le voyez, à exécuter cet ordre. Tant qu'on ne tirera pas sur nous, nous ne tirerons sur personne. Allez dire cela à vos hommes, et qu'ils s'en retournent paisiblement... Si même vous aviez l'influence de les faire rentrer chez eux, c'est une bonne chose que vous feriez là !

— Je vous remercie du conseil, monsieur, dis-je en riant à mon tour; mais je doute, quant à la dernière partie, que mes compagnons soient disposés à le suivre.

— Tant pis pour eux, monsieur !

Je le saluai, et je fis un pas pour me retirer.

— A propos, dit-il, à quand *Antony?*... N'est-ce pas le titre de la première pièce que vous comptez faire jouer ?

— Oui, capitaine.

— Et quand cela?

— Quand nous aurons fait la révolution, attendu que la censure arrête ma pièce, et qu'il ne faut pas moins qu'une révolution, m'a-t-on dit au ministère de l'intérieur, pour que l'ouvrage puisse être représenté.

L'officier secoua la tête.

— Alors, j'ai bien peur, monsieur, que la pièce ne sorte jamais des cartons!

— Vous avez peur de cela?

— Oui.

— Eh bien, à la première représentation, capitaine! et, si vous voulez des places, venez en prendre chez moi, rue de l'Université, 25.

Nous nous saluâmes. Le capitaine retourna vers sa compagnie, et, moi, je rejoignis ma troupe, à laquelle je racontai ce qui venait de se passer.

Notre premier soin fut de nous retirer hors de la portée des fusils, pour le cas où nos donneurs d'avis passeraient à des idées moins pacifiques.

Là, on tint conseil.

— Parbleu! dit un de mes hommes, la chose est bien facile. Voulons-nous aller, oui ou non, à l'endroit où l'on se bat?

— Oui.

— Eh bien, prenons la rue du Harlay, le quai des Orfévres, et revenons au pont Notre-Dame par la rue de la Draperie et la rue de la Cité.

La proposition fut adoptée à l'unanimité; nos deux tambours recommencèrent à battre, et nous remontâmes le quai de l'Horloge, pour mettre à exécution le nouveau plan stratégique qui venait d'être arrêté.

CXLVIII

Attaque de l'hôtel de ville. — Déroute. — Je me réfugie chez M. Lethière. — Les nouvelles. — Mon propriétaire commence à devenir libéral. — Le général la Fayette. — Taschereau. — Béranger. — La liste du gouvernement provisoire. — Honnête erreur du *Constitutionnel*.

Nous suivîmes ponctuellement la ligne indiquée. Un quart d'heure après notre départ du quai de l'Horloge, nous débouchâmes par la petite ruelle de Glatigny.

Nous arrivions au bon moment : on allait, par le pont suspendu, faire une charge décisive sur l'hôtel de ville. Seulement, si nous voulions en être, il fallait nous presser.

Nos deux tambours battirent la charge, et nous nous avançâmes au pas de course.

De loin, nous voyions une centaine d'hommes — qui composaient à peu près toute l'armée de l'insurrection — s'engager hardiment sur le pont, un drapeau tricolore en tête, quand tout à coup une pièce de canon, braquée de manière à enfiler le pont dans toute sa longueur, fit feu.

Le canon était bourré à mitraille. L'effet de la décharge fut terrible. Le drapeau disparut; huit ou dix hommes s'abattirent; douze ou quinze prirent la fuite.

Mais, aux cris de ceux qui étaient restés fermes sur le pont, les fuyards se rallièrent. Du point où nous étions, et abrités par le parapet, nous tirâmes sur la place de Grève et sur les canonniers, dont deux tombèrent.

Ils furent remplacés à l'instant même; et, avec une rapidité dont il est impossible de se rendre compte, la pièce fut rechargée, et fit feu une seconde fois.

Il y eut sur le pont un tourbillonnement effroyable; beaucoup des assaillants devaient avoir été tués ou blessés, si l'on en jugeait par les vides.

Un de nous cria :

— Au pont! au pont!

Nous nous élançâmes aussitôt ; mais nous n'avions pas franchi le tiers de la distance, que le canon tonna pour la troisième fois, en même temps que la troupe s'avançait sur le pont, la baïonnette en avant.

Après cette troisième décharge, vingt combattants à peine survivaient ; une quarantaine étaient restés morts ou blessés sur le pont. Non-seulement il n'y avait plus moyen d'attaquer, mais encore il ne fallait pas songer à se défendre : quatre ou cinq cents hommes nous chargeaient à la baïonnette !

Par bonheur, nous n'avions que le quai à traverser pour nous trouver dans ce réseau de petites rues qui s'enfoncent au cœur de la Cité. Un quatrième coup de canon, en nous tuant encore trois ou quatre hommes, hâta notre retraite, qui, dès lors, ressembla fort à une fuite.

C'était la première fois que j'entendais le sifflement de la mitraille, et j'avoue que je ne croirai pas celui qui me dira qu'il a, pour la première fois, entendu ce bruit sans émotion.

Nous n'essayâmes pas même de nous rallier ; à l'exception d'un des tambours, que je rencontrai sur le parvis Notre-Dame, toute ma troupe s'était évanouie comme une fumée.

Là, au bout de cinq minutes, nous nous retrouvâmes une quinzaine d'hommes, tous arrivant par des rues différentes, tous revenant du pont.

Les nouvelles étaient désastreuses : le porte-drapeau, qui, assurait-on, se nommait d'Arcole, avait été tué ; on disait Charras mortellement blessé ; le pont était, enfin, resté littéralement jonché de morts.

Je trouvai que, pour mon début dans la carrière militaire, le travail de la journée était suffisant ; d'ailleurs, des cris annonçaient l'approche des soldats ; ils venaient enlever le drapeau tricolore de la tour, et imposer silence au bourdon de Notre-Dame, qui mugissait avec une admirable persistance, et dont le bruit dominait tous les bruits, même celui du canon.

Je regagnai le quai des Orfévres, là même rue Guénégaud

par laquelle, une heure auparavant, j'avais passé si triomphalement à la tête de mes cinquante hommes; je descendis la rue Mazarine, et, par cette même porte où le *monsieur* nous avait distribué de la poudre, j'entrai chez mon ami le père Lethière.

Je fus reçu comme toujours, mieux que toujours peut-être : M. Lethière était fort libéral; mademoiselle d'Hervilly était presque républicaine. On me servit de ce fameux tafia qui venait directement de la Guadeloupe, et que j'aimais tant !

Ma foi, c'était bon, après avoir entendu siffler la mitraille, et avoir vu tomber une cinquantaine d'hommes, de se retrouver au milieu de bons amis, vous embrassant, vous serrant les mains, et vous versant du tafia.

Il était environ trois heures. M. Lethière me déclara qu'il me tenait et qu'il ne me lâcherait plus de la journée. Je ne demandais pas mieux que d'être violenté; je restai à dîner.

A cinq heures, Lethière fils arriva; il apportait des nouvelles.

Sur tous les points de Paris l'on se battait ou l'on s'était battu. Les boulevards étaient en feu, depuis la Madeleine jusqu'à la Bastille ; la moitié de leurs arbres étaient abattus, et avaient servi à élever plus de quarante barricades. La mairie des Petits-Pères avait été emportée par trois patriotes dont on connaissait déjà les noms : c'étaient MM. Degousée, Higonnet et Laperche.

Du côté du faubourg et de la rue Saint-Antoine, l'élan était merveilleux : on avait écrasé les soldats venant de Vincennes avec des meubles jetés par les fenêtres. Tout avait été bon comme armes : bois de lit, armoires, commodes, marbres, chaises, chenets, contrevents, fontaines, bouteilles ; — on avait été jusqu'à un piano ! Les troupes étaient complétement coupées.

L'attaque, du côté du Louvre, s'était avancée jusque sur la place Saint-Germain-l'Auxerrois. Une colonne d'une vingtaine d'hommes avait marché au feu, conduite par un violon qui jouait *Ran tan plan tire lire!*

Il y avait plus: messieurs de la Chambre commençaient à s'émouvoir. On s'était réuni chez Audry de Puyraveau; on avait peu agi, mais beaucoup parlé.

C'était toujours quelque chose.

Enfin, on avait décidé que cinq députés se rendraient près du duc de Raguse pour lui faire des représentations, et, au besoin, négocier avec lui.

— Quatre millions, avait dit Casimir Périer, seraient, à mon avis, bien employés là!

Les cinq députés s'étaient rendus à l'état-major de la place, où se tenait le maréchal: c'étaient MM. Laffitte, Casimir Périer, Mauguin, Lobau et Gérard.

Ils avaient été introduits chez Marmont, y avaient trouvé François Arago, qui les y avait précédés dans le même but; mais ils n'avaient rien obtenu, ni les uns ni les autres.

Pendant qu'ils étaient chez le maréchal, on avait apporté, dans le salon voisin de celui où se tenait la conférence, un lancier dont la poitrine était horriblement déchirée d'un coup de feu. On ignorait d'abord avec quel projectile la blessure avait pu être faite; le chirurgien croyait que c'était avec du plomb à lièvre. C'était avec des caractères d'imprimerie!

Les hommes dont on brisait les presses se vengeaient.

C'est là un détail; mais ce détail indique comment chacun, à défaut des armes ordinaires, se faisait une arme de ce qu'il trouvait sous sa main.

Les nouvelles, comme on le voit, n'étaient pas mauvaises, mais n'offraient encore rien de décisif.

Oui, le peuple, la bourgeoisie, la jeunesse s'étaient jetés ardemment dans l'insurrection; mais la finance, mais les hauts grades de l'armée, mais l'aristocratie restaient en arrière.

On avait bien vu M. Dumoulin, avec son grand sabre et son chapeau à plumes, haranguant dans la rue Montmartre on avait bien vu le colonel Dufays, habillé en homme du peuple, un mouchoir autour de la tête, poussant à l'insurrection; — mais M. de Résumat avait toujours la fièvre dans les bureaux du *Globe;* mais M. Thiers et M. Mignet étaient à

Montmorency, chez madame de Courchamp; mais M. Cousin parlait du drapeau blanc comme du seul drapeau qui pût sauver la France ; mais M. Charles Dupin, rencontrant Étienne Arago sous un des pavillons de l'Institut, s'était écrié les larmes aux yeux, en le voyant un fusil à la main : « Oh! monsieur, est-ce donc là votre place? » mais M. Dubois, rédacteur en chef du *Globe*, avait abandonné sa rédaction; mais M. Sébastiani s'écriait qu'il fallait rester dans l'ordre légal; mais M. Alexandre de Girardin proclamait que ce qui convenait le mieux à la France, c'étaient les Bourbons sans les ultras; mais Carrel condamnait tout haut la folie de ces bourgeois qui s'attaquaient à des militaires; mais, enfin, quand le peuple, quand la bourgeoisie, quand la jeunesse des écoles versait son sang à flots, et sans le mesurer, M. Laffitte, M. Mauguin, M. Casimir Périer, M. Lobau et M. Gérard se contentaient de faire, près de l'homme qui mitraillait Paris, une démarche de conciliation !

Si, le lendemain, la chose ne se décidait pas en bien, elle se déciderait certainement en mal. Il n'y avait, à la vérité, que douze ou treize mille hommes dans Paris; mais il y en avait cinquante mille dans un rayon de vingt-cinq à trente lieues, et les télégraphes, qui faisaient aller, aux yeux de tous, leurs grands bras incompréhensibles, prouvaient que le gouvernement avait à dire à la province mille choses qu'il avait fort à cœur que Paris ignorât.

Il résultait de tout cela qu'il n'y avait rien d'impossible à ce que, le lendemain 29, les héros du 27 et du 28 fussent obligés de quitter la capitale et même la France.

Dans cette prévision, M. Lethière s'informa de l'état de mes finances, offrant de venir à mon aide en cas de besoin ; — ce n'eût pas été le premier service du même genre qu'il m'eût rendu; — mais j'étais riche: au moment de partir pour Alger, j'avais activé mes rentrées de théâtre, et je possédais quelque chose comme mille écus.

M. Lethière, qui connaissait ma façon d'économiser, ne voulait pas croire à cette fortune, et me soupçonnait de vanterie.

Il est vrai que cette fortune était sous le séquestre, en raison de la consigne qu'avait donnée mon propriétaire pour empêcher que je ne rentrasse. Mais cette consigne ne pouvait s'étendre à mes amis.

En conséquence, autant pour me remettre à la tête de mon capital que pour rassurer l'excellent homme qui m'offrait sa bourse, je chargeai Lethière fils de porter un petit mot à mon domestique; je joignis à ce petit mot la clef du meuble où était le portefeuille contenant les trois mille francs et le passe-port, — deux choses en ce moment presque aussi nécessaires l'une que l'autre, — et je priai l'obligeant commissionnaire de faire, bon gré, mal gré, une invasion chez moi, et de me rapporter mon portefeuille.

Il devait aussi remplacer par une quarantaine de balles dont il trouverait un dépôt dans une coupe, sur la cheminée de ma chambre à coucher, celles dont je m'étais démuni dans la journée.

Il voulait bien remettre, en passant, une lettre au n° 7 de la rue de l'Université; cette lettre invitait la personne à laquelle elle était adressée à demeurer parfaitement tranquille sur mon compte; je lui disais que j'étais en sûreté, et lui promettais de ne point faire de folies.

Cela ne m'engageait à rien, puisque je restais maître de me poser à moi-même la limite des choses raisonnables.

Une demi-heure après, Lethière rentra avec tous les objets demandés. Non-seulement il n'avait éprouvé aucune difficulté de la part du concierge, mais, en voyant, sans doute, la tournure que prenaient les affaires, le propriétaire s'était adouci; il autorisait ma rentrée, à la condition que je donnerais ma parole d'honneur de ne pas tirer par les fenêtres. C'était une grande victoire morale que remportait l'insurrection.

A neuf heures, je quittai mon bon et excellent Lethière, et je rentrai chez moi, après avoir donné à mon concierge la parole d'honneur exigée.

Il avait couru tout le faubourg Saint-Germain, et le résultat de son exploration, dans ces courses commandées par le propriétaire lui-même, avait été celui-ci : — que tout le faubourg Saint-Germain était en insurrection.

On parlait d'un grand rassemblement qui devait avoir lieu le lendemain matin, sur la place de l'Odéon, comme point central, et d'où l'on partirait pour opérer les attaques des diverses casernes, qui jouaient, au milieu de l'insurrection, le rôle que jouent dans une invasion les places fortifiées.

Je rentrais, non pour me coucher, mais pour déposer mon fusil, ma poudre et mes balles; je comptais passer une partie de la nuit à aller aux informations. Il me paraissait urgent de compromettre, d'une façon ou d'autre, les grands meneurs de l'opposition de quinze ans, et je désirais savoir si nos amis s'occupaient de ce petit travail.

Je fis donc une espèce de toilette de circonstance, et j'essayai de traverser les ponts.

Il était expressément défendu aux sentinelles des guichets du Carrousel et des Tuileries de laisser passer qui que ce fût sans le mot d'ordre.

A travers l'arcade de pierre, on apercevait la cour des Tuileries; et la place du Carrousel, transformées en un bivac immense mais sombre, mais triste, mais sans bruit et presque sans mouvement. On eût dit, non pas des soldats, mais des fantômes de soldats.

Je longeai le quai; je repris, comme j'avais fait le matin, la place de la Révolution et la rue Saint-Honoré. Toutes les boutiques étaient fermées; mais il y avait des lampions sur la plupart des fenêtres. Les passants étaient rares, et, comme le bruit des voitures avait à peu près cessé à cause de l'obstacle que leur opposaient les barricades, on entendait passer dans les airs, comme des volées d'oiseaux de bronze, le mugissement lugubre et incessant du bourdon de Notre-Dame.

Je me rappelai, en suivant le quai, Paul Fouché et sa pièce; j'étais curieux de savoir s'il avait lu au comité, et si son drame était reçu ou refusé.

J'ai déjà dit que je connaissais le général la Fayette. Je tentai ce qu'avaient inutilement essayé Charras et les élèves de l'École, — de lui faire une visite.

J'allai chez lui. On me répondit qu'il était sorti ; j'en doutai d'abord ; j'entrai dans la loge du concierge ; je me fis reconnaître ; mais l'honnête portier me répéta ce qu'il m'avait déjà dit à travers son petit carreau.

Je m'en allais fort désappointé, lorsque je vis venir, au milieu de l'obscurité, trois ou quatre hommes à pied. Dans celui du milieu, je crus reconnaître le général.

Je m'avançai. C'était lui. Il rentrait appuyé au bras de M. Carbonnel ; M. de Lasteyrie, je crois, venait derrière, causant avec un domestique.

— Ah ! général, m'écriai-je, c'est vous !

Il me reconnut.

— Bon ! me dit-il, cela m'étonnait de ne pas vous avoir vu encore.

— C'est que vous n'êtes pas facile à voir, général.

Et je lui racontai tout ce qu'avaient fait, pour arriver à ce résultat, Charras et ses amis.

— C'est vrai, dit-il, j'ai trouvé leurs noms, et j'ai recommandé qu'on les reçût s'ils revenaient.

— Général ; je ne sais si les autres reviendront, mais je doute que Charras revienne.

— Et pourquoi cela ?

— Parce qu'on m'a dit qu'il avait été tué du côté de la Grève.

— Tué ? fit-il. Ah ! pauvre jeune homme !

— Il n'y aurait rien d'étonnant, général... Il y faisait si chaud !

— Vous y étiez ?

— Mais oui !... seulement, je n'y suis pas resté longtemps.

— Et que comptez-vous faire demain ?

— Je vous avoue, général, que c'est la question que j'allais vous adresser.

Le général s'appuya sur mon bras, et fit quelques pas en avant, comme pour échapper à la surveillance de ses deux compagnons.

— Je quitte les députés, dit-il ; il n'y a rien à faire avec eux...

— Alors, pourquoi ne faites-vous pas tout seul ?

— Qu'on *me fasse faire*, dit le général, et je suis prêt.
— Puis-je répéter cela à mes amis?
— Vous le pouvez.
— Adieu, général!
Il me retint par le bras.
— Ne vous faites pas tuer...
— Je tâcherai.
— En tout cas, que les choses tournent d'une façon ou de l'autre, faites en sorte que je vous revoie.
— Vous pouvez en être sûr, général, à moins que...
— Allons, allons, dit le général, au revoir!
Et il rentra chez lui.

Je courus chez Étienne Arago, rue de Grammont, n° 10. Toute la révolution était chez lui.

La journée avait été rude; mais, grâce à la librairie de Joubert, grâce à la Petite-Jacobinière de Charles Teste, grâce à Coste, qui avait peut-être dépensé trois ou quatre mille francs en achat de pain et de vin distribués aux combattants, l'insurrection était lancée sur tous les points de la ville.

Je dis à Étienne que j'avais vu le général; je lui rapportai textuellement ses paroles.

— Allons au *National!* dit-il.

Nous allâmes au *National*.

Taschereau était en train d'y faire un faux sublime; il créait, avec Charles Teste et Béranger, un gouvernement provisoire composé de la Fayette, de Gérard et du duc de Choiseul.

Il faisait plus: il rédigeait une proclamation qu'il signait de leurs trois noms. Il avait d'abord choisi, comme troisième membre du gouvernement, Labbey de Pompières; mais Béranger avait fait effacer ce dernier nom pour y substituer celui du duc de Choiseul.

Ainsi, Béranger, après avoir préparé la révolution par ses chansons, y prenait une part active de sa personne. On verra bientôt que c'était surtout par lui qu'elle allait arriver à son dénoûment.

Le lendemain, la liste du gouvernement provisoire devait

être affichée sur tous les murs de Paris, et la première proclamation de ce gouvernement devait paraître dans *le Constitutionnel.*

Il va sans dire que le brave *Constitutionnel* était de bonne foi, et qu'il tenait pour de réelles et valables signatures les trois essais calligraphiques de Taschereau.

Là-dessus, je rentrai chez moi plus tranquille : et, comme j'étais éreinté de la journée, je m'endormis sur les deux oreilles, au bruit du bourdon de Notre-Dame, et au petillement irrégulier de quelques coups de fusil attardés et perdus.

CXLIX

Envahissement du musée d'artillerie. — L'armure de François Ier. — L'arquebuse de Charles IX. — La place de l'Odéon. — Ce qu'avait fait Charras. — Les habits de l'École polytechnique. — Millotte. — La prison Montaigu. — La caserne de l'Estrapade. — D'Hostel. — Un bonapartiste. — L'écuyer Chopin. — Lothon. — Le général en chef.

Le lendemain, je fus éveillé par mon domestique Joseph.

Il se tenait debout près de mon lit, et, avec une progression chromatique de la voix, il répétait :

— Monsieur !... monsieur !!... monsieur !!!...

Au troisième *monsieur*, je grognai, je me frottai les yeux, et me mis sur mon séant.

— Eh bien, demandai-je, qu'y a-t-il ?

— Ah ! par exemple, monsieur n'entend pas ? fit Joseph en joignant ses mains au-dessus de sa tête.

— Comment veux-tu que j'entende, imbécile, puisque je dors ?

— Mais on se bat tout autour d'ici, monsieur !

— Vraiment ?

Il ouvrit la fenêtre.

— Écoutez, c'est comme si c'était dans la cour.

En effet, des coups de fusil me paraissaient partir d'un point très-rapproché.

— Diable! dis-je, et d'où vient cette fusillade?

— De Saint-Thomas-d'Aquin, mousieur.

— Comment! de l'église?

— Eh non! du musée d'artillerie... Monsieur sait bien qu'il y a là un corps de garde.

— Ah! c'est vrai, m'écriai-je, le musée d'artillerie!... J'y vais.

— Quoi! monsieur y va?

— Sans doute.

— Ah! mon Dieu!

— Vite, aide-moi... Un verre de vin de Madère ou d'Alicante... Oh! les malheureux! ils vont tout piller!

En effet, c'était là ma grande préoccupation; c'était là ce qui me faisait courir au feu. Je me rappelais ces trésors archéologiques que j'avais vus, tenus, touchés un à un dans les études que j'avais faites sur Henri III, Henri IV et Louis XIII, et je voyais tout cela dispersé aux mains de gens qui, n'en connaissant pas la valeur, donneraient au premier venu des merveilles d'art et de richesse pour une livre de tabac ou un paquet de cartouches.

En cinq minutes, je fus prêt, et je m'élançai du côté de Saint-Thomas-d'Aquin.

Pour la troisième fois, les assaillants venaient d'être repoussés.

C'était tout simple : ils s'acharnaient à attaquer le musée par les deux ouvertures de la rue du Bac et de la rue Saint-Dominique.

Le feu des soldats enfilait les deux rues, et les balayait avec une déplorable facilité.

J'avisai les maisons de la rue du Bac faisant de chaque côté l'angle de la rue Gribauval; je jugeai que leur façade opposée devait donner sur la place Saint-Thomas-d'Aquin, et que, des étages supérieurs, on dominait facilement le poste du musée d'artillerie.

Je fis part aux combattants du plan que venait de m'inspirer la vue des localités; ce plan fut adopté à l'instant même. Je frappai à la porte de l'une des deux maisons, celle de la rue du Bac, 35 ; la porte fut lente à s'ouvrir, mais enfin elle s'ouvrit ; huit ou dix hommes armés de fusils entrèrent avec moi, et nous nous élançâmes aux étages supérieurs.

J'arrivai, moi troisième ou quatrième, à une mansarde arrondie par le haut où je m'établis avec autant de sécurité que je l'eusse fait derrière le parapet d'un bastion.

Alors, le feu commença, mais avec une chance tout opposée.

Au bout de dix minutes, le poste avait perdu cinq ou six hommes.

Tout à coup, le reste des soldats disparut, et le feu s'éteignit.

Ce pouvait être une espèce d'embuscade ; aussi hésitâmes-nous à quitter nos retranchements.

Mais bientôt le concierge du musée parut sur la porte en faisant des gestes à la signification pacifique desquels il n'y avait pas à se tromper.

Nous descendîmes. Les soldats, en escaladant les murs, s'étaient sauvés par les cours et par les jardins.

Une partie des insurgés encombrait déjà les corridors lorsque j'arrivai.

— Pour Dieu, mes amis, m'écriai-je, respectez les armes !

— Comment, que nous respections les armes ? Il est bon, celui-là ! répondit un des hommes auxquels je m'adressais ; mais nous ne sommes ici que pour les prendre, les armes !

Je réfléchis alors qu'effectivement ce devait être là le seul but de l'attaque, et qu'il n'y avait pas moyen de sauver du pillage ce magnifique établissement. Je ne pensai donc plus qu'à prendre ma part des armes les plus précieuses.

De deux choses l'une : ou on garderait ces armes, ou on les rapporterait au musée. Dans l'un ou l'autre cas, mieux valait que je fusse, moi, plutôt que tout autre, détenteur de choses précieuses. Si on devait les garder, elles étaient entre les mains d'un homme qui saurait les apprécier. Si on devait les restituer, elles étaient entre les mains d'un homme qui saurait les rendre.

Je courus au bon endroit : il y avait là un trophée équestre de la renaissance.

Je pris un bouclier, un casque et une épée ayant authentiquement appartenu à François Ier ; de plus, une magnifique arquebuse ayant appartenu à Charles IX, la même que la tradition prétend lui avoir servi à tirer sur les huguenots.

Cette tradition est presque passée à l'état historique, à cause de ce quatrain que l'arquebuse porte en lettres d'argent incrustées sur son canon, et formant une seule ligne de la culasse au point de mire :

> Pour mayntenir la foy,
> Je suis belle et fidèle ;
> Aux ennemis du Roy
> Je suis belle et cruelle !

Je mis le casque sur ma tête, le bouclier à mon bras, l'épée à mon côté, l'arquebuse sur mon épaule, et je m'acheminai, ployant sous le poids, vers la rue de l'Université.

Je tombai presque en arrivant au haut de mes quatre étages. Si c'étaient là le bouclier et le casque que portait François Ier à Marignan, et s'il est resté quatorze heures à cheval avec ce bouclier et ce casque, plus l'armure, je crois aux prouesses d'Ogier le Danois, de Roland et des quatre fils Aymon.

— Oh ! monsieur, s'écria Joseph en m'apercevant, d'où sortez-vous, et qu'est-ce que c'est que toute cette ferraille ?

Je n'essayai pas de redresser les idées de Joseph à l'endroit de mon butin ; j'y eusse perdu mon temps. Je lui ordonnai seulement de m'aider à me débarrasser du casque, qui m'étouffait.

Je déposai le tout sur mon lit, et je m'élançai de nouveau à cette splendide curée.

Cette fois, je rapportai la cuirasse, la hache et la masse d'armes.

Depuis, j'ai rendu ce beau trophée au musée d'artillerie, et je possède encore la lettre de l'ancien directeur qui me remercie de cette restitution, et me donne mes entrées pour les jours non consacrés au public.

Au reste, c'était une chose curieuse à voir que ce déménagement gigantesque. Chacun emportait ce qui lui paraissait le plus à sa convenance, et je dois dire que les braves gens s'étaient surtout attachés, non pas aux armes de luxe, mais aux armes dont ils croyaient pouvoir tirer parti pour le combat.

Ainsi toute la collection de mousquets à pierre ou à piston, depuis Louis XIV jusqu'à nous, avait à peu près disparu.

Un homme emportait un fusil de rempart pesant au moins cent cinquante livres; quatre hommes traînaient une pièce de canon en fer avec laquelle ils comptaient attaquer le Louvre.

Je retrouvai, deux heures après, l'homme au fusil de rempart étendu sur le quai, sans connaissance.

Il avait fourré dans son fusil deux poignées de poudre et douze ou quinze balles; puis, d'un côté à l'autre de la Seine, en s'appuyant au parapet, il avait tiré sur un régiment de cuirassiers qui défilait le long du Louvre.

Il avait fait une cruelle trouée dans le régiment; mais le recul du fusil l'avait jeté à dix pas en arrière en lui luxant l'épaule, et en lui démantibulant la mâchoire.

Avant que je le retrouvasse, je devais assister à quelques scènes assez caractéristiques pour qu'elles méritent de prendre place ici.

L'enivrement du vin, de l'eau-de-vie, du rhum n'est rien près de celui de l'odeur de la poudre, du bruit de la fusillade, de la vue du sang.

Je comprends les hommes qui fuient au premier coup de fusil ou au premier coup de canon; mais je ne comprends pas ceux qui, ayant une fois goûté du feu, quittent la table avant la fin du repas.

Du moins, c'était l'effet que je commençais à ressentir.

Delanoue, que je rencontrai, et qui cherchait un fusil de tous les côtés, m'annonça que l'on se réunissait place de l'Odéon.

J'avais déjà, la veille, entendu parler de cette réunion

Je n'avais malheureusement que mon fusil, et je ne voulais pas m'en dessaisir; j'indiquai à Delanoue le musée d'artillerie comme un endroit où il pourrait peut-être trouver ce qu'il cherchait, et je partis tout courant par la rue de Grenelle.

La place de l'Odéon était encombrée; il pouvait bien y avoir cinq ou six cents hommes.

Deux ou trois élèves de l'École polytechnique commandaient des détachements. Sous un de ces uniformes, je reconnus Charras, que j'avais vu la veille en bourgeois.

Il n'était donc ni tué ni blessé.

Voici comment les choses s'étaient passées, et ce qui avait fait croire à sa mort.

Comme on le verra, il n'avait pas perdu son temps depuis la veille, et surtout depuis le matin.

En nous quittant, Carrel et moi, Charras avait passé dans le faubourg Saint-Germain; là, il avait fait tout ce qu'il avait pu pour se procurer un fusil; mais un fusil, le 28 juillet 1830, c'était le *rara avis* de Juvénal.

Il avait entendu parler du monsieur qui distribuait de la poudre à la petite porte de l'Institut, et s'était rendu à la petite porte de l'Institut pour s'aboucher avec ce digne citoyen. Non-seulement le monsieur n'avait pas pu lui donner de fusil, mais encore, comme le demandeur n'avait pas de fusil, il lui avait refusé de la poudre.

Alors, Charras s'était fait cette réflexion pleine de sens : « Je vais aller où l'on se bat; je me placerai au milieu des combattants, et le premier qui tombera mort, je m'instituerai son légataire, et lui prendrai son fusil. »

En conséquence de cette résolution, il avait suivi le quai des Orfévres, rencontré, sur le quai aux Fleurs, le 15ᵉ léger, et causé avec un capitaine quelconque, peut-être le mien; seulement, comme il était seul, comme il n'avait pas d'armes, comme il tenait ses deux mains dans ses poches, on l'avait laissé passer.

Une fois passé, Charras avait gagné le pont Notre-Dame, et, du pont Notre-Dame, le pont suspendu.

On sait que c'était là que l'insurrection faisait rage.

Charras arriva une demi-heure avant moi.

Il attendit.

L'attente ne fut pas longue; un homme atteint d'une balle dans l'œil roula à ses pieds.

Charras s'empara du fusil du mort.

Un gamin qui guettait probablement la même occasion accourut, mais trop tard.

Armé de son fusil, Charras n'en était guère plus riche; il n'avait ni poudre ni balles.

— Moi, j'en ai, dit le gamin, de la poudre et des balles.

Et il tira de sa poche un paquet de quinze cartouches.

— Donne-les-moi, dit Charras.

— Non... Tirons à nous deux, si vous voulez.

— Soit, tirons à nous deux.

— En voilà sept, dit le gamin; mais après vous le fusil?

— Pardieu! puisque c'est convenu.

Charras tira scrupuleusement les sept cartouches, et, les sept cartouches brûlées, passa loyalement le fusil au gamin, puis se courba derrière le parapet; — d'acteur, il redevenait spectateur, et, en sa qualité de spectateur, il s'abritait du mieux qu'il lui était possible.

Le gamin avait tiré quatre cartouches, puis était venue la charge que nous avions vu exécuter de loin.

Le gamin s'était élancé sur le pont avec les autres.

Charras, quoique sans armes, avait suivi le mouvement.

J'ai raconté l'effet des trois décharges successives. Sous le souffle de l'ouragan de fer, Charras avait tourné sur lui-même, et, pour ne pas tomber, s'était accroché à son voisin; mais le voisin, blessé à mort, était tombé en entraînant Charras avec lui.

De là le bruit que celui-ci avait été tué.

Par bonheur, au contraire, il était sain et sauf, et, comme il n'en était pas bien assuré lui-même, il s'en était donné la preuve en gagnant l'autre côté du quai, et en enfilant une petite rue à l'abri de laquelle il avait pu se tâter tout à son aise.

Quant au gamin, et, par conséquent, au fusil, il fallait en

faire son deuil : il avait disparu, comme Romulus dans la tempête, comme Curtius dans le gouffre, comme Empédocle dans le volcan !

Charras se demanda alors à quelle chose peut être utile un homme qui n'a pas de fusil, et qui ne sait où s'en procurer un.

Une bande de patriotes désarmés comme lui sembla passer là tout exprès pour répondre à sa question.

— Eh ! citoyen, dit un des hommes de la bande, viens-tu sonner le tocsin à Saint-Séverin avec nous ?

— Soit ! dit Charras, à qui il était égal d'aller à droite ou à gauche, pourvu qu'il allât quelque part où il pût être utile à la cause.

Et il alla à Saint-Séverin.

Les portes étaient fermées ; on frappa à toutes, depuis les grandes jusqu'aux petites, depuis la porte des mariages et des baptêmes jusqu'à la porte des derniers sacrements.

En pareil cas, les décisions sont promptes : on décida d'enfoncer les portes, puisque les portes ne voulaient pas s'ouvrir ; on arracha une poutre d'une maison en construction, et douze hommes portant cette poutre la transformèrent en bélier.

Au troisième coup de tête que la gigantesque machine donna dans la porte, serrures et verrous sautèrent.

Le sacristain accourut et acheva d'ouvrir la porte, qu'un quatrième coup allait enfoncer.

La porte ouverte, la cloche mise en branle, Charras n'avait plus rien à faire à Saint-Séverin. Il était alors allé rejoindre, dans le quartier Latin, quelques amis avec lesquels il avait passé la soirée et la nuit.

Pendant la nuit, on avait fait un projet. Les habits de l'École polytechnique, fort en baisse la veille, c'est-à-dire avant que l'insurrection fût déclarée, étaient, au contraire, fort considérés depuis que l'insurrection avait grandi.

Ce projet qu'on avait fait pendant la nuit, c'était d'aller, au point du jour, chercher des habits à l'École polytechnique.

En conséquence, Charras, vers quatre heures du matin, sonnait à la grille avec un de ses amis nommé Lebeuf.

La hausse se faisait sentir même à l'École : concierge et professeurs reçurent à merveille les deux réfractaires ; on les embrassa, et, selon leur désir, on leur donna des habits.

Je me rappelle un détail : c'est qu'ayant trouvé un habit, Charras ne put probablement pas trouver un pantalon ; avec son habit bleu d'uniforme, il portait un pantalon gris, ce qui était bien faible comme tenue.

Les deux amis habillés et surtout coiffés, — le chapeau joue toujours un grand rôle dans les insurrections, — ils s'acheminèrent vers la place de l'Odéon.

En route, on leur annonça une distribution de fusils qui se faisait dans la rue de Tournon.

En effet, on venait de prendre la caserne de gendarmerie, et l'on avait, avec un certain ordre, organisé une distribution de mousquetons, de pistolets, de sabres et d'épées.

Charras et Lebeuf se mirent à la queue ; mais, lorsqu'ils arrivèrent aux bureaux, on ne voulut leur donner que des épées, attendu, disait-on, que les élèves de l'École polytechnique, étant tous officiers de droit, et, en leur qualité d'officiers, étant destinés à commander des détachements, devaient recevoir des épées, et non des fusils.

Les instances des deux jeunes gens, si vives qu'elles fussent, ne purent rien changer au programme ; on leur donna des épées, et pas autre chose.

Un élève d'une taille colossale et d'une force herculéenne n'accepta pas aussi facilement que Lebeuf et Charras cette législation improvisée ; il saisit le distributeur au cou, et commença à l'étrangler en disant qu'il ne le lâcherait que contre un fusil.

Le distributeur parut trouver la raison bonne ; il s'empressa de donner un fusil au gaillard qui faisait sur lui une application si sensible de cette branche de la philosophie qu'on appelle la logique.

L'élève s'éloigna armé comme il désirait l'être.

C'était Millotte, qui fut depuis représentant du peuple, et qui siégeait, à l'Assemblée législative, près de Lamartine et de notre ami Noël Parfait.

Millotte est aujourd'hui l'un de nos plus honorables exilés.

Donc, en vertu de son uniforme, en vertu de son épée, en vertu, enfin, du droit qu'avaient les élèves de l'École d'être officiers, Charras avait pris le commandement d'une troupe de cent cinquante hommes.

Un tambour et un drapeau s'étaient joints à cette troupe et l'avaient portée au grand complet.

Alors, on s'était demandé où il fallait aller.

Une voix avait crié :

— A la prison Montaigu, place du Panthéon !

Et Charras et sa troupe étaient partis pour la prison Montaigu, place du Panthéon.

Les révolutions ont leurs vents inconnus qui poussent sans raison apparente les hommes sur un point ou sur un autre ; ce sont les trombes qui soufflent sur les océans : elles vont au sud ou au septentrion, à l'est ou à l'ouest, sans qu'on sache ni comment ni pourquoi.

C'est le souffle de Dieu qui les conduit.

A la prison Montaigu, on avait trouvé cent cinquante hommes l'arme au pied, et prêts à se défendre.

Un brasseur de la rue Saint-Antoine, nommé Maes, était là, nouveau Santerre, avec une soixantaine d'insurgés. Il était à cheval et portait l'ancien uniforme de la garde nationale.

La lutte menaçait d'être chaude ; on essaya de parlementer.

— Holà ! capitaine, cria Charras, voulez-vous venir à moi, ou préférez-vous que j'aille à vous ?

— Venez, monsieur, dit le capitaine.

— J'ai votre parole ?

— Oui.

Charras s'approcha.

Alors, il s'établit un de ces dialogues qui naissent de la situation et qu'on ne retrouve plus en dehors de la situation, dialogue dans lequel Charras essayait de prouver au capitaine que ce qu'il y avait de plus avantageux, de plus honorable et surtout de plus patriotique pour lui, c'était de passer du côté du peuple, ou tout au moins de lui prêter des fusils.

Le capitaine ne semblait pas comprendre la logique de

Charras aussi bien que le distributeur de mousquetons de la rue de Tournon avait compris celle de Millotte.

Charras redoublait d'éloquence, mais n'avançait pas ; il est vrai que, s'il n'avançait pas, lui, ses hommes avançaient peu à peu.

On connaît le Parisien, marchant incessamment vers le but de sa curiosité ou de sa passion ; se glissant entre les gendarmes, entre les sentinelles, entre les escadrons ; mettant un pied devant l'autre avec sa voix mielleuse, son geste caressant, moitié chat, moitié renard ; puis, quand on veut le retenir, déjà loin ! quand on veut l'arrêter, déjà passé ! et vous envoyant, dès qu'il se sent hors de votre portée, pour toute réponse à vos récriminations, un geste moqueur, un mot ironique.

C'était ainsi que les hommes de Charras s'étaient coulés pas à pas, avaient dépassé les sentinelles, s'étaient insensiblement rapprochés de leur commandant, et, par conséquent, des soldats ; si bien qu'au bout de cinq minutes, ils se trouvaient, sans que Charras lui-même s'en fût aperçu, à dix pas de leurs adversaires, et prêts à une lutte corps à corps.

Fut-ce cette promiscuité, fut-ce les noms d'Iéna, d'Austerlitz, de Marengo, dont Charras évoquait le souvenir ; fut-ce les rubans tricolores aux émouvantes nuances qu'il faisait flotter à ses yeux ; fut-ce l'embrassement fraternel dont il l'enveloppa, qui décidèrent l'officier à capituler, Charras n'en savait rien ; mais, ce qu'il savait, c'est qu'il y avait eu capitulation ; sa troupe avait obtenu cinquante fusils, et la parole d'honneur du capitaine que lui et ses soldats resteraient neutres.

Il est vrai que le capitaine avait été inabordable sur l'article des cartouches.

Mais la Providence ne s'arrêterait pas ainsi à mi-chemin : elle avait donné des fusils, elle donnerait des cartouches.

Les cinquante fusils furent répartis entre ceux des hommes de Charras qui manquaient d'armes à feu, et ceux d'une nouvelle troupe arrivée sur ces entrefaites qui se trouvaient dans le même cas.

Cettte nouvelle troupe était commandée par un autre élève de l'École polytechnique nommé d'Hostel.

La répartition faite, on se demanda de nouveau où l'on allait.

— A l'Estrapade! cria une voix.

— A l'Estrapade! répétèrent toutes les voix.

Et l'on se précipita vers l'Estrapade.

Nos lecteurs de Paris connaissent la situation de la caserne de l'Estrapade; on y arrive par une rue étroite et facile à défendre.

On était quatre cents, à peu près. C'était assez, en pareille circonstance, pour attaquer Metz, Valenciennes ou le Mont-Saint-Michel; mais on s'était si bien trouvé de la négociation de la place du Panthéon, que l'on résolut d'essayer du même moyen rue de l'Estrapade.

Cette fois, ce fut d'Hostel qui se proposa pour négociateur; il avait, disait-il, des intelligences dans la place. Il s'avança avec un mouchoir à la main, laissant son fusil à l'un de ses hommes.

On parlementait de la rue au premier étage; c'était bien haut pour s'entendre. D'Hostel résolut de franchir la distance qui le séparait de ses interlocuteurs : tout à coup, on le vit grimper contre la muraille... Comment?... C'était un miracle pour ceux qui l'avaient vu opérer cette ascension! D'Hostel était, au reste, un homme très-adroit, et très-renommé à l'École pour sa gymnastique. En un instant, il eut atteint une des fenêtres du premier; on l'enleva par-dessous les bras, et il se trouva dans la caserne, où il s'engouffra comme ces diables qui passent au théâtre à travers des trappes anglaises.

Dix minutes après, il reparut, vêtu de l'habit et coiffé du bonnet à poil de l'officier, tandis que l'officier, en élève de l'École polytechnique, et le chapeau à trois cornes à la main, saluait le peuple.

Le tour était fait !

La place éclata en vivats et en applaudissements.

Les soldats abandonnaient la caserne et donnaient cent fusils.

C'était à faire, de Charras et de d'Hostel, deux ambassadeurs, l'un à Londres, l'autre à Saint-Pétersbourg !

Malheureusement, le fait ne fut pas connu du gouvernement, ou fut mal apprécié par lui, et il envoya dans ces deux villes M. le prince de Talleyrand et M. le maréchal Maison, qui n'y firent que des sottises.

C'était tout orgueilleux de ce double triomphe que Charras et d'Hostel arrivaient sur la place de l'Odéon.

Une chose que je remarquai, c'est la facilité avec laquelle, en temps de révolution, les tambours se multiplient : ils suintent des murs, ils sortent des pavés : Charras et d'Hostel avaient une quinzaine de tambours à eux deux.

En même temps que nous, arrivaient sur la place de l'Odéon, d'abord une pièce de canon prise sur la garde, et qu'on amenait par la rue des Fossés-Monsieur-le-Prince ; elle était traînée par cinq hommes, dont trois sapeurs-pompiers ; ensuite, une voiture contenant trois tonneaux de poudre, et venant de la poudrière du Jardin des Plantes ; c'était, je crois, Liédot, devenu depuis capitaine d'artillerie, qui la conduisait.

Les tonneaux défoncés, la distribution commença ; tout le monde en eut sa part : l'un dans la poche de son habit, l'autre dans son mouchoir ; celui-ci dans sa casquette, celui-là dans sa blague à tabac.

On fumait au milieu de tout cela que c'était une bénédiction ! Jean Bart en eût frémi des pieds à la tête !

Mais bientôt on avisa que toute cette poudre était de la poudre perdue, et que mieux valait faire des cartouches.

La chose était d'autant plus praticable qu'on venait de recevoir, du passage Dauphine, deux ou trois milliers de balles.

Quatre hommes étaient, en outre, occupés à en fondre avec des plombs de gouttière, dans un cabaret situé à gauche de la place en arrivant par la rue de l'Odéon.

Seulement, on manquait de papier.

Mais toutes les fenêtres de la place étaient ouvertes, et l'on n'eut qu'à crier : « Du papier ! du papier ! » aussitôt l'air fut rayé de projectiles de toute forme, quoique de la même essence; le papier tomba en cahiers, en rames, en volumes; je faillis être assommé par un *Gradus ad Parnassum* !

Il y avait, dans toute cette multitude, une centaine d'anciens militaires qui se mirent à l'œuvre; en moins d'une heure, trois mille cartouches furent faites et distribuées.

Il faut avoir vu ce spectacle pour se figurer ce que c'était comme animation, comme entrain, comme gaieté.

Chacun criait quelque chose; l'un : « Vive la République ! » l'autre : « Vive la Charte ! »

Un homme de la bande à Charras s'égosillait à crier : « Vive Napoléon II ! »

Ce cri, trop répété, finit par échauffer les oreilles de Charras, déjà fort républicain à cette époque.

Il alla au bonapartiste.

— Ah çà ! est-ce que vous croyez que c'est pour Napoléon II que nous nous battons? lui dit-il.

— Battez-vous pour qui vous voudrez, répondit l'homme; mais c'est pour lui que je me bats, moi !

— Vous en avez le droit... Seulement, si c'est pour lui que vous vous battez, enrôlez-vous dans une autre bande.

— Oh ! je ne demande pas mieux ! dit l'homme : on ne manque pas d'engagements aujourd'hui !

Et il sortit des rangs commandés par Charras, et alla prendre du service dans une troupe conduite par un chef moins absolu dans ses opinions.

En ce moment, par une coïncidence étrange, un nommé Chopin, qui tenait le manége du Luxembourg, arriva au galop sur la place de l'Odéon; il était vêtu d'une redingote boutonnée, portait un chapeau à trois cornes, et montait un cheval blanc.

Il s'arrêta tout au milieu de la place, une main derrière le dos.

La ressemblance avec Napoléon était frappante, si frappante, que toute cette foule, dont pas un membre n'avait pris parti pour le bonapartiste expulsé, se mit à crier d'un seul élan et d'une voix unanime : « Vive l'empereur ! »

Une bonne femme de soixante et dix ans prit la chose au sérieux; elle tomba à genoux, et fit le signe de la croix en s'écriant :

— Oh! Jésus! je ne mourrai donc pas sans l'avoir revu!...

Si Chopin avait voulu se mettre à la tête des six ou huit cents hommes qui étaient là, il est probable qu'il eût été tout d'une traite jusqu'à Vienne.

Charras était furieux.

Quant à moi, j'avais complétement oublié la situation politique : j'étais un simple philosophe étudiant l'humanité. Il ne me manquait plus qu'un tonneau et Laïs pour que je m'établisse à perpétuité sur la place de l'Odéon, comme Diogène s'était établi dans le gymnase de Corinthe.

Une grave discussion me tira de ma rêverie.

On voulait absolument faire Charras général en chef, et Charras ne voulait pas être général en chef. Il désignait Lothon — grand et beau garçon tenant à la fois de l'Hercule et de l'Antinoüs — au suffrage de ses concitoyens.

La raison sur laquelle il s'appuyait surtout, c'est que lui était à pied et que Lothon était à cheval; Lothon, à son avis, avait donc bien plus de droits que lui à être général en chef.

En effet, on n'a jamais vu un général en chef à pied.

Lothon se défendait comme un diable pour ne pas être investi de cette haute dignité.

Il n'allait pas moins être obligé de céder, lorsqu'un monsieur s'approcha de lui, et lui dit tout bas :

— Oh! monsieur, si vous ne tenez pas à être général en chef, laissez-moi l'être à votre place... Je suis un ancien capitaine, et je crois avoir des droits à cette faveur.

Jamais ambition ne s'était présentée plus à propos.

— Ah! monsieur, dit à son tour Lothon, quel service vous me rendez!

Puis, s'adressant à la foule :

— Vous voulez un général en chef? demanda-t-il.

— Oui, oui! répéta-t-on de toute part.

— Eh bien, je vous présente monsieur... un ancien capitaine *couvert de blessures*, et qui ne demande pas mieux que d'être général en chef, lui.

— Bravo! crièrent cinq cents voix.

— Pardon de vous avoir couvert de blessures, mon cher monsieur, dit Lothon en mettant pied à terre et en présentant son cheval au nouvel élu; mais j'ai cru que c'était le moyen le plus sûr de vous faire sauter par-dessus les grades intermédiaires.

— Oh! monsieur, dit le capitaine enchanté, il n'y a pas de mal!

Puis, à son tour, s'adressant à la foule :

— Eh bien, demanda-t-il, sommes-nous prêts?

— Oui! oui! oui!

— Alors, en avant marche!... Battez, tambours!

Les tambours battirent, et l'on descendit par la rue de l'Odéon en chantant *la Marseillaise*.

Au carrefour Bussy, en vertu de je ne sais quelle manœuvre stratégique, la troupe se trouva partagée en trois.

Une partie se dirigea vers la rue Sainte-Marguerite, l'autre vers la rue Dauphine, le reste suivit tout droit.

J'étais de ceux qui suivirent tout droit.

Il s'agissait, pour cette troupe-là, d'aborder le Louvre par le pont des Arts.

C'était, comme on dit, attaquer le taureau par les cornes.

Ce fut en débouchant sur le quai que je retrouvai mon homme au fusil de rempart adossé à la muraille, et criant, son épaule démise et sa mâchoire disloquée.

Ah! n'oublions pas de dire qu'à tous les angles de rue, j'avais vue affichée la nomination du gouvernement provisoire, et la proclamation de MM. la Fayette, Gérard et de Choiseul appelant le peuple aux armes.

Quel singulier effet cela eût produit à ces trois messieurs, s'ils eussent été à ma place, et s'ils eussent lu ce que je lisais!

CL

Aspect du Louvre. — Combat du pont des Arts. — Morts et blessés. — Un coup de canon pour moi seul. — Madame Guyet-Desfontaines. Retour de la caserne Babylone. — La cocarde de Charras. — Prise des Tuileries. — Un exemplaire de *Christine*. — Quadrille dansé dans la cour des Tuileries. — Quels sont les hommes qui ont fait la révolution de 1830.

Il était dix heures trente-cinq minutes du matin à l'horloge de l'Institut.

Le Louvre présentait un aspect formidable.

Toutes les fenêtres de la grande galerie des tableaux étaient ouvertes : il y avait deux Suisses, le fusil à la main, à chaque fenêtre.

Le balcon de Charles IX était défendu par des Suisses qui s'étaient fait un rempart avec des matelas.

Enfin, on voyait une double ligne de Suisses derrière les grilles de ces deux jardins qu'on appelle, je crois, l'un le jardin de l'Infante, et l'autre le jardin de la Reine.

Au premier plan, le long du parapet, défilait un régiment de cuirassiers pareil à un grand serpent aux écailles d'acier et d'or, dont la tête était déjà entrée sous le guichet des Tuileries, tandis que la queue traînait encore sur le quai de l'École.

Au fond, dans le lointain, la colonnade du Louvre, attaquée par les petites rues qui environnent l'église Saint-Germain-l'Auxerrois, disparaissait au milieu d'un nuage de fumée.

A droite, le drapeau tricolore flottait sur Notre-Dame et sur l'hôtel de ville.

Dans les airs, passaient frémissantes les vibrations du tocsin.

Au milieu d'un ciel blanc de chaleur nageait un soleil de feu.

Sur toute la ligne du quai, on tiraillait, mais particulièrement des fenêtres et de la porte d'un petit corps de garde situé au bord de la rivière, en face de l'endroit où la rue des Saints-Pères débouche sur le quai Malaquais.

Cependant, l'attaque comme la défense était flasque ; chacun semblait être là pour l'acquit de sa conscience, et peloter en attendant partie.

Notre arrivée réchauffa la scène juste au moment où l'intérêt languissait.

Nous étions cent vingt, à peu près.

Nous nous *égaillâmes* sur le quai, comme on dit en style vendéen, les uns remontant du côté du pont Neuf, les autres s'allongeant du palais Mazarin, tout le long du parapet, jusqu'au petit corps de garde dont j'ai parlé.

Je m'établis d'abord sous un des pavillons à tourniquets ; mais je vis bientôt que je serais constamment dérangé par les allants et venants.

Je gagnai donc la fontaine, et m'installai derrière le lion de bronze le plus rapproché de la rue Mazarine.

J'avais ainsi, à ma droite, la grande porte du palais, que, comme la porte du Jubilé, à Saint-Pierre de Rome, on n'ouvre guère que tous les cinquante ans.

J'avais, à ma gauche, la petite porte qui conduit aux appartements des personnes logées à l'Institut.

Enfin, devant moi, j'avais le pont des Arts, me présentant en perspective un objet qui ne laissait pas que de m'inspirer quelque inquiétude, cet objet ressemblant fort à une pièce de canon en batterie.

Au reste, la cible était magnifique : tout un régiment de cuirassiers présentait le flanc ! derrière les cuirassiers, les Suisses en habit rouge, avec des brandebourgs blancs. Le tout à deux cents pas à peine.

C'était à faire venir l'eau à la bouche rien que d'y penser ; il est vrai que c'était à faire venir la sueur sur le front en y pensant.

J'ai dit quelles étaient mes impressions en face du danger. Je l'affronte avec hésitation d'abord, mais je me familiarise vite avec lui.

Or, mon apprentissage de la veille au quai Notre-Dame et

du matin au musée d'artillerie, m'avait enlevé ma première émotion.

D'ailleurs, je dois dire que ma place était bonne, et qu'il fallait un bien grand hasard ou un bien joli tireur, pour qu'une balle vînt me chercher derrière mon lion.

J'assistai donc avec beaucoup de sang-froid à la scène qui allait se passer et que je vais essayer de décrire.

La plupart des hommes qui composaient le rassemblement au milieu duquel je me trouvais étaient des gens du peuple.

Le autres étaient des commis de magasin, des étudiants et des gamins.

Sur les cent ou cent vingt combattants, à peine deux habits de garde nationaux attiraient-ils les regards à eux.

Les hommes du peuple, les commis de magasin et les étudiants étaient armés de fusils de munition ou de chasse; les fusils de chasse étaient dans la proportion d'un à quinze.

Les gamins n'étaient armés que de pistolets, de sabres ou d'épées; un des plus ardents n'avait qu'une baïonnette.

En général, c'étaient les gamins qui marchaient en tête, les premiers à tout. Était-ce mépris ou ignorance du danger? Non, c'était l'influence de ce sang jeune et chaud qui, jusqu'à dix-huit ans, bat dans les veines de l'homme de soixante et quinze à quatre-vingt-cinq fois à la minute; puis qui se calme peu à peu, et qui, en se calmant, dépose au fond du cœur, à chaque pulsation qui s'y éteint, soit un vice honteux, soit une mauvaise pensée.

Tant que passa le régiment de cuirassiers, la fusillade, très-active de notre côté, — sans grands résultats, il faut le dire, — fut molle du côté des troupes royales.

Elles étaient gênées par cette ligne de cavaliers qui passait entre elle et nous.

Mais la grille du second jardin dépassée par le dernier cuirassier, la véritable musique commença.

Il faisait une chaleur insupportable et sans le moindre souffle d'air. La fumée des fusils des Suisses ne s'élevait que lentement. Bientôt tout le Louvre fut enveloppé d'une ceinture de fumée qui déroba les troupes royales à nos yeux d'une façon aussi complète que ces nuages peints qui, s'élevant des sablières, à l'épilogue des drames, dérobent aux yeux des spectateurs l'apothéose que l'on prépare au fond du théâtre.

C'étaient des coups de fusil perdus, que ceux dont les balles s'amusaient à aller percer ce rideau.

Cependant, de temps en temps, une trouée se faisait, et l'on apercevait, à travers l'éclaircie, les brandebourgs blancs, les habits rouges et les plaques dorées des bonnets à poil suisses.

C'était le moment que les vrais tireurs attendaient, et il était bien rare, alors, que l'on ne vît pas, au milieu de ces éclaircies, deux ou trois hommes chanceler et disparaître derrière leurs camarades. De notre côté, pendant cette première période du combat, nous eûmes un seul homme tué et deux blessés.

L'homme tué fut atteint au sommet du front, tandis qu'agenouillé derrière le parapet, il mettait en joue.

Il se releva comme poussé par un ressort, fit quelques pas en arrière, laissa tomber son fusil, tourna une ou deux fois en battant l'air de ses bras, et s'abattit sur le visage.

Un des deux blessés fut un gamin. La blessure était dans les chairs de la cuisse. Lui ne se cachait pas derrière le parapet; il dansait dessus, un pistolet de poche à la main.

Il s'en alla sautillant sur une jambe, et disparut dans la rue de Seine.

L'autre blessé l'était plus gravement. Il avait reçu une balle dans le ventre. Il était tombé assis et les deux mains appuyées sur sa blessure, qui ne saignait presque pas. L'épanchement, selon toute probabilité, se faisait au dedans. Au bout de dix minutes, la soif le prit, et il se traîna vers moi; arrivé là, les forces lui manquèrent pour atteindre le bassin : il m'appela à son aide. Je lui donnai la main et l'aidai à monter. Il but plus de dix fois en dix minutes; dans les intervalles où il ne buvait pas, il ne disait que ces mots :

— Oh! les gueux! ils ne m'ont pas manqué!

Et, de temps en temps, quand il me voyait porter mon fusil à mon épaule, il ajoutait :

— Ne les manquez pas non plus, vous !

Enfin, au bout d'une demi-heure à peu près, on se lassa de cette fusillade sans résultat.

Deux ou trois hommes crièrent : « Au Louvre ! au Louvre ! »

C'était insensé, car il était évident qu'on n'était qu'une centaine d'hommes, et qu'on allait avoir affaire à deux ou trois cents Suisses.

Mais, dans ces circonstances, on ne s'arrête pas seulement aux choses raisonnables, et, comme le fait que l'on accomplit est lui-même presque insensé, c'est aux déterminations impossibles que l'on s'arrête presque toujours.

Un tambour battit la charge et s'élança le premier sur le pont.

Tous les gamins l'accompagnèrent en criant : « Vive la Charte ! »

Le corps d'armée les suivit.

Je dois avouer que je ne fis point partie du corps d'armée.

De la position un peu élevée où je me trouvais, j'avais, comme je l'ai dit, cru distinguer une pièce en batterie. Tant que cette pièce n'avait eu que de la mitraille à éparpiller au hasard, elle s'était tenue parfaitement muette et tranquille ; mais, du moment où les assaillants s'engagèrent sur le pont, elle se démasqua... Je vis la lance fumante s'approcher de la lumière ; je m'effaçai derrière mon lion, et, au même instant, j'entendis le bruit de l'explosion et le sifflement des biscaïens qui venaient mutiler la façade de l'Institut.

La pierre, écrasée par les projectiles, tomba tout autour de moi comme une pluie.

Ce qui s'était passé sur le pont suspendu se passa alors avec des détails parfaitement identiques sur le pont des Arts.

Tous les hommes engagés dans l'étroit espace tourbillonnèrent sur eux-mêmes, trois ou quatre continuèrent d'aller en avant ; cinq ou six tombèrent ; vingt-cinq ou trente restèrent immobiles ; le reste lâcha pied.

Un feu de peloton succéda au coup de canon : les balles cliquetèrent à mes côtés ; mon blessé poussa un soupir : une seconde balle venait de l'achever.

Presque immédiatement le canon retentit pour la deuxième fois, et l'ouragan de fer passa de nouveau sur ma tête.

A ce second coup de canon, il ne fut plus question d'aller en avant. Deux hommes, jugeant l'eau plus sûre que le parquet du pont, sautèrent dans la Seine, et gagnèrent à la nage le quai de l'Institut. Le reste, comme une volée d'oiseaux effarouchés, revint à tire-d'aile et s'enfonça dans la rue des Petits-Augustins et dans cette espèce d'impasse qui longe la Monnaie.

En un instant, le quai devint parfaitement désert.

Un troisième coup de canon fut tiré, et, si peu vaniteux que je sois, je puis dire que ce troisième coup de canon fut tiré pour moi seul.

J'avais, depuis longtemps, fait mon plan de retraite, et je le basais sur la petite porte de l'Institut qui était à ma gauche.

A peine le coup de canon était-il tiré, qu'avant que la fumée fût dissipée et permît de voir ma manœuvre, je m'élançai et frappai à la porte à grands coups de crosse de fusil.

La porte s'ouvrit, et même sans trop se faire attendre, ce qui est une justice à rendre au concierge; d'habitude, aux heures de révolution, les concierges ne sont pas si alertes.

Je me glissai dans l'entre-bâillement; j'étais à l'abri.

Comme le concierge refermait la porte, une balle la traversa, mais sans le blesser.

Une fois là, je n'avais que le choix des amis; je montai chez madame Guyet-Desfontaines.

Je dois dire que ma première apparition ne produisit pas tout l'effet que j'en attendais. D'abord, on ne me reconnut pas; puis, quand on m'eut reconnu, on me trouva assez mal vêtu : le lecteur se rappelle mon costume.

J'allai chercher mon fusil, que j'avais laissé à la porte pour ne pas effrayer madame Guyet et sa fille. Mon fusil expliqua tout.

A partir de cette reconnaissance, madame Guyet, malgré la gravité de la situation, fut charmante de verve, d'esprit et d'entrain; c'est, sous ce rapport, une femme incorrigible.

Je mourais de faim et surtout de soif. J'exposai naïvement mes besoins.

On alla me chercher une bouteille de vin de Bordeaux, que j'avalai presque d'un seul coup.

On m'apporta une immense jatte de chocolat que je dévorai.

Je crois que j'avais avalé le déjeuner de tout le monde!

— Ah! fis-je parodiant Napoléon à son retour de Russie, et en m'allongeant dans un grand fauteuil, il fait meilleur ici que derrière le lion de l'Institut!

Comme on le comprend bien, il me fallut faire le récit de mon iliade. Mon iliade se composait jusque-là d'une victoire et de deux retraites.

Il est vrai que la dernière retraite — moins les dix mille hommes dont je n'avais pas l'embarras — pouvait se comparer à celle de Xénophon.

Mais aussi, en revanche, la première ressemblait beaucoup à celle de Waterloo.

Il y eut une mention honorable pour le lion, qui m'avait probablement sauvé la vie, et qui avait, dans la circonstance, cette supériorité sur celui d'Androclès, de n'avoir pas un bienfait à acquitter.

Il résulta de ce charmant accueil, dont je me souviens dans ses moindres détails après plus de vingt-deux ans, que l'appartement de madame Guyet-Desfontaines faillit être pour moi ce que Capoue avait été, deux mille ans auparavant, pour Annibal. Cependant, avec un peu de force, j'eus cet avantage sur le vainqueur de la Trebia, de Cannes et de Trasimène, de m'arracher à temps aux délices qui m'étaient faites.

Je sortis par la petite porte de la rue Mazarine, et je regagnai mon logis de la rue de l'Université.

Cette fois, je fus reçu en triomphateur par mon concierge; la position se dessinait.

Au lieu de me mettre à la porte, il était question de me dresser un arc de triomphe.

Joseph époussetait l'armure de François Ier.

— Ah! monsieur, me dit-il, que c'est beau! Je n'avais pas vu toutes les petites bêtises qu'il y a là-dessus.

Les *bêtises* qu'il y avait sur l'armure de François Iᵉʳ, c'étaient les batailles d'Alexandre.

Je rentrais pour changer de chemise, — pardon du détail, on verra plus tard qu'il n'est pas sans importance, — et aussi pour renouveler ma provision de poudre et de balles.

Mais je n'avais pas eu le temps de mettre ma veste bas, que j'entendis de grands cris dans la rue.

C'était Charras et sa troupe qui revenaient de la caserne de la rue de Babylone. Il y avait eu là une tuerie effroyable : après une demi-heure de siége, on avait été obligé de mettre le feu à la caserne pour en déloger les Suisses.

On portait au bout des baïonnettes les habits rouges des vaincus en signe de victoire. Charras, — il doit s'en souvenir encore aujourd'hui, car lui n'est pas de ceux qui ont oublié, — Charras avait, au lieu de cocarde, la manche de l'habit d'un Suisse, laquelle, attachée au haut de son chapeau à trois cornes, retombait coquettement sur son épaule.

Tout cela, tambour en tête, marchait sur les Tuileries.

Au même instant, les cris redoublèrent venant du château. Je tournai les yeux du côté d'où partaient ces cris, et, de ma fenêtre donnant sur la rue du Bac, je vis des milliers de lettres et de papiers qui voltigeaient dans le jardin des Tuileries.

On eût dit qu'on donnait la volée à tous les pigeons ramiers du jardin.

C'étaient les correspondances de Napoléon, de Louis XVIII, de Charles X, qui s'en allaient au vent.

Les Tuileries étaient emportées.

Quoique je ne fusse pas Crillon, il me prit une certaine envie de me pendre.

On comprend qu'un homme qui a envie de se pendre ne songe plus à changer de chemise.

Je remis ma veste et me précipitai par les escaliers.

Je rejoignis la queue de la colonne au moment où elle entrait aux Tuileries par le guichet du bord de l'eau.

Le drapeau tricolore avait remplacé le drapeau blanc sur le pavillon du milieu.

C'était Joubert, le patriote du passage Dauphine, qui venait de le planter sur la plate-forme, et qui s'évanouissait en le plantant, soit de fatigue, soit de joie; — des deux probablement.

Les grilles du Carrousel étaient forcées; on se ruait par toutes les portes; il y avait des centaines de femmes : d'où sortaient-elles?

Qui a vu ce spectacle ne l'oubliera jamais.

Un élève de l'École polytechnique, nommé Baduel, était traîné en triomphe sur un canon.

Il avait, comme Achille, été blessé au talon; seulement, lui, ce n'était pas d'une flèche empoisonnée, c'était d'un coup de mitraille.

Aussi n'en mourut-il pas, quoiqu'il pensât bien en mourir. Il est vrai que, s'il eût perdu la vie en cette occasion, ce n'eût point été de la blessure qu'il fût mort, mais d'une fièvre cérébrale, suite de la fatigue, de la chaleur et de l'épuisement qu'il avait ressentis pendant le triomphe auquel le condamnait, malgré lui, le courage dont il avait fait preuve.

Un autre élève, la poitrine trouée d'une balle, était gisant sur les escaliers; on le prit à bras, on le porta au premier étage, et on le déposa sur le trône fleurdelisé, où plus de dix mille hommes du peuple s'assirent ce jour-là, chacun à son tour, ou même plusieurs ensemble.

Par les fenêtres donnant sur le jardin, on pouvait voir la queue d'un régiment de lanciers se perdant sous les grands arbres.

Un cabriolet essayait de le rejoindre au grand galop du cheval qui le conduisait, sans doute pour se mettre sous sa protection.

Les Tuileries étaient encombrées; on se retrouvait au milieu de cette foule; on se reconnaissait, on s'embrassait, on s'interrogeait. « Un tel? — Il est là! — Où? — Là! — Un tel? — Blessé! — Un tel? — Mort! » Et l'on faisait pour toute oraison funèbre un geste qui voulait dire : « C'est malheureux ! mais, ma foi, il est mort dans un beau jour ! »

Et l'on allait droit devant soi, de la salle du trône au cabinet du roi, du cabinet du roi à la chambre à coucher du roi.

— Ah ! par exemple, le lit du roi était une chose curieuse à voir ! Ce qui s'y passait, je ne l'ai jamais bien su ; mais, s'il faut en juger par le nombre de spectateurs qui l'entouraient, et par leurs éclats de rire, il devait s'y passer quelque chose d'exorbitant...

Peut-être les noces du peuple avec la liberté !

Et l'on allait toujours, mêlant sa voix à cette grande voix, son geste à ce geste immense.

On allait suivant ceux qui marchaient devant, poussé par ceux qui venaient derrière.

On arriva à la salle des Maréchaux.

C'était la première fois que je voyais tout cela, et je ne l'ai revu qu'à la chute du roi Louis-Philippe, en 1848.

Pendant les dix-huit ans du règne de la branche cadette, je n'ai jamais mis les pieds aux Tuileries, excepté pour visiter M. le duc d'Orléans.

Mais, on le sait, le pavillon Marsan, ce n'était pas le moins du monde les Tuileries, et c'était bien souvent une raison de ne pas aller aux Tuileries, que d'aller au pavillon Marsan.

On arriva à la salle des Maréchaux.

Le cadre du portrait de M. de Bourmont, qui venait d'être fait maréchal, occupait déjà son panneau : le nom même était inscrit sur le cadre, mais le portrait n'était pas encore dedans.

A la place de la toile, en guise de doublure sans doute, il y avait une grande tenture de taffetas ponceau.

La tenture fut arrachée et servit à faire du rouge pour les bouffettes de ruban tricolore que chacun portait à sa boutonnière.

J'en accrochai un morceau qui eut cette destination.

Au moment où je disputais à mes voisins ce lambeau d'étoffe, deux ou trois coups de fusil partirent à mes oreilles.

C'était le portrait du duc de Raguse qu'on fusillait à défaut de l'original.

Quatre balles avaient traversé la toile ; sur ces quatre balles, une trouait la tête, les deux autres la poitrine ; la quatrième se perdait dans le fond.

Un homme du peuple monta sur les épaules de ses camarades, et, avec son couteau, découpa le portrait en forme de médaillon ; puis, passant la baïonnette de son fusil dans le double trou de la poitrine et de la tête, il le porta comme ces licteurs romains que l'on voit dans les triomphes portent le S. P. Q. R.

Le portrait avait été peint par Gérard.

Je m'approchai de l'homme, et lui offris cent francs de son trophée.

— Oh ! citoyen, me dit-il, tu m'en offrirais mille francs, que tu ne l'aurais pas.

Alophe Pourrat s'approcha de lui à son tour, et offrit son fusil à deux coups ; il eut le portrait.

Probablement l'a-t-il encore.

En entrant dans la bibliothèque de la duchesse de Berry, j'aperçus, sur une petite table à ouvrage, un exemplaire de *Christine* relié en maroquin violet, et marqué aux armes de la duchesse. Je crus pouvoir me l'approprier ; je l'ai donné depuis à mon cousin Félix Deviolaine.

Probablement l'a-t-il perdu.

Entré par le pavillon de Flore, je sortis par le pavillon Marsan.

Dans la cour était un quadrille formé par quatre hommes. Ces quatre hommes dansaient, au son d'un fifre et d'un violon, un des premiers cancans qui aient été dansés.

Ils étaient habillés de robes de cour et coiffés de chapeaux à plumes.

C'étaient les garde-robes de madame la duchesse d'Angoulême et de madame la duchesse de Berry qui faisaient les frais de la mascarade.

L'un de ces hommes avait sur les épaules un châle cachemire qui valait bien mille écus. Il y avait gros à parier qu'il n'avait pas une pièce de cent sous dans sa poche...

A la fin de la contredanse, le châle était en loques

Maintenant, comment ce Louvre, comment ces Tuileries, comment ce Carrousel, avec leurs cuirassiers, leurs lanciers, leurs Suisses, leur garde royale, leur artillerie, avec trois ou quatre mille hommes de garnison enfin, avaient-ils été pris par quatre ou cinq cents insurgés ?

Le voici :

Quatre attaques avaient été dirigées sur le Louvre : la première par le Palais-Royal ; la seconde par la rue des Poulies, par la rue des Prêtres-Saint-Germain-l'Auxerrois et par le quai de l'École; la troisième par le pont des Arts, et la quatrième par le pont Royal.

La première était conduite par Lothon, que nous avons, on s'en souvient, quitté à la hauteur de la rue Guénégaud. Frappé d'une balle à la tête, il était tombé évanoui sur la place du Palais-Royal.

La seconde était conduite par Godefroy Cavaignac, Joubert, Thomas, Bastide, Degousée, Grouvelle, les frères Lebon, etc.

Ce fut elle qui prit le Louvre, comme on le verra tout à l'heure.

La troisième était celle qui avait eu lieu par le pont des Arts : on connaît son résultat.

La quatrième, celle de la rue du Bac, ne traversa le pont, en réalité, que lorsque les Tuileries furent prises.

Nous avons dit que ce fut la seconde attaque qui enleva le Louvre. Ce succès fut dû d'abord à l'admirable courage des assaillants, mais ensuite, il faut le dire, au hasard, à une fausse manœuvre : — nous appellerons cela ainsi pour ceux qui ne veulent pas voir l'intervention de la Providence au milieu des choses humaines.

Au reste, un fait suffira pour donner une idée du courage des assaillants. Un enfant de douze ans était monté, comme un ramoneur, par un de ces tuyaux de bois qui, dressés contre la colonnade, servaient à la décharge des gravats, et il avait, aux moustaches des Suisses, planté sur le Louvre un drapeau tricolore.

Cinquante coups de fusil lui avaient été tirés, et il avait été assez heureux pour que pas un ne l'atteignît : pas un ne l'avait préoccupé !

Juste en ce moment, et comme des cris d'enthousiasme saluaient la folle réussite de l'enfant, le duc de Raguse, qui concentrait ses forces autour du Carrousel pour un dernier combat, apprit que les soldats stationnant sur la place Vendôme commençaient à entrer en communication avec le peuple.

La place Vendôme prise, c'était la rue de Rivoli occupée, c'était la place Louis XV conquise, c'était, enfin, la retraite coupée sur Saint-Cloud et sur Versailles.

Le Louvre était particulièrement défendu par deux bataillons de Suisses.

Un seul suffisait à sa défense.

Le maréchal eut l'idée de remplacer les troupes de la place Vendôme — qui, ainsi que nous venons de le dire, menaçaient de défection — par un des deux bataillons suisses.

Il expédia à M. de Salis, qui commandait les deux bataillons, son aide de camp, M. de Guise.

M. de Guise avait ordre de ramener un des deux bataillons.

M. de Salis reçut cet ordre et ne vit aucun inconvénient à l'accomplir. Il était d'autant plus de cet avis qu'un seul bataillon suffisait à la défense du Louvre, et qu'un seul, en réalité, le défendait depuis le matin.

L'autre se tenait dans la cour l'arme au pied.

Alors, M. de Salis eut cette idée, idée toute naturelle d'ailleurs, d'envoyer au duc de Raguse, non pas le bataillon de réserve qui stationnait dans la cour, mais celui qui, placé sur la colonnade du Louvre, au balcon de Charles IX et aux fenêtres de la galerie de tableaux, combattait depuis le matin.

Il commanda donc au bataillon frais de prendre la place du bataillon fatigué.

Seulement, il commit cette méprise : au lieu de commencer par faire monter le bataillon frais, il commença par faire descendre le bataillon fatigué.

Cette manœuvre s'exécutait juste au moment du plus grand enthousiasme et du plus grand effort des assaillants. Ils virent les Suisses se retirer; ils virent le feu s'éteindre peu à peu, puis cesser tout à fait; ils crurent que leurs adversaires battaient en retraite, et ils s'élancèrent.

Le mouvement fut si impétueux, qu'avant que le second bataillon eût pris la place de celui qui se retirait, le peuple était entré par les guichets et par les grilles, s'était répandu dans les salles abandonnées du rez-de-chaussée, et faisait par les fenêtres feu sur la cour.

Il sembla aux Suisses voir apparaître, au milieu de la flamme et de la fumée, le spectre gigantesque et sanglant du 10 août.

Inquiets, étonnés, pris à l'improviste, ignorant si leurs camarades se retiraient par ordre supérieur ou battaient en retraite, ils reculent, se précipitent les uns sur les autres, ne songeant pas même à répondre au feu qui les décime, s'encombrent à la porte donnant sur la place du Carrousel, s'étouffent, s'écrasent, et débordent de l'autre côté du guichet, en pleine déroute.

Le duc de Raguse se jette vainement au milieu d'eux, essayant de les rallier. La plupart n'entendent pas le français et ne comprennent pas ce qu'on leur dit; d'ailleurs, la crainte tourne à l'épouvante, la frayeur à la panique. On sait ce que peut l'ange de la peur secouant ses ailes au-dessus de la multitude: les fuyards écartent tout ce qui se trouve devant eux, cuirassiers, lanciers, gendarmes, traversent cette vaste place du Carrousel sans s'arrêter, franchissent la grille des Tuileries, et vont se répandre et s'éparpiller dans le jardin.

Pendant ce temps, les assaillants montent au premier étage, enfilent la galerie de tableaux, qu'ils trouvent sans défenseurs, et vont enfoncer à son extrémité la porte qui sert de communication entre le Louvre et les Tuileries.

Dès lors, plus de résistance possible : les défenseurs du château fuient comme ils peuvent; le jardin et les deux terrasses s'encombrent; le duc de Raguse se retire un des derniers, et sort du guichet de l'Horloge au moment où Joubert plante le drapeau tricolore au-dessus de sa tête, et où le peuple fait pleuvoir par les fenêtres les papiers du cabinet du roi.

A la hauteur du jardin d'Hippomène et d'Atalante, le maréchal trouve une pièce de canon qui se retire; sur son ordre, la pièce de canon est remise en batterie, et une dernière volée tirée par elle sur les Tuileries, qui ont cessé d'être la demeure des rois pour devenir la conquête du peuple, va, de son boulet, présent posthume de la monarchie, couper en deux une des charmantes petites colonnes cannelées du premier étage.

Ce dernier coup de canon, qui ne fit de mal à personne qu'au chef-d'œuvre de Philibert Delorme, sembla tiré pour saluer le drapeau tricolore qui se déployait sur le pavillon de l'Horloge.

La révolution de 1830 était faite.

Faite, — nous le disons, nous le répétons, nous l'imprimons, nous le graverons, s'il le faut, sur le fer et sur l'airain, sur le bronze et sur l'acier, — faite, non point par les prudents acteurs de la comédie de quinze ans, cachés dans les coulisses, pendant que le peuple jouait le drame sanglant des trois jours ; non point par les Casimir Périer, les Laffitte, les Benjamin Constant, les Sébastiani, les Guizot, les Mauguin, les Choiseul, les Odilon Barrot et les trois Dupin. Non! ceux-là, nous l'avons dit, ceux-là se tenaient — pas même dans les coulisses, ils eussent été trop près du spectacle! — ceux-là se tenaient chez eux, soigneusement gardés, hermétiquement enfermés. Non, chez ceux-là, il ne fut jamais question que de résistance légale, et, le Louvre et les Tuileries pris, on discutait encore, dans leurs salons, les termes d'une protestation que quelques-uns trouvaient bien hasardée.

Ceux qui ont fait la révolution de 1830, ce sont ceux que j'ai vus à l'œuvre, et qui m'y ont vu; ceux qui entraient au Louvre et aux Tuileries par les grilles rompues et les fenêtres brisées; c'est, hélas! — qu'on nous pardonne cette funèbre exclamation, la plupart d'entre eux sont morts, prisonniers, exilés aujourd'hui! — c'est Godefroy Cavaignac, c'est Baude, c'est Degousée, c'est Higonnet, c'est Grouvelle, c'est Coste, Guinard, Charras, Étienne Arago, Lothon, Millotte, d'Hostel, Chalas, Gauja, Baduel, Bixio, Goudchaux, Bastide, les trois frères Lebon, — Olympiade, Charles et Napoléon, le premier tué, les deux autres blessés à l'attaque du Louvre, — Joubert, Charles Teste, Taschereau, Béranger... Je demande pardon à ceux que je ne nomme pas et que j'oublie ; je demande pardon aussi à quelques-uns de ceux que je nomme, et qui aimeraient peut-être autant ne pas être nommés. Ceux qui ont fait la révolution de 1830, c'est cette jeunesse ardente du prolétariat héroïque qui allume l'incendie, il est vrai, mais qui l'éteint avec son sang ; ce sont ces hommes du peuple qu'on écarte quand l'œuvre est achevée, et qui, mourant de faim, après avoir monté la garde à la porte du Trésor, se haussent sur leurs pieds nus pour voir, de la rue, les convives parasites du pouvoir, admis, à leur détriment, à la curée des charges, au festin des places, au partage des honneurs.

Les hommes qui firent la révolution de 1830 sont les mêmes hommes qui, deux ans plus tard, pour la même cause, se firent tuer à Saint-Merry.

Seulement, cette fois-ci, ils avaient changé de nom, justement parce qu'ils n'avaient pas changé de principes : au lieu de les appeler des héros, on les appelait des rebelles.

Il n'y a que les renégats de toutes les opinions qui ne sont jamais rebelles à aucun pouvoir.

CLI

Je me mets à la recherche d'Oudard. — La maison du coin de la rue de Rohan. — Oudard chez Laffitte. — Degousée. — Le général Pajol et M. Dupin. — Les officiers du 53° de ligne. — Intérieur du salon de Laffitte. — Panique. — Une députation vient offrir à la Fayette le commandement de Paris. — Il accepte. — Étienne Arago et la cocarde tricolore. — Histoire de l'hôtel de ville depuis huit heures du matin jusqu'à trois heures et demie du soir.

Du reste, veut-on savoir où l'on en était chez M. Laffitte, — dans ce même salon où, le surlendemain, devait se faire, sinon un roi de France, au moins un roi des Français, — juste au moment où les Tuileries venaient d'être prises?

Je puis le dire, et voici comment :

En sortant des Tuileries, j'avais été pris d'une envie enragée de m'assurer si Oudard était encore, le 29 juillet au soir, du même avis que le 28 au matin, à l'endroit du dévouement de M. le duc d'Orléans à Sa Majesté Charles X.

Je me rendis donc rue Saint-Honoré, n° 216.

Place de l'Odéon, j'avais manqué d'être assommé par un *Gradus ad Parnassum* ; en approchant de mon n° 216, je faillis être assommé par un cadavre.

Au coin de la rue de Rohan, on jetait les Suisses par les fenêtres.

Cela se passait dans la maison d'un chapelier dont la façade était criblée de balles. Un poste de Suisses avait été placé là comme garde avancée; on avait oublié de le relever, et il avait tenu avec un courage suisse, c'est tout dire. La maison avait été emportée d'assaut; une douzaine d'hommes y avaient été tués, et, des cadavres, on faisait ce que j'ai dit, sans prendre même la précaution de crier : « Gare là-dessous! »

Je montai dans les bureaux du Palais-Royal. — Ce jour-là, mon fusil, qui avait causé une si grande terreur la veille, fut reçu avec des acclamations.

Je trouvai le garçon de bureau occupé à remettre un peu d'ordre dans nos établissements. Cette partie du palais avait été envahie; on avait tiré des fenêtres, ce qui ne s'était pas fait sans mettre un peu de désordre dans les papiers.

Pas d'Oudard!

Je m'enquis de lui au garçon de bureau, qui m'apprit en confidence que, selon toute probabilité, je le trouverais chez Laffitte.

J'ai déjà dit comment j'avais fait connaissance avec l'illustre banquier par le service qu'il m'avait rendu.

Je m'acheminai donc vers l'hôtel Laffitte, dans lequel j'avais la certitude de n'être pas regardé tout à fait comme un intrus.

Il me fallut plus d'une heure pour me rendre du Palais-Royal à l'hôtel Laffitte, tant les rues étaient encombrées, tant aussi l'on rencontrait sur son chemin de personnes de connaissance.

À la porte, je heurtai Oudard.

— Ah! pardieu! lui dis-je en riant, c'est justement vous que je cherchais!

— Moi!... Et que me voulez-vous?

— Mais savoir si votre avis sur la situation est toujours le même...

— Je n'aurai d'avis que demain, me répondit Oudard.

Et, me faisant un geste d'adieu, il s'éloigna vivement.

Où allait-il? Je ne le sus que trois jours plus tard : il allait à Neuilly porter ce court ultimatum au duc d'Orléans :

« Entre une couronne et un passe-port, choisissez! »

L'ultimatum était posé par M. Laffitte.

Je m'étais flatté d'une espérance illusoire quand j'avais cru pouvoir entrer chez Laffitte : cours, jardins, antichambres, salons étaient encombrés; il y avait des curieux jusque sur les toits des maisons en face, qui plongeaient dans la cour de l'hôtel.

Mais, il faut le dire, les hommes rassemblés là n'étaient pas tous dans l'enthousiasme et l'admiration; on racontait à l'extérieur certaines anecdotes qui se passaient à l'intérieur, et la foule grondait fort en les écoutant.

Une, entre autres, pourra donner une idée de la prudence de MM. les députés réunis chez Laffitte.

Dès le matin, Degousée, voyant l'hôtel de ville tombé aux mains du peuple, avait laissé Baude s'y installer, et avait couru chez le général Pajol pour lui offrir le commandement de la garde nationale.

Mais le général Pajol avait répondu qu'il ne pouvait pas se mettre en avant d'une façon si décisive sans avoir l'autorisation des députés.

— Et où diable y a-t-il des députés? demanda Degousée.

— Voyez chez M. de Choiseul, avait répondu le général Pajol.

Degousée s'était rendu chez M. de Choiseul.

M. de Choiseul était aux cent coups : il venait d'apprendre à la fois qu'il était membre du gouvernement provisoire depuis la veille, et qu'il avait, dans la nuit, signé une proclamation incendiaire.

M. Dupin aîné était près du duc; sans doute lui donnait-il une consultation sur ce cas, non prévu par la législation française.

Cette idée, émise par Degousée, de réorganiser un corps qui ne pouvait manquer de devenir un pouvoir conservateur, sourit beaucoup à M. Dupin.

Il prit une plume, et écrivit ces mots :

« MM. les députés réunis à Paris autorisent M. le général Pajol à prendre le commandement des *milices parisiennes*. »

— *Des milices parisiennes!* avait répété Degousée; et pourquoi, s'il vous plaît, des milices parisiennes?

— Mais parce que la garde nationale a été légalement dissoute par l'ordonnance du roi Charles X, avait répondu M. Dupin.

— Allons, ne chicanons pas sur les mots, avait repris Degousée. Signez-moi cela vite, et veuillez me dire où je trouverai vos *députés réunis à Paris.*

— Chez M. Laffitte, avait dit M. Dupin.

Et, sans trop de difficultés, il avait signé l'autorisation.

Les députés étaient, en effet, réunis chez Laffitte. — Plus heureux que moi, grâce sans doute au papier dont il était porteur, Degousée avait pu arriver jusqu'à la salle des délibérations.

Les députés prirent connaissance des trois lignes précitées, et, voyant la signature de M. Dupin, signèrent à leur tour; mais ils n'eurent pas plus tôt signé, que la terreur les prit; Degousée, qui ne perdait de temps à rien, et qui, d'ailleurs, tenait à se trouver à l'assaut du Louvre, était déjà à la porte de la rue. Un député le rejoignit au moment où il franchissait le seuil.

— Monsieur, lui dit-il, me permettez-vous de relire encore ce papier?

— Certainement, répond Degousée sans méfiance.

Le député se retire à l'écart, déchire les signatures, et rend le papier tout plié à Degousée, qui le reprend, et qui ne s'aperçoit qu'à la porte du général Pajol de la soustraction opérée par l'adroit prestidigitateur.

Vous rappelez-vous la fable de la Fontaine *le Lièvre et les Grenouilles?* Le bonhomme a tout prévu, même cette chose que l'on croyait impossible, à savoir que M. Dupin trouverait plus poltron que lui!

Voilà l'anecdote qui circulait dans les groupes.

Hâtons-nous de dire que la Fayette n'était pas encore arrivé chez Laffitte à l'heure où le fait que nous venons de raconter s'accomplissait.

Il y arrivait juste au moment où un homme du peuple, le fusil à la main et le visage noir de poudre, accourait y annoncer la prise du Louvre.

Derrière la Fayette, un sergent du 53e de ligne avait si bien fait des pieds et des mains, qu'il avait pénétré dans le salon; là, il avait déclaré que le 53e de ligne était prêt à fraterniser avec le peuple. Les officiers demandaient seulement qu'on leur envoyât quelque personnage considérable, afin que leur passage à la cause de la révolution n'eût pas l'air d'une défection pure et simple.

On leur envoya le colonel Heymès, habillé en bourgeois, M. Jean-Baptiste Laffitte et quelques gardes nationaux que l'on venait de recruter sur le boulevard.

Comme j'arrivais, le régiment arrivait aussi. Cinq officiers entrèrent dans la salle des délibérations ; j'entrai avec eux.

M. Laffitte était près de la fenêtre du jardin, qui était ouverte, mais dont les persiennes étaient fermées ; il se tenait assis dans un grand fauteuil, la jambe étendue sur un tabouret.

Il s'était foulé le pied la veille au matin.

Derrière lui était Béranger, appuyé sur le dos de son fauteuil ; à l'un de ses côtés, le général la Fayette, lui demandant des nouvelles de sa santé ; dans l'embrasure d'une seconde fenêtre, Georges la Fayette causait avec M. Laroche, neveu de M. Laffitte.

Trente ou quarante députés, s'entretenant par groupes, encombraient le reste du salon.

Tout à coup, une effroyable fusillade se fait entendre, et ce cri retentit :

— La garde royale marche sur l'hôtel !...

J'ai vu bien des mises en scène depuis celle de *Paul et Virginie*, à l'Opéra-Comique, la première que j'aie admirée, jusqu'à celle de *la Barrière de Clichy*, au Cirque, une des dernières que j'aie dirigées, mais jamais je n'ai été témoin d'un pareil changement à vue !

On eût dit que chaque député était sur une trappe, et avait disparu à un coup de sifflet.

Le temps de tourner la main, il ne restait absolument dans le salon que Laffitte, toujours assis, et sur le visage duquel n'apparut pas la plus légère émotion ; Béranger, qui demeura ferme à sa place ; M. Laroche, qui se rapprocha de son oncle ; la Fayette, qui releva sa noble et vénérable tête, et fit un pas vers la porte, c'est-à-dire vers le danger ; Georges la Fayette, qui s'élança vers son père ; et les cinq officiers, qui firent de leur corps un rempart à M. Laffitte.

Tous les autres avaient disparu par les portes de dégagement ou avaient sauté par les fenêtres? M. Méchin s'était distingué parmi ces derniers.

Je voulus profiter de l'occasion qui m'était donnée de présenter mes compliments au maitre de la maison ; mais le général la Fayette m'arrêta en route.

— Que diable est-ce cela? me dit-il.

— Je n'en sais rien, général, lui répondis-je ; mais, à coup sûr, j'affirme que ce ne sont ni les Suisses ni les gardes royaux... Je les ai vus partir des Tuileries, et, du train dont ils allaient, ils doivent être maintenant plus près de Saint-Cloud que de l'hôtel Laffitte.

— N'importe! tâchez donc de savoir ce qu'il en est.

Je m'avançais vers la porte, lorsqu'un officier entra.

Il apportait le mot de l'énigme.

Les soldats du 6ᵉ de ligne avaient rencontré ceux du 53ᵉ ; à l'exemple de ceux-ci, ils avaient fait cause commune avec le peuple, et, en signe de joie, ils avaient déchargé leurs fusils en l'air.

Cette explication une fois donnée, on se mit en quête des députés, et l'on finit par les retrouver, les uns deci, les autres delà.

Deux seulement manquaient à l'appel.

Cependant, à force de recherches, on les découvrit cachés dans l'écurie. — Qu'on ne dise pas non, je les nommerais!

Quelques instants après, une députation fut introduite.

Autant que je puis me rappeler, Garnier-Pagès en faisait partie.

Cette députation avait pris au sérieux les placards et la proclamation de Taschereau ; elle venait prier les généraux la Fayette et Gérard d'entrer en fonctions.

Le général Gérard, qui ne faisait que d'arriver, éluda la proposition. Gérard rêvait d'être, avec M. de Mortemart, ministre de Charles X, et non d'être membre d'un gouvernement provisoire révolutionnaire.

La Fayette répondit à la députation à peu près la même chose qu'il m'avait dite la veille au soir :

— Mes amis, si vous me croyez utile à la cause de la liberté, disposez de moi.

Et il se remit aux mains de la députation.

Le cri de « Vive la Fayette ! » retentit dans les salons de Laffitte, et se prolongea dans la rue.

La Fayette, se retournant vers les députés :

— Vous le voyez, messieurs, dit-il, on m'offre de prendre le commandement de Paris, et je crois devoir accepter.

Ce n'était pas le moment d'être d'un avis contraire ; l'adhésion fut unanime.

Il n'y eut pas jusqu'à M. Bertin de Vaux qui ne s'approchât de la Fayette pour lui offrir quelques paroles de félicitation que je n'entendis pas.

J'étais déjà dans l'antichambre, dans la cour, dans la rue, criant :

— Place au général la Fayette, qui se rend à l'hôtel de ville !

L'unanimité des cris de « Vive la Fayette ! » prouva que l'homme de 1789 n'avait pas perdu, en 1830, un atome de sa popularité.

La belle chose que la liberté, et comme c'est bien la déesse immortelle et infaillible ! La Convention passe, le Directoire passe, le Consulat passe, l'Empire passe, la Restauration passe, têtes et couronnes tombent ! et l'homme que la liberté a sacré roi du peuple en 1789, se retrouve roi du peuple en 1830.

La Fayette sortit, appuyé d'un côté sur Carbonnel ; de l'autre, sur un député que je ne connaissais pas, et dont je demandai le nom ; c'était Audry de Puyraveau.

Tout ce qu'il y avait là d'hommes, de femmes, d'enfants, fit cortége à l'illustre vieillard, que l'on honorait et glorifiait parce que l'on comprenait qu'en lui vivait la pensée de la Révolution. Et, cependant, tout avancé qu'était cet homme, combien encore était-il distancé par les jeunes gens !

Dans la rue Neuve-Saint-Marc, à la porte du *National*,

la Fayette aperçut Étienne Arago avec une cocarde tricolore.

— Monsieur Poque, dit-il en s'adressant à l'une des personnes qui l'accompagnaient, allez donc prier ce jeune homme d'ôter sa cocarde.

Arago s'approcha de la Fayette.

— Pardon, général, dit-il, mais je n'ai pas bien compris.

— Mon jeune ami, je vous fais prier d'ôter cette cocarde.

— Et pourquoi cela, général ?

— Parce que c'est un peu tôt... Plus tard, plus tard, nous verrons.

— Général, répondit Étienne, je porte depuis hier le ruban tricolore à la boutonnière de mon habit, et la cocarde tricolore à mon chapeau depuis ce matin... Ils y sont, ils y resteront!

— Mauvaise tête! murmura le général.

Et il continua son chemin.

On lui avait proposé un cheval du manége Pellier, mais il avait refusé. Il en résulta qu'il fut près d'une heure et demie à aller de la rue d'Artois à l'hôtel de ville.

Il arriva vers les trois heures et demie.

Disons l'histoire de l'hôtel de ville depuis huit heures du matin, qu'il avait été définitivement pris par le peuple, jusqu'à trois heures et demie du soir, moment auquel le général la Fayette l'occupa.

Vers sept heures du matin, on s'était aperçu que l'hôtel avait été évacué par la troupe.

La nouvelle en avait été immédiatement portée au *National*.

Il fallait en prendre possession : Baude et Étienne Arago partirent.

A neuf heures, ils étaient installés.

A partir de ce moment, et, tout imaginaire qu'il était, le gouvernement provisoire fonctionna.

C'est qu'un homme s'était trouvé qui ne reculait pas devant cette responsabilité terrible qui faisait reculer tant de monde.

Cet homme, c'était Baude.

Il se fit secrétaire d'un gouvernement qui n'existait pas.

Il multiplia les ordres, les proclamations, les décrets. Ordres, proclamations et décrets étaient signés: BAUDE, *secrétaire du gouvernement provisoire*.

Nous avons dit qu'il était entré à l'hôtel de ville à neuf heures.

A onze heures, la caisse municipale était vérifiée; elle contenait cinq millions.

A onze heures, les syndics de la boulangerie étaient convoqués, et déclaraient, sous leur responsabilité, que Paris était approvisionné pour un mois.

Enfin, à onze heures, une commission chargée de correspondre avec l'hôtel de ville était établie dans chacun des douze arrondissements de Paris.

Cinq ou six patriotes dévoués entouraient Baude, et suffisaient à tout.

Étienne Arago était de ceux-là.

Aussitôt rendus, ordres, décrets, proclamations, étaient placés entre la baguette et le canon de son fusil, et portés par lui au *National*. La route qu'il suivait était la rue de la Vannerie, le marché des Innocents, la rue Montmartre.

A partir de dix heures du matin, pas un obstacle n'entrava sa route. — D'après l'ordre du maréchal Marmont, toutes les troupes se concentraient autour des Tuileries.

Au moment où Étienne portait la proclamation annonçant la déchéance des Bourbons, toujours signée: BAUDE, *secrétaire du gouvernement provisoire*, il rencontra au marché des Innocents un ancien acteur nommé Charlet, lequel précédait une foule immense encombrant toute la place.

Les deux principaux personnages de cette foule, ceux qui paraissaient la conduire ou être conduits par elle, étaient un homme en habit de capitaine et un homme en habit de général.

L'homme en habit de capitaine, c'était Évariste Dumoulin, le rédacteur du *Constitutionnel* dont j'ai parlé à propos de madame Valmonzey et de *Christine*.

L'homme en habit de général, c'était le général Dubourg.

Qu'était-ce que le général Dubourg? Nul ne le savait. D'où sortait le général Dubourg? De chez un fripier qui lui avait prêté, loué ou vendu son habit de général.

Les épaulettes manquaient; c'était un accessoire assez important pour ne pas être négligé.

Charlet, l'acteur, alla prendre une paire d'épaulettes au magasin de costumes de l'Opéra-Comique, et les apporta au général.

Celui-ci était au complet: il se mit en route.

— Qu'est-ce que c'est que tout ce monde? demanda Étienne à Charlet.

— C'est le cortége du général Dubourg, qui se rend à l'hôtel de ville.

— Mais qu'est-ce que le général Dubourg?

— Le général Dubourg? dit Charlet. C'est le général Dubourg, quoi!

En effet, l'explication était suffisante.

La veille, à la mairie des Petits-Pères, le général Dubourg s'était présenté devant Higonnet et Degousée.

— Messieurs, avait-il demandé, avez-vous besoin d'un général?

— D'un général? avait répondu Degousée. Dans les moments de révolution, il suffit d'un tailleur pour en faire un; tant qu'il y aura des tailleurs, on ne manquera pas de généraux.

Le général avait retenu le mot; seulement, au lieu d'un tailleur, il avait pris un fripier. C'était à la fois plus économique et plus expéditif.

Et puis, à un général de fortune, il fallait bien un habit de hasard!

On a vu que le général et l'habit s'en allaient l'un portant l'autre à l'hôtel de ville.

C'est le propre des cortéges de marcher lentement; celui-ci ne dérogeait point aux habitudes. Étienne eut le temps d'aller remettre sa dépêche au *National*, et, en se pressant un peu, d'être de retour à l'hôtel de ville avant que le général Dubourg y eût fait son entrée.

— Baude, dit-il, savez-vous ce qui nous arrive?
— Non.
— Un général!
— Quel général?
— Le général Dubourg... Connaissez-vous cela?
— Ni d'Ève ni d'Adam!... Est-il en uniforme?
— Oui.
— Un uniforme fera très-bien! Va pour le général Dubourg! Nous le mettrons dans un arrière-cabinet, et nous le montrerons suivant les besoins.

Le général Dubourg entra aux cris de « Vive le général Dubourg! »

On le conduisit dans l'arrière-cabinet désigné par Baude. Quand il fut là :

— Que désirez-vous, général? lui demanda-t-on.

— Un morceau de pain et un pot de chambre, répondit le général. Je meurs de faim et d'envie de pisser!

On lui donna ce qu'il réclamait.

Tandis qu'il dévorait son morceau de pain, Baude lui apporta deux proclamations à signer.

Il signa l'une sans difficulté, mais refusa de signer l'autre. Baude la prit et signa, en haussant les épaules: BAUDE, *secrétaire du gouvernement provisoire*.

Pauvre gouvernement provisoire! il eût été curieux de voir comment il s'en fût tiré si Charles X était rentré dans Paris.

Arago était en route pour porter ces deux proclamations, lorsqu'il rencontra, vers la pointe Saint-Eustache, une nouvelle troupe qui allait attaquer le Louvre.

Il n'y put pas tenir.

— Bah! dit-il, les proclamations attendront. Allons au plus pressé.

Et il alla au Louvre.

Le Louvre pris, il porta ses proclamations au *National*, et y annonça la victoire du peuple.

C'était là que le général la Fayette l'avait vu avec une cocarde tricolore, et s'était inquiété de son audace.

Lorsque Étienne sut que le général se rendait à l'hôtel de ville, il fit pour lui ce qu'il avait fait pour le général Dubourg; c'est-à-dire que, de même qu'il avait couru à l'hôtel de ville annoncer à Baude l'arrivée du général Dubourg, il courut à l'hôtel de ville annoncer au général Dubourg l'arrivée de la Fayette.

Il faut rendre cette justice au général Dubourg, qu'il n'essaya pas même de disputer la place au nouvel arrivant, quoique celui-ci arrivât le dernier.

Il vint le recevoir sur le perron en s'inclinant avec respect et en disant :

— A tout seigneur, tout honneur !

Pendant cinq heures, il avait été maître de Paris; pendant deux heures, son nom avait été dans toutes les bouches.

Il devait reparaître une seconde fois pour être chassé de l'hôtel de ville, une troisième fois pour manquer d'y être assassiné.

En arrivant, il avait fait amener le pavillon tricolore, et envoyé chercher un tapissier.

Le tapissier venu :

— Monsieur, lui dit le général, il me faut un drapeau.

— De quelle couleur? demanda le tapissier.

— Noir ! répondit le général ; le noir sera la couleur de la France, jusqu'au moment où elle aura reconquis sa liberté !

Et, dix minutes après, le drapeau noir flottait sur l'hôtel de ville.

CLII

Le général la Fayette à l'hôtel de ville. — Charras et ses hommes. — Les prunes de Monsieur. — La commission municipale. — Son premier acte. — La caisse de Casimir Périer. — Le général Gérard. — Le duc de Choiseul. — Ce qui se passait à Saint-Cloud. — Les trois négociateurs. — Il est trop tard. — M. d'Argout chez Laffitte.

Une fois le général la Fayette installé à l'hôtel de ville, l'hôtel de ville se trouva aussi peuplé qu'il avait été désert jusque-là.

Au milieu des cris de joie, des clameurs d'enthousiasme et des hurlements de triomphe, le pauvre général ne savait à qui entendre.

Hommes du peuple, étudiants, élèves de l'École polytechnique, chacun arrivait apportant sa nouvelle.

Le général disait :

— Très-bien ! très-bien !

Et il embrassait le messager, qui se précipitait tout joyeux par les degrés, en criant :

— Le général la Fayette m'a embrassé !... Vive le général la Fayette !

Charras arriva à son tour avec ses cent ou cent cinquante hommes.

— Général, dit-il, me voici.

— Ah ! c'est vous, mon jeune ami, dit la Fayette. Soyez le bienvenu.

Et il l'embrassa.

— Oui, général, c'est moi, dit Charras ; mais je ne suis pas seul.

— Avec qui êtes-vous ?

— Avec mes cent cinquante hommes.

— Et qu'ont-ils fait, vos cent cinquante hommes ?

— Les cent dix-neuf coups, général ! Ils ont pris la prison Montaigu, la caserne de l'Estrapade et celle de la rue de Babylone.

— Bravo !

— Oui, c'est très-bien, bravo !... Mais, maintenant qu'ils n'ont plus rien à prendre, que faut-il que j'en fasse ?

— Eh bien, mais dites-leur de rentrer tranquillement chez eux.

Charras se mit à rire.

— Chez eux ? Vous n'y pensez pas, général !

— Si vraiment ; ils doivent être fatigués après la besogne qu'ils ont faite.

— Mais, général, les trois quarts de ces braves gens n'ont pas de chez eux, et l'autre quart, en rentrant chez lui, ne trouvera ni un morceau de pain ni un sou pour en acheter,

— Ah ! diable ! c'est différent, dit le général. Alors, qu'on leur donne cent sous par tête.

Charras transmit à ses hommes la proposition du général.

— Ah çà ! dirent-ils, est-ce qu'il croit que nous nous sommes battus pour de l'argent ?

Baude ordonna une distribution de pain et de viande. La distribution fut faite, et Charras campa avec sa troupe sur la place de l'hôtel de ville.

La tasse de chocolat et la bouteille de vin de Bordeaux de madame Guyet-Desfontaines étaient bien loin. J'éprouvais d'une façon presque aussi irrésistible que le général Dubourg en arrivant à l'hôtel de ville le besoin d'un morceau de pain. J'entrai chez un marchand de vins qui fait le coin de la place de Grève et du quai Pelletier ; je demandai à dîner. Sa maison était criblée de balles, et il était devenu propriétaire d'un joli boulet de huit, et de cinq ou six charmants biscaïens.

Il comptait en faire son enseigne future en les incrustant au-dessus de sa porte, et en écrivant au-dessous de cette collection :

AUX PRUNES DE MONSIEUR.

On sait que le comte d'Artois, comme tous les frères cadets des rois de France, s'appelait Monsieur avant de s'appeler Charles X.

J'affermis mon marchand de vins dans cette heureuse idée, et, en le caressant avec adresse, je finis par obtenir de lui une bouteille de vin, un morceau de pain et un saucisson.

J'étais résolu à ne pas perdre de vue l'hôtel de ville et à garder note de tout ce qui s'y passerait.

Je trouvais que les révolutions avaient un côté prodigieusement récréatif ; — qu'on me le pardonne : c'était la première que je voyais. Maintenant que je suis à la troisième, j'avoue que je trouve cela moins drôle.

Seulement, comme nous avons, dans ces humbles Mémoires, beaucoup de choses à raconter que ne racontera pas cette grande bégueule qu'on nomme l'histoire, et que, par conséquent, nous n'avons pas de temps à perdre, disons, d'un côté, ce qui se passait à Saint-Cloud, et, de l'autre, ce qui se passait chez M. Laffitte, tandis qu'en buvant ma bouteille de vin, je mangeais mon pain et mon saucisson dans le cabaret des *Prunes de Monsieur*, et que le général la Fayette s'installait dans son fauteuil dictatorial de l'hôtel de ville, embrassait Charras, et envoyait les hommes de celui-ci se coucher, vu le besoin qu'ils devaient avoir de repos.

Commençons par l'hôtel Laffitte.

A peine la Fayette avait-il quitté le salon pour prendre la dictature de Paris, que l'on s'était épouvanté de laisser vingt-quatre heures à la tête des affaires le héros du champ de la fédération, et que l'on s'occupait de trouver un moyen efficace pour contre-balancer sa puissance. On nomma le général Gérard *directeur des opérations actives;* — c'était une fonction inconnue et inventée pour la circonstance; — il devait être appuyé d'une commission municipale composée de MM. Casimir Périer, Laffitte, Odier, Lobau, Audry de Puyraveau et Mauguin.

Mais c'était par trop hardi pour M. Odier que de faire partie d'une commission municipale; il refusa.

M. de Schonen fut nommé à sa place.

On prit le prétexte de la foulure de M. Laffitte pour établir la commission chez lui.

Ainsi on se trouva tout organisé pour combattre les entraînements révolutionnaires du général la Fayette.

Voilà donc la bourgeoisie à l'œuvre et commençant, le jour même du triomphe populaire, son travail de réaction.

Reconnaissez-vous, abordez-vous avec des cris de joie, embrassez-vous, hommes des faubourgs, jeunes gens des écoles, étudiants, poëtes, artistes! Levez les bras au ciel, remerciez Dieu, criez hosannah! vos morts ne sont pas sous terre, vos blessures ne sont pas pansées, vos lèvres sont encore noires de poudre, vos cœurs battent encore joyeusement se croyant libres, et déjà les hommes d'intrigue, les hommes de finance, les hommes à uniforme, tout ce qui se cachait, tremblait, priait pendant que vous combattiez, tout cela vous vient impudemment prendre des mains la victoire et la liberté, arrache les palmes de l'une, coupe les ailes de l'autre, et fait deux prostituées de vos deux chastes déesses!

Tandis que vous fusillez, place du Louvre, un homme qui a pris un vase de vermeil; tandis que vous fusillez sous un arche du pont d'Arcole, un homme qui a pris un couvert d'argent, on vous insulte, on vous calomnie, on vous déshonore là-bas dans ce grand et bel hôtel que, par une souscription nationale, vous rachèterez un jour, — enfants sans mémoire et au cœur d'or ! — pour en faire don à son propriétaire, qui se trouve ruiné, n'ayant plus que quatre cent mille francs de rente !

Écoutez et instruisez-vous! — *Audite et intelligite!*

Voici le premier acte de cette commission municipale qui vient de s'instituer :

« Les députés présents à Paris ont dû se réunir pour remédier aux graves dangers *qui menacent la sûreté des personnes et des propriétés*. Une commission municipale a été nommée pour veiller aux intérêts de tous en l'absence de toute organisation régulière... »

Prenez garde, messieurs les royalistes, il y a un édit du bon roi saint Louis qui ordonne de percer avec un fer rouge la langue des blasphémateurs!

Cette commission devait avoir un secrétaire à l'hôtel de ville ; ce secrétaire, ce fut Odilon Barrot.

Il est vrai qu'en même temps que la commission signait cet injurieux arrêté, on venait lui annoncer que la moitié des combattants mourait de faim sur les places publiques, et demandait du pain.

On se tourna d'un mouvement unanime vers M. Casimir Périer, le même qui proposait, la veille, d'offrir quatre millions au duc de Raguse.

— Ah! messieurs, répondit-il, j'en suis vraiment désespéré pour ces pauvres diables, mais il est plus de quatre heures, et ma caisse est fermée.

Voilà l'homme qui a été ministre, et qui a gouverné le peuple français! voilà l'homme dont les fils ont été ambassadeurs, et ont représenté le peuple français!

A cinq heures, le général Gérard daigna se montrer à la foule.

Il avait encore la cocarde blanche à son chapeau.

Cette cocarde excita des murmures, et force fut au général de l'ôter; mais aucune instance ne put le déterminer à mettre la cocarde tricolore.

Au moment où le général Gérard sortait de l'hôtel Laffitte, le duc de Choiseul y entrait; de jaune qu'il était ordinairement, le pauvre duc était devenu vert.

Il y avait bien de quoi. Depuis le matin, il faisait partie du gouvernement provisoire; depuis le matin, il signait des proclamations; depuis le matin, il rendait des décrets!

Tant qu'on s'était battu dans les rues, le duc de Choiseul n'avait point osé sortir; il avait bien peur d'être compromis, mais il avait encore plus peur d'être tué. La fusillade éteinte, M. de Choiseul avait entr'ouvert ses contrevents, il avait vu tout le monde dans les rues, la ville en joie : il avait descendu marche à marche ses escaliers couverts de tapis, il avait hasardé un pied hors de son hôtel; puis, enfin, il s'était risqué à pousser jusque chez M. Laffitte:

Qu'y venait-il faire? Pardieu! ce n'est pas difficile à deviner : il venait protester contre l'abominable faussaire qui avait abusé de son nom, et qui surtout avait assez peu respecté ce nom pour l'accoler à celui de M. Motié de la Fayette!

C'est vrai, M. de Choiseul; quoique d'une bonne maison d'Auvergne, M. Motié de la Fayette ne descendait pas de Raymond III, comte de Langres, et d'Alix de Dreux, petite-fille de Louis le Gros; mais je ne sache pas non plus qu'il ait eu des ancêtres accusés d'avoir, à l'instigation de l'Autriche, empoisonné un dauphin de France.

Cela, il me semble, aurait dû faire compensation, et vous inspirer, monsieur le duc, quelque considération pour ce pauvre gentilhomme et pour sa famille.

Maintenant que nous avons vu ce qui se passait à l'hôtel Laffitte, voyons ce qui se passait à Saint-Cloud.

On était furieux contre le duc de Raguse; on ne se contentait pas de dire qu'il avait mal défendu Paris, on disait qu'il avait trahi.

Fatale destinée que celle de cet homme, accusé par tous les partis, même par celui auquel il se sacrifie!

Le dauphin s'était fait substituer à son commandement. C'était un grand général, comme on sait, que M. le dauphin! N'avait-il pas fait la conquête de l'Espagne, dans laquelle avait échoué cet heureux casse-cou qu'on appelait Napoléon?

Il avait surtout beaucoup d'à-propos dans ses reparties. Il vint recevoir les troupes au bois de Boulogne, et, s'approchant d'un capitaine :

— Combien avez-vous perdu d'hommes, capitaine? demanda-t-il; combien avez-vous perdu d'hommes?

Le dauphin avait l'habitude de répéter deux fois ses phrases.

— Beaucoup, monseigneur! répondit en pleurant l'officier.

— Il vous en reste bien assez! il vous en reste bien assez! dit Son Altesse avec ce bonheur d'à-propos qui la caractérisait.

Les troupes continuèrent leur retraite et arrivèrent à Saint-Cloud écrasées de fatigue, brisées de chaleur, mourant de faim.

On ne les attendait pas, et il n'y avait rien de préparé pour elles.

Le duc de Bordeaux dînait; M. de Damas fit porter aux soldats des plats de la table du prince.

L'enfant prenait les plats et les passait lui-même aux domestiques.

L'heure prédite par Barras était venue; seulement, le pauvre enfant royal ne savait d'autre métier que celui de prince; — mauvais métier de nos jours, n'est-ce pas, Sa Majesté Napoléon II? n'est-ce pas, Son Altesse le duc de Bordeaux? n'est-ce pas, monseigneur le comte de Paris?...

Cependant, la négociation du docteur Thibaut avait produit

son effet; tandis que le général Gérard gardait jusqu'au 29 juillet, à cinq heures et demie du soir, la cocarde blanche, M. de Mortemart arrivait à Saint-Cloud, la veille, à sept heures du soir.

Charles X l'avait assez mal reçu; Charles X ne l'aimait pas; en effet, M. de Mortemart était un de ces royalistes avariés, entachés de républicanisme, comme les la Fayette, comme les Lameth, comme les Broglie.

M. de Mortemart avait voulu pousser le roi à des concessions; mais celui-ci, avec une vigueur qui, vingt-quatre heures après, devait se démentir, avait répondu :

— Pas de concessions, monsieur! J'ai vu les événements de 1789, et je n'en ai rien oublié... Je ne veux pas, comme mon frère, monter en charrette; je veux monter à cheval (1)!

Par malheur pour cette belle résolution, dès le lendemain matin, les affaires de Paris avaient changé d'aspect. Ce fut alors Charles X qui pressa M. de Mortemart d'accepter le ministère, et M. de Mortemart qui à son tour s'en défendit.

Il comprenait que l'heure où l'apparition d'un ministère mixte eût fait son effet était déjà passée.

Il prétexta une fièvre intermittente rapportée des bords du Danube.

Mais Charles X en était déjà à ce point où les rois, n'essayant même plus de cacher leurs craintes, poussent le cri de détresse.

— Eh! monsieur le duc, s'écria le vieux prince, vous refusez donc de sauver ma vie et celle de mes ministres? Ce n'est pas d'un bon serviteur, ce que vous faites là, monsieur!

Le duc s'inclina.

— Sire, dit-il, s'il en est ainsi, j'accepte!

— Bien... Merci, répondit le roi.

Puis, tout bas :

— Maintenant, reste à savoir s'ils se contenteront de vous...

La violence qu'on imposait au vieux roi se faisait jour,

---

(1) Voir l'*Histoire de dix ans,* par Louis Blanc.

tant elle était amère, même en face de l'homme qui croyait se sacrifier pour lui.

Dans une salle voisine, attendaient trois autres personnages politiques; — c'est ainsi qu'on appelle, dans notre langue polie, ces pairs, ces députés, ces sénateurs, ces magistrats, ces conseillers qui prêtent serment à toutes les monarchies, et qui les défendent si bien, que, depuis quarante ans, ils en ont laissé glisser quatre entre leurs mains !

Ces personnages politiques, c'était M. de Vitrolles, celui que cherchait le docteur Thibaut, dès le soir du 27 juillet, pour lui remettre la combinaison Mortemart et Gérard; c'était M. de Sémonville, l'homme aux drapeaux apocryphes, de qui M. de Talleyrand disait en le voyant maigrir : « Quel intérêt peut-il avoir à cela? » c'était M. d'Argout, qui, en 1848, devint si républicain, qu'il renvoya de ses bureaux, où il avait obtenu une petite place de trois à quatre mille francs, mon cher et bon ami Lassagne, qu'il reconnaissait pour avoir été le secrétaire du roi Louis-Philippe.

O sainte pudeur ! comme disait Brutus.

Pendant qu'ils attendaient, M. de Polignac entra.

Le prince devina aussitôt ce que venaient faire les trois négociateurs, dont deux étaient de ses amis.

Ils venaient demander sa déchéance.

Il y avait de la grandeur dans le prince de Polignac; un autre eût tâché de les empêcher de voir le roi; lui les introduisit à l'instant même dans le cabinet de Charles X. Peut-être aussi comptait-il sur la répugnance bien connue que Charles X avait pour M. d'Argout.

Le roi venait d'arrêter le ministère Mortemart. Il reçut ces messieurs, qui exposèrent le sujet de leur mission. Charles X ne les laissa pas achever; et, avec un geste à la fois plein d'amertume et de noblesse :

— Messieurs, dit-il, allez dire aux Parisiens que le roi révoque les ordonnances.

Ces messieurs laissèrent échapper leur joie dans un murmure de satisfaction.

— Mais, ajouta le roi, laissez-moi vous dire en même temps

que je crois cette révocation fatale, non-seulement aux intérêts de la monarchie, mais encore à ceux de la France.

Les intérêts de la monarchie et ceux de la France ! De quoi diable Charles X parlait-il donc à ces messieurs ? Que leur importaient les intérêts de la monarchie et ceux de la France, quand il s'agissait de leurs intérêts, à eux !

Ils montèrent en calèche, et repartirent au galop.

Sur la route, on rencontra Paris armé, qui débordait des maisons dans les rues, des rues hors de la ville.

M. de Sémonville criait à tous ces hommes aux bras nus et aux chemises sanglantes :

— Mes amis, le roi révoque les ordonnances ; les ministres sont f.....!

M. de Sémonville croyait parler la langue du peuple, il ne parlait que le patois de la canaille.

M. de Vitrolles distribuait des poignées de main.

Si ces hommes qui rendaient à M. de Vitrolles ses poignées de main avaient su son nom, comme, au lieu de lui serrer la main, ils lui eussent serré le cou !

Sur les quais, les négociateurs furent obligés de quitter leur calèche : les barricades commençaient, et, avec elles, l'égalité de la locomotion.

On arriva à l'hôtel de ville. En montant le perron, on se croisa avec Marrast, qui, reconnaissant les trois négociateurs, s'arrêta pour les regarder.

M. de Sémonville, lui, ne connaissait pas Marrast ; mais, voyant un jeune homme élégant au milieu de toute cette foule tant soit peu déguenillée, il s'adressa à lui.

— *Jeune homme,* lui demanda-t-il, peut-on parler au général la Fayette ?

Il n'osait pas dire *monsieur*, et ne voulait pas dire *citoyen*.

Marrast lui indiqua le chemin.

Ces messieurs furent introduits devant la commission municipale. Ils allaient commencer l'exposé de leur mission sans qu'on songeât à prévenir le général la Fayette, qu'ils étaient venus chercher.

Cela eût peut-être fait l'affaire de quelques membres de la

commission municipale, que la Fayette ne fût point là; mais M. de Schonen et Audry de Puyraveau, les plus compromis et les plus ardents des membres de cette commission municipale, l'envoyèrent chercher.

On annonça le ministère Mortemart et Gérard.

— Mais, messieurs, dit Mauguin, deux ministres ne font pas un ministère.

— Le roi, dit M. de Sémonville, leur adjoindrait volontiers M. Casimir Périer.

Et il se tourna avec un sourire gracieux vers le banquier, qui pâlit horriblement.

En ce moment même, Casimir Périer reçut une lettre, et la lut.

Tous les yeux étaient fixés sur lui. Il fit un signe de tête qui contenait à peu de chose près un refus.

Il y eut un moment de silence et d'hésitation ; c'était à qui ne répondrait pas, car on sentait l'importance de la réponse.

Alors, au milieu de ce silence, M. de Schonen se leva et fit, d'une voix ferme, entendre ces terribles paroles :

— Il est trop tard!... Le trône de Charles X s'est écroulé dans le sang!...

Dix-huit ans après, ces mêmes paroles, répétées à la tribune par M. de Lamartine, et adressées à leur tour aux envoyés du roi Louis-Philippe, devaient précipiter du trône la branche cadette, comme elles en avaient précipité la branche aînée.

Les négociateurs voulurent insister.

— Allons! allons! dit Audry de Puyraveau, assez comme cela, messieurs, ou je fais monter le peuple, et nous verrons ce qu'il veut!

Les députés se retirèrent ; mais, sortant par une autre porte, M. Casimir Périer les joignit dans les escaliers.

— Allez trouver M. Laffitte, leur dit-il en passant; il y a peut-être quelque chose à faire de ce côté-là.

Et il disparut.

Voulait-il rattacher les négociations au duc d'Orléans, ou voulait-il ne pas se détacher entièrement du roi Charles X?

M. de Sémonville secoua la tête, et se retira.

Aller trouver M. Laffitte, un simple homme de finances, pouah! Passe encore pour la Fayette; c'était un révolutionnaire, mais un révolutionnaire de bonne maison qui, dans sa jeunesse, avait porté de la poudre, des talons rouges et baisé, à l'Œil-de-bœuf, la main de la reine.

A la vérité, c'était dans une terrible matinée qu'il avait joui de ce dernier honneur, c'était dans la matinée du 6 octobre!

M. Laffitte n'était qu'un prolétaire de mérite grandi par ses œuvres, noble par son caractère; on ne pouvait pas négocier les intérêts du descendant de saint Louis avec un pareil croquant!

MM. de Vitrolles et d'Argout ne furent pas aussi fiers que M. de Sémonville.

Casimir Périer leur donna un laissez-passer, afin que, sans être inquiétés, ils pussent se rendre chez Laffitte.

M. d'Argout, qui n'était qu'impopulaire, continua de s'appeler M. d'Argout; mais M. de Vitrolles, qui était exécré, s'appela M. Arnoult.

A la porte, le courage manqua à M. de Vitrolles: il poussa M. d'Argout dans le salon, et resta dans une espèce de vestibule.

M. Laffitte attendait Oudard, parti depuis cinq heures; Oudard ne revenait pas.

Au bruit de la porte qui s'ouvrait, il leva les yeux.

Ce n'était pas encore Oudard, mais c'était M. d'Argout.

M. d'Argout entra — que cela fût réel ou affecté — avec l'aplomb d'un homme qui croit apporter une nouvelle conciliant tous les intérêts.

— Eh bien, cher collègue, dit-il, je viens vous annoncer deux excellentes choses.

— Bah! répondit Laffitte avec cette bonhomie moqueuse qui lui était particulière, et qu'il semblait avoir empruntée, ainsi qu'une partie de son esprit, à son ami Béranger, — et lesquelles?

— Les ordonnances sont retirées, dit M. d'Argout.

— Ah! fit indifféremment Laffitte.

— Et nous avons de nouveaux ministres.

— Ah! répéta le banquier sans même demander leurs noms.

— Voilà comme vous accueillez ces deux nouvelles! dit M. d'Argout un peu désappointé.

— Sans doute.

— Mais d'où vous vient cette froideur?

— De ce qu'elles sont maintenant sans importance.

— Sans importance!... maintenant! répéta M. d'Argout.

— Oui, dit Laffitte; vous êtes en retard de vingt-quatre heures, mon cher collègue.

— Il me semble que les intérêts sont les mêmes...

— C'est possible!... seulement, depuis vingt-quatre heures, les situations sont changées!...

En ce moment, la porte du salon s'ouvrit de nouveau.

Ce n'était pas un négociateur, cette fois : c'était un homme du peuple.

Il était en blouse; il avait la barbe longue, la tête enveloppée d'un mouchoir ensanglanté; il tenait un fusil à la main.

— Pardon, monsieur Laffitte, dit-il en faisant résonner la crosse de son fusil sur le parquet, mais le bruit se répand que l'on négocie chez vous avec Charles X...

— Oui, dit Laffitte, et vous ne voulez point de négociations, n'est-ce pas, mon ami?

— Plus de Bourbons! plus de jésuites! cria-t-on dans les antichambres.

Le cri se propagea jusque dans la rue.

— Vous voyez et vous entendez? dit M. Laffitte.

— Ainsi vous n'écoutez rien?

— Votre démarche est-elle officielle?

M. d'Argout hésita.

— Je dois avouer, répondit-il, qu'elle n'est qu'officieuse.

— Vous voyez bien que je ne puis vous répondre, puisque ma réponse ne mènerait à rien!

— Mais, enfin, dit M. d'Argout voulant tâter la situation par tous les côtés, si je revenais avec un caractère officiel?

— Ah ! dit M. Laffitte, alors comme alors !

M. d'Argout secoua la tête et se retira.

— Eh bien ? lui demanda M. de Vitrolles.

— Tout est perdu, mon cher baron ! répondit en poussant un soupir le futur directeur de la Banque.

— Mais si, cependant, on tentait un dernier effort en poussant M. de Mortemart sur Paris ?

— Dame ! dans un cas désespéré, tous les moyens sont bons.

— A Saint-Cloud, alors.

— A Saint-Cloud !

— Diable d'Oudard ! murmurait, pendant ce temps, Laffitte impatienté ; il est bien long à m'apporter la réponse de son duc !

— C'est, répondit Béranger, que son duc est peut-être un peu long à la lui donner...

CLIII

Alexandre de la Borde. — Odilon Barrot. — Le colonel Dumoulin. — Hippolyte Bonnelier. — Mon cabinet. — Une note de la main d'Oudard. — Le duc de Chartres est arrêté à Montrouge. — Quel danger il court, et comment il en est sauvé. — Je me propose pour aller chercher de la poudre à Soissons. — J'obtiens ma commission du général Gérard. — La Fayette me rédige une proclamation. — Le peintre Bard. — M. Thiers se retrouve.

Cela se passait juste au moment où j'achevais mon repas au cabaret des *Prunes de Monsieur*. Je traversai toute cette multitude campée sur la place de l'Hôtel-de-Ville, se reposant tranquillement et gaiement, sans se douter que les cyclopes politiques s'étaient remis à l'œuvre, et — comme dirait, dans un élan d'éloquence, M. Odilon Barrot à la tribune, s'il y avait encore une tribune, — de sa chaîne brisée lui reforgeaient une autre chaîne.

En même temps que j'entrais dans la grande salle de l'hôtel

de ville, Alexandre de la Borde y entrait de son côté. Quelques-uns de ces hommes qui crient toujours quelque chose criaient : « Vive le préfet de la Seine ! »

Odilon Barrot, dont le nom vient justement de se glisser sous ma plume à propos d'éloquence parlementaire, écrivait à une table; il était habillé en garde national.

Il leva la tête, s'étonnant que l'ancien préfet de la Seine, M. de Chabrol de Volvic, pût exciter un pareil enthousiasme.

Il reconnut Alexandre de la Borde, et fit un mouvement de surprise.

— Eh bien, oui, c'est moi, dit l'auteur de l'*Itinéraire en Espagne* avec une naïveté toute spirituelle et surtout toute juvénile qui était un des caractères saillants de sa personnalité; on vient de me nommer préfet de la Seine.

— Vous?

— Oui, moi.

— Et qui vous a nommé préfet de la Seine?

— Est-ce que je sais?... Un monsieur qui a un chapeau à plumes, un grand sabre et une longue écharpe.

Ce monsieur, c'était le colonel Dumoulin, qui reparaît si exactement à toutes les révolutions avec ce même chapeau à plumes, ce même sabre et cette même écharpe, que je commence à croire que c'est lui qui leur porte malheur.

Odilon Barrot haussa les épaules.

— Vous, dit-il, vous serez de la commune de Paris, comme nous...

Et, à voix basse, il ajouta :

— Et encore !

Il fallait pour entendre ces deux derniers mots, être appuyé, ainsi que je l'étais, sur le dossier de son fauteuil.

Je regardais de là un autre secrétaire qui venait de s'établir en face de lui, comme un pouvoir rival.

C'était M. Hippolyte Bonnelier, secrétaire de la Fayette; il faisait, en effet, pendant à Odilon Barrot, secrétaire de la commission municipale.

Je n'oublierai jamais l'étrange façon dont M. Hippolyte Bonnelier était armé.

Il portait en sautoir une poire à poudre suspendue par un ruban rouge.

Dans sa ceinture était passé un petit poignard de quatre pouces de long.

Chargeait-il son poignard avec sa poire à poudre, ou bourrait-il sa poire à poudre avec son poignard ! C'est un problème que je n'ai jamais pu résoudre.

— J'ai abattu dix-huit arbres sur le boulevard ! disait-il à Étienne Arago.

— Avec votre poignard ? demanda Étienne en riant.

— Non, répondit Bonnelier en riant à son tour, je veux dire que je les ai marqués avec mon poignard, et que le peuple les a abattus.

En attendant, il était secrétaire de la Fayette.

Ce fut par lui que j'appris ce qui venait de se passer entre MM. de Vitrolles, de Sémonville, d'Argout et la commission municipale.

La situation devenait de plus en plus intéressante. Je me doutais bien qu'Oudard était allé à Neuilly ; je croyais que la réponse ne se ferait pas attendre ; je résolus de passer la nuit à l'hôtel de ville.

J'eus recours à la protection de Bonnelier, qui me fit ouvrir une espèce de cabinet dans lequel il y avait un bureau d'acajou et des fauteuils de velours vert.

Sur la cheminée étaient des candélabres à cinq branches non garnis de leur luminaire.

Il paraît que c'était un grand économiste pratique, que M. de Chabrol, qui avait cinq millions dans ses coffres, et pas de bougies dans ses candélabres.

Je commençai par mettre dans ma poche la clef du cabinet ; je descendis, j'achetai cinq bougies, je remontai, je pris sur la table de Bonnelier papier et crayon ; je le priai, s'il arrivait quelque nouvelle de Neuilly, de me la communiquer, ce qu'il me promit ; je rentrai dans mon cabinet, je garnis mes candélabres, j'allumai deux bougies, et je commençai à prendre des notes sur ce que j'avais vu dans la journée.

Mais je n'avais pas écrit quatre lignes, que je sentis mes yeux qui se fermaient malgré moi.

Je n'avais aucune raison pour lutter contre le sommeil; je tombais de fatigue; j'arrangeai deux fauteuils en manière de lit de camp, et je m'endormis malgré le vacarme horrible qui se faisait autour de moi, sous moi et au-dessus de moi.

Je me réveillai qu'il faisait grand jour.

A part quelques coups de fusil et deux ou trois alertes, la nuit avait été parfaitement tranquille.

Je me regardai dans une glace, et compris le besoin que j'avais de rentrer chez moi.

Je n'avais pas changé de linge depuis trois jours; je n'avais pas fait ma barbe depuis deux; j'avais le visage couvert de coups de soleil, et la moitié des boutons de ma veste de coutil détachés par la pesanteur des balles qui la tiraient d'un côté; enfin, une de mes guêtres et un de mes souliers étaient couverts du sang du pauvre diable que j'avais aidé à se soulever jusqu'à la fontaine de l'Institut.

Je sortis de mon cabinet, et je trouvai Bonnelier à son poste.

Il me fit signe qu'il avait quelque chose à me montrer.

J'allai à lui; il me glissa un papier dans la main.

— Prenez une copie de cela, si vous voulez, me dit-il; mais surtout n'égarez pas ma copie!

— Qu'est-ce que ce papier?

— Neuilly, trois heures et un quart du matin... Oudard, messager... Rubrique Laffitte.

— Bon!

Je pris une plume, et je copiai mot pour mot la note suivante. Seule, cette note serait déjà une curiosité; mais, mise en pendant de la lettre qu'on lira plus tard, elle s'élève à la hauteur d'une pièce historique, comme ces meubles qui, reconnus authentiques, passent d'un magasin de bric-à-brac à un musée.

Voici la note :

« Le duc d'Orléans est à Neuilly avec toute sa famille. Près de lui, à Puteaux, sont les troupes royales. Il suffirait d'un ordre émané de la cour pour l'enlever à la nation, qui peut trouver en lui un gage puissant de la sécurité future.

» On propose de se rendre chez lui au nom des autorités constituées, convenablement accompagnées, et de lui offrir la couronne. S'il oppose des scrupules de famille ou de délicatesse, on lui dira que son séjour à Paris importe à la tranquillité de la capitale de la France, et qu'on est obligé de le mettre en lieu de sûreté. On peut compter sur l'infaillibilité de cette mesure ; on peut être certain, en outre, que le duc d'Orléans ne tardera pas à s'associer pleinement aux vœux de la nation. »

La note originale était de la main d'Oudard.

Chose étrange ! Tandis que le père préparait ainsi sa royauté, le fils courait danger de mort.

Voici ce qui arrivait :

Bohain et Nestor Roqueplan attendaient Étienne Arago à déjeuner chez Gobillard, place de la Bourse. En se rendant du *National* au café, Arago rencontra le domestique de Bohain qui cherchait son maître.

— Ah ! monsieur, dit le brave garçon en apercevant Étienne, savez-vous où est monsieur ?

— Il doit être chez Gobillard, répondit Étienne ; que lui veux-tu ?

— Je veux le prévenir, de la part de M. Lhuillier, son beau-frère, que le duc de Chartres est arrêté à Montrouge.

— Qui l'a fait arrêter ?

— Mais M. Lhuillier... Il est maire du village. Il désire savoir ce qu'il doit faire du prince.

— Hein ? dit un homme assis sur le trottoir avec un fusil entre les jambes, et mangeant un morceau de pain ; ce qu'il doit en faire ? Nous allons aller le lui dire !...

Puis, se levant :

— Hé ! les amis ! cria-t-il tout haut, le duc de Chartres est arrêté à Montrouge. Que ceux qui veulent manger du prince viennent avec moi !

— Que dites-vous là, mon brave? s'écria Étienne en posant la main sur l'épaule de cet homme.

— Je dis qu'ils ont tué mon frère, et que je vais tuer le duc de Chartres aujourd'hui!

Il n'y avait pas de temps à perdre. Étienne s'élance dans le café.

— Pardieu! dit-il à Bohain, votre domestique vient de faire un beau coup!

— Qu'a-t-il donc fait?

— Il vient de répandre la nouvelle que le duc de Chartres était prisonnier de votre beau-frère, et voilà une vingtaine de gaillards qui se mettent en chemin pour l'égorger.

— Diable! firent ensemble Nestor et Bohain, ça ne peut pas aller comme cela.

— Que faire?

— Charge-toi de les conduire, dit Nestor, mets-toi à leur tête; retiens-les le plus longtemps possible; et l'un de nous ira prévenir le général la Fayette du danger que court le prince... On expédiera un homme à cheval à M. Lhuillier, et le duc de Chartres sera remis en liberté avant que toi et tes hommes soyez arrivés à Montrouge.

— Bien! dit Étienne, mais ne perdez de temps!

Puis, s'élançant à la tête d'un groupe d'une trentaine d'hommes :

— A Montrouge! cria Étienne Arago; mes amis, à Montrouge!

Chacun répéta : « A Montrouge! » et l'on partit pour la barrière du Maine, tandis que Nestor Roqueplan — autant que je puis me le rappeler, c'était Nestor — courait à la place de Grève.

Le Vaudeville se trouvait sur la route de la barrière du Maine : on traversa le jardin du Palais-Royal, puis la place, puis on enfila la rue de Chartres.

Un machiniste était sur la porte du théâtre. Arago lui fit signe de l'œil de s'approcher de lui; le machiniste comprit le signe, et s'approcha.

Arago eut l'air de recevoir de lui une confidence.

— Bon ! mes amis, dit-il, en voici bien d'une autre ! Vous ne savez pas ce que l'on m'annonce ? C'est qu'il y a une conspiration de royalistes pour venir mettre le feu au Vaudeville, attendu que c'est du Vaudeville, comme vous ne l'ignorez pas, qu'est partie l'insurrection... Commençons d'abord par visiter le théâtre, n'est-ce pas ?

Il n'y eut pas d'objection contre la visite. D'ailleurs, beaucoup de ces braves gens n'étaient pas fâchés de voir un théâtre de près ; celui qui avait provoqué le voyage de Montrouge, et qui était un tonnelier du quartier du Roule, voulut bien faire quelques objections, mais il ne fut pas écouté.

On s'arrêta donc au Vaudeville. Arago, une lanterne à la main, conduisit ses hommes du second dessous aux galeries ; il ne leur fit pas grâce d'un portant, d'un trappillon, d'un châssis.

On perdit une bonne heure à cette visite.

Puis on se remit en route pour la barrière du Maine.

Pendant ce temps, le général la Fayette était prévenu, et envoyait à Montrouge M. Comte, l'un des plus brillants élèves de l'École polytechnique, qui, depuis, a fait un excellent ouvrage sur la philosophie positive.

M. Comte était porteur d'une lettre conçue en ces termes :

« Dans un pays libre, laissez circuler chacun librement ; que M. le duc de Chartres s'en retourne à Joigny, et, à la tête de ses hussards, attende les ordres du gouvernement.

» LA FAYETTE.

» Hôtel de ville, le 30 juillet 1830. »

Lorsque j'appris le danger que courait le duc de Chartres, je voulais rentrer chez moi, faire seller mon cheval et courir à Montrouge ; mais on me fit observer qu'avant que je fusse à la rue de l'Université, M. Comte serait à Montrouge, et que mieux valait attendre les nouvelles à l'hôtel de ville.

J'attendis donc.

Les heures me parurent longues, je l'avoue, de huit heures du matin à deux heures de l'après-midi.

A deux heures, Étienne rentra couvert de sueur et de poussière.

Le duc de Chartres était sauvé.

En effet, grâce au retard du Vaudeville et à un second incident que nous allons rapporter tout à l'heure, le messager était arrivé à temps.

Le duc de Chartres avait avec lui le général Baudrand et M. de Boismilon.

M. Lhuillier fit remonter dans la voiture du prince l'aide de camp et le secrétaire, les invita à partir et à attendre le duc de Chartres à la Croix-de-Berny.

Lui se chargeait de conduire le prince sain et sauf au même endroit.

En effet, tandis qu'en calèche, le général Baudrand et M. de Boismilon sortaient par la grande porte, et prenaient la grande route, M. le duc de Chartres montait en cabriolet avec M. Lhuillier, sortait par une porte de derrière, et, par une route de traverse, regagnait le chemin de Joigny, à un quart de lieue au-dessous de l'endroit où M. Baudrand et M. de Boismilon attendaient le prince.

Une circonstance particulière avait encore servi cette fuite et la bonne volonté d'Arago. En arrivant à la barrière du Maine, les hommes avaient été arrêtés ; il y avait défense de laisser sortir de Paris aucune troupe armée.

Le premier mouvement fut de forcer l'obstacle; puis l'on consentit à parlementer avec le poste du corps de garde; puis, enfin, on fraternisa. Une partie des hommes entra dans le corps de garde même ; l'autre s'assit dans ces fossés creusés entre les arbres pour recevoir les eaux de pluie. Arago fit venir du pain et quelques bouteilles de vin, et se chargea d'aller aux nouvelles.

Une heure après, il était à Montrouge. M. le duc de Chartres venait d'en partir.

Arago prit une copie de la lettre du général la Fayette, afin de justifier de la relaxation du prince, et rapporta cette copie à ses hommes.

La nouvelle fut mal reçue par eux ; Étienne ne parvint à

les calmer qu'en leur promettant qu'il allait les ramener à l'hôtel de ville, et leur faire donner de la poudre à cœur joie.

Étienne était donc revenu dans ce double but de rapporter au général la Fayette la nouvelle de la fuite du duc de Chartres, et de faire donner de la poudre à ses hommes.

Mais on eut quelque peine à le relever de cette promesse; on avait tant gaspillé de poudre, qu'on ne savait plus où en prendre.

— Je vous donne ma parole d'honneur, disait la Fayette à Étienne, qui ne pouvait pas croire à cette pénurie de munitions, que, si Charles X revenait sur Paris, nous n'aurions pas quatre mille coups de fusil à tirer !

J'avais entendu cette réponse et je ne l'avais point laissée tomber à terre.

Lorsque Arago se fut éloigné, je m'approchai de la Fayette.

— Général, lui dis-je, ne vous ai-je pas entendu répondre tout à l'heure à Arago que vous manquiez de poudre?

— C'est la vérité, me dit le général; seulement, j'ai peut-être eu tort de l'avouer.

— Voulez-vous que j'en aille chercher, de la poudre?
— Vous?
— Sans doute, moi.
— Et où cela?
— Mais où il y en a... Soit à Soissons, soit à la Fère.
— On ne vous la donnera pas.
— Je la prendrai.
— Comment! vous la prendrez?
— Oui.
— De force?
— Pourquoi pas? On a bien pris le Louvre de force!
— Vous êtes fou, mon ami, me dit le général.
— Mais non, je ne suis pas fou, je vous jure !
— Allons, rentrez chez vous; vous êtes fatigué; vous ne pouvez plus parler... On m'a dit que vous aviez passé la nuit ici.

— Général, donnez-moi un ordre pour aller prendre de la poudre.

— Mais non, cent fois non !

— Décidément, vous ne voulez pas?

— Je ne veux pas vous faire fusiller.

— Soit ; mais vous voulez bien me donner un laissez-passer pour arriver près du général Gérard.

— Oh! quant à cela, volontiers. Monsieur Bonnelier, faites un laissez-passer pour M. Dumas.

— Bonnelier est occupé, mon général ; je vais le faire moi-même, et vous le signerez tout de suite... Vous avez raison, je vais rentrer chez moi, je suis éreinté !

Et j'allai à une table où j'écrivis un laissez-passer conçu en ces termes :

« 30 juillet 1830, à une heure.

» Laisser passez M. Alexandre Dumas près du général Gérard. »

Je présentai au général la Fayette le papier d'une main et la plume de l'autre.

Il signa.

Je tenais mon ordre.

— Merci, général, lui dis-je.

Et, comme le laissez-passer était de mon écriture, j'ajoutai après ces deux mots : « général Gérard, » la phrase suivante :

« A qui nous recommandons la proposition qu'il vient de nous faire. »

Muni de ce laissez-passer, je me rendis à l'instant même chez Laffitte, et je pénétrai jusqu'au général.

Le général m'avait vu enfant chez M. Collard ; je me nommai ; il me reconnut.

— Ah! c'est vous, monsieur Dumas! me dit-il. Eh bien, quelle est cette proposition?

— La voici, général... M. de la Fayette a dit tout à l'heure devant moi, à l'hôtel de ville, que l'on manquait de poudre, et que, si Charles X revenait sur Paris, il n'y aurait peut-être pas quatre mille coups de fusil à tirer.

— C'est vrai, et, comme vous le voyez, c'est assez inquiétant.

— Eh bien, j'ai offert au général la Fayette d'en aller prendre, de la poudre.

— Où cela?

— A Soissons.

— Comment la prendre?

— Comme on prend... Il n'y a pas deux façons de prendre, il me semble. Je demanderai poliment de la poudre.

— A qui?

— Au commandant de place, donc.

— Et s'il la refuse?

— Je la prendrai.

— Voilà où je vous attends... Encore une fois, comment la prendrez-vous?

— Ah! cela me regarde!

— Ainsi, telle est la proposition que me recommande le général la Fayette?

— Vous voyez, la phrase est précise « ... Du général Gérard, à qui nous recommandons la proposition qu'il vient de nous faire. »

— Et il n'a pas trouvé votre proposition insensée?

— Je dois dire, pour rendre hommage à la vérité, que nous l'avons discutée un instant ensemble.

— Et il ne vous a pas dit qu'il y avait vingt chances contre une pour que vous fussiez fusillé dans une pareille expédition?

— Je crois que cette opinion a, en effet, été émise par lui.

— Et, malgré cela, il m'a recommandé votre proposition?

— Je l'ai convaincu.

— Mais pourquoi ne vous a-t-il pas, alors, remis lui-même l'ordre que vous me demandez?

— Parce qu'il a prétendu, général, que les ordres à donner aux autorités militaires vous regardaient, et non pas lui.

Le général Gérard se mordit les lèvres.

— Hum! fit-il.

— Eh bien, général?

— Eh bien, c'est impossible!

— Comment, impossible?

— Je ne puis pas me compromettre au point de donner un pareil ordre.

Je le regardai en face.

— Pourquoi pas, général? lui dis-je. Je me compromets bien au point de l'exécuter, moi!

Le général tressaillit et me regarda à son tour.

— Non, dit-il, non! je ne puis pas... Adressez-vous au gouvernement provisoire.

— Ah! oui, votre gouvernement provisoire! avec cela qu'il est facile à trouver! Je l'ai cherché de tous les côtés; je me le suis fait indiquer par tout le monde, et, là où l'on m'a adressé, je n'ai jamais vu qu'une grande salle déserte, avec une table au milieu, des bouteilles de vin et de bière vides sur la table, et, dans un coin, à un bureau, une espèce de plumitif écrivant... Croyez-moi, général, puisque je tiens la réalité, ne me renvoyez pas à l'ombre, et signez-moi l'ordre en question.

— Vous le voulez absolument? me dit-il.

— Je le désire, général.

— Et vous ne vous en prendrez qu'à vous du mal qui pourra vous arriver?

— Voulez-vous que je vous donne d'avance décharge de ma personne?

— Écrivez l'ordre vous-même.

— A la condition, général, que vous voudrez bien le recopier tout entier de votre main... L'ordre aura plus de puissance étant autographe.

— Soit.

Je pris un morceau de papier, et j'écrivis ce modèle d'ordre :

« Les autorités militaires de la ville de Soissons sont invitées à remettre à l'instant même à M. Alexandre Dumas toute la poudre qui pourra se trouver, soit dans la poudrière, soit dans la ville.

» Paris, ce 30 juillet 1830. »

Je présentai le papier au général Gérard.

Il le prit, le lut et le relut.

Puis, comme s'il oubliait que je lui eusse demandé un ordre autographe, il prit une plume :

— Puisque vous le voulez..., dit-il.

Et il signa mon ordre.

Je le laissai faire; j'avais mon idée.

— Merci, général.

— Vous êtes content, alors?

— Très-content!

— Vous n'êtes pas difficile.

Et il rentra dans le salon.

Je tenais encore la plume, et, au-dessus de son nom, j'écrivis : « Le ministre de la guerre. »

La première interpolation m'avait assez bien réussi pour que j'en risquasse une seconde.

Grâce à cette seconde interpolation, l'ordre était ainsi conçu :

« Les autorités militaires de la ville de Soissons sont invitées à remettre à l'instant même à M. Alexandre Dumas toute la poudre qui pourra se trouver, soit dans la poudrière, soit dans la ville.

» *Le ministre de la guerre,*

» GÉRARD.

» Paris, ce 30 juillet 1830. »

Ce n'était pas fini, comme on pourrait le croire.

J'avais un ordre pour les autorités militaires signé *Gérard;* je voulais une invitation aux autorités civiles signée *la Fayette.*

Je comptais beaucoup sur la réputation militaire du général Gérard; mais je comptais bien autrement encore sur la popularité du général la Fayette; d'ailleurs, une des signatures compléterait l'autre.

De retour à l'hôtel de ville, je fis demander la Fayette; il vint.

— Eh bien, me dit-il, vous n'êtes pas encore couché?
— Non, général, je pars.
— Pour quel endroit?
— Pour Soissons.
— Sans ordre?
— J'ai un ordre du général Gérard.
— Gérard vous a donné un ordre?
— Avec enthousiasme, général.
— Oh! oh! je voudrais bien voir cet ordre-là.
— Le voici.

Il le lut.

— « Ministre de la guerre? » dit-il après avoir lu.
— Il a cru que cela pourrait me servir.
— Alors, il a bien fait.
— Et vous, général, ne me donnerez-vous rien?
— Que voulez-vous que je vous donne?
— Une invitation aux autorités civiles de seconder le mouvement révolutionnaire que je vais tâcher d'imprimer à la ville... Vous comprenez bien que je n'espère réussir qu'à l'aide d'une surprise populaire.
— Volontiers... Il ne sera pas dit que, lorsque vous risquez votre vie dans une pareille entreprise, je ne risquerai rien, moi.

Il prit une plume, et, cette fois, tout entière écrite de sa main et de sa fine écriture, il rédigea l'espèce de proclamation suivante:

Aux citoyens de la ville de Soissons.

« Citoyens,

» Vous savez ce qui s'est passé à Paris pendant les trois immortelles journées qui viennent de s'écouler? Les Bourbons sont chassés; le Louvre est pris; le peuple est maître de la capitale.

» Mais les vainqueurs des trois jours peuvent se voir arracher par le manque de munitions la victoire qu'ils ont si chèrement acquise. Ils s'adressent donc à vous, par la voix d'un de nos combattants, M. Alexandre Dumas, pour faire un appel fraternel à votre patriotisme et à votre dévouement.

» Tout ce que vous pourrez envoyer de poudre à vos frères de Paris sera considéré comme une offrande à la patrie.

» Pour le gouvernement provisoire,

» *Le commandant général de la garde nationale,*

» La Fayette.

» Hôtel de ville de Paris, ce 30 juillet 1830. »

On voit que cette proclamation ne contenait, à tout prendre, qu'un appel au dévouement et au patriotisme. Ce n'était pas tout à fait ce que j'eusse voulu ; mais, enfin, force me fut de m'en contenter.

J'embrassai le général la Fayette, et je descendis quatre à quatre les degrés de l'hôtel de ville.

Il était trois heures de l'après-midi ; les portes de Soissons, ville de guerre, fermaient à onze heures du soir ; il s'agissait d'arriver à Soissons avant onze heures du soir, et j'avais vingt-quatre lieues à faire.

Sur la place, j'aperçus un jeune peintre de mes amis, nommé Bard. C'était un beau jeune homme de dix-huit ans, à la figure calme et impassible comme un marbre du XVe siècle.

Il ressemblait au saint Georges de Donatello.

L'envie me prit d'avoir un compagnon de route, ne fût-ce que pour me faire enterrer, si la double prédiction du général la Fayette et du général Gérard se réalisait.

J'allai à lui.

— Eh ! Bard, cher ami, lui dis-je, que faites vous là ?

— Moi ? dit-il. Je regarde... C'est drôle, n'est-ce pas ?

— C'est plus que drôle, c'est magnifique ! Qu'avez-vous fait dans tout cela, vous ?

— Rien... Je n'avais pour toute arme que la vieille hallebarde qui est dans mon atelier.

— Voulez-vous vous rattraper d'un seul coup ?

— Je ne demande pas mieux.

— Venez avec moi, alors.

— Où cela ?

— Vous faire fusiller.

— Je veux bien.

—Bravo ! Courez jusqu'à la maison ; prenez mes pistolets à deux coups ; faites seller mon cheval, et venez me rejoindre au Bourget.

J'ai oublié de dire que, sur les premiers fonds de *Christine*, j'avais acheté un cheval à ce même Chopin que, dans la matinée du 29, on avait pris pour l'empereur sur la place de l'Odéon.

— Qu'est-ce que c'est que le Bourget? me demanda Bard.

— Le Bourget, c'est le premier relais de poste sur la route de Soissons.

— Pourquoi votre cheval, puisqu'il y a un relais de poste?

— Ah ! voici... c'est que le maître de poste pourrait avoir éloigné ses chevaux ; c'est que ses chevaux pourraient avoir été pris ; c'est qu'enfin je ne puis pas emmener ma voiture, à cause des barricades, et que tous les maîtres de poste, malgré l'article de la loi qui les y oblige, n'ont pas de voitures de poste sous leurs hangars. Donc, vous comprenez bien ceci, mon cher : si nous trouvons une voiture, nous partirons en voiture; si nous ne trouvons qu'un cheval, nous partirons côte à côte, à franc étrier: si nous ne trouvons rien du tout, il nous restera mon cheval; vous monterez en croupe derrière moi, et nous représenterons à nous deux la plus belle moitié des quatre fils Aymon.

— Compris.

— Ainsi, mon cheval et mes pistolets à deux coups... Le premier arrivé au Bourget attendra l'autre.

— Je cours toujours ! s'écria Bard en s'élançant du côté du quai Pelletier.

— Et moi aussi, répondis-je en enfilant la rue de la Vannerie, laquelle conduisait tout droit à la rue Saint-Martin, mon chemin le plus direct pour arriver à la Villette.

Un mot sur ce qui se passait au moment où Bart courait à toutes jambes le long du quai Pelletier, et où j'en faisais autant le long de la rue Saint-Martin.

Étienne Arago, débarrassé de ses hommes, rentrait au *National*.

— Ah! sais-tu une nouvelle? lui dit Stapfer.

— Laquelle?

— Thiers est retrouvé.

— Ah! bah! Et où est-il?

— Il est là-haut... Il cherche un sujet d'article.

— Eh bien, je lui en apporte un.

— Tu sais qu'il est défendu d'entrer dans son cabinet quand il travaille?

— Bah! on est bien entré dans celui du roi!

— Alors, entre; tu lui donneras cette raison-là, et il sera bien difficile s'il ne la trouve pas bonne.

Arago entra.

Thiers se retourna pour voir quel était l'impudent qui violait la consigne.

Il reconnut Arago

Arago venait de jouer un rôle immense dans le drame en cours de représentation.

La figure de l'illustre publiciste, déjà refrognée, s'adoucit donc à sa vue.

— Ah! c'est vous! dit-il.

— Oui... Je vous cherche pour vous donner un sujet d'article.

— Lequel?

Arago lui raconta toute l'aventure de Montrouge, et comment M. le duc de Chartres avait pu partir à temps.

Thiers écoutait avec la plus grande attention.

— Eh! eh! dit-il quand Arago eut fini, qui sait? vous avez peut-être sauvé la vie à un fils de France...

Arago resta la bouche béante et les yeux démesurément ouverts.

Voilà donc où le vent soufflait le 30 juillet 1830, à trois heures un quart de l'après-midi.

Ce vent changea les dispositions de Thiers, qui, au lieu de faire son article, se leva et courut chez Laffitte.

A mon retour de Soissons, nous verrons ce qu'il fit.

CLIV

Hue, Polignac! — André Marchais. — Le maître de poste du Bourget. — J'arbore les trois couleurs sur ma voiture. — Bard me rejoint. — M. Cunin-Gridaine. — Le père Levasseur. — Lutte avec lui. — Je lui brûle la cervelle! — Deux anciennes connaissances. — La terreur de Jean-Louis. — Halte à Villers-Cotterets. — Hutin. — Souper chez Paillet.

En arrivant à la Villette, je ne pouvais plus mettre une jambe devant l'autre.

Par bonheur, j'avisai un cabriolet.

— Cocher, lui dis-je, dix francs pour me conduire au Bourget!

— Quinze?

— Dix!

— Quinze !

— Va te promener !

— Allons, montez, notre bourgeois...

Je montai et nous partîmes.

Le cheval était mauvais marcheur, mais le cocher était bon patriote. Quand il sut combien j'étais pressé de partir, et dans quel but je partais:

— Oh! dit-il, ce n'est pas étonnant que mon cheval ne veuille pas trotter, alors : je l'ai baptisé Polignac, parce que c'est un fainéant dont on ne peut rien faire... Mais soyez tranquille, nous arriverons tout de même.

Et, prenant son fouet par la pointe, il se mit à frapper avec le manche, au lieu de cingler avec la lanière, en hurlant:

— Allons! hue, Polignac!

A force de hurlements, de jurons, de coups de fouet, nous arrivâmes en une heure au Bourget.

Le malheureux cheval était sur les dents ; je crus que lui aussi, comme son illustre homonyme, avait vu son dernier jour.

Je payai les dix francs convenus ; j'ajoutai noblement quarante sous de pourboire, et j'entrai dans la cour de la poste.

Justement, le maître de poste faisait atteler son cabriolet.

Je marchai à lui, je me nommai, je lui montrai l'ordre du général Gérard, la proclamation du général la Fayette, et je lui demandai de me fournir les moyens d'exécuter ma mission.

— Monsieur Dumas, me dit-il, j'attelais mon cheval pour aller chercher des nouvelles à Paris ; vous m'en donnez, et de bonnes : je n'ai plus besoin d'y aller. Je vais faire mettre des chevaux de poste au cabriolet, et vous faire conduire jusqu'au Mesnil ; si vous ne trouvez pas de voiture au Mesnil, vous garderez mon cabriolet, et, à votre retour, vous le réintégrerez sous la remise.

On ne pouvait pas mieux parler.

Sur ces entrefaites, je m'entendis appeler par mon nom ; ce ne pouvait déjà être Bard. Je me retournai.

C'était André Marchais, un de nos plus ardents et de nos plus purs patriotes ; il arrivait de Bruxelles, où la nouvelle de l'insurrection n'était parvenue que la veille.

Nous nous embrassâmes de grand cœur. — J'ai su, depuis, qu'en arrivant à Paris, il avait trouvé un mandat d'amener signé du duc de Raguse, et qui lui était commun avec le général la Fayette, Laffitte et Audry de Puyraveau.

Pendant que nous nous embrassions, les chevaux avaient été attelés à ma voiture et à celle de Marchais, et Marchais partait pour Paris.

— A vos ordres, reprit le maître de poste, qui s'étonnait de mon peu d'empressement.

— Pardon, répondis-je, mais j'attends un camarade qui doit arriver de Paris avec mon cheval et des pistolets... Je compte même, si vous le voulez bien, laisser mon cheval chez vous en échange de votre cabriolet.

— Laissez tout ce que vous voudrez.

Nous jetâmes un regard sur les lointains de la route; rien ne paraissait encore.

— Nous aurions le temps, dis-je au maître de poste, de confectionner un drapeau tricolore.

— Pour quoi faire? demanda-t-il.

— Pour mettre sur votre cabriolet... Cela indiquera à quelle opinion nous appartenons, et servira à ce qu'on ne nous arrête pas, nous prenant pour des fugitifs.

— Eh! eh! fit le maître de poste en riant, peut-être bien qu'on vous arrêtera, au contraire, parce que vous aurez l'air de tout autre chose!

— N'importe, je serais flatté de naviguer sous les trois couleurs.

— Ah! quant à cela, c'est bien facile!

Il traversa la rue et entra chez un marchand de rouenneries; nous achetâmes un demi-mètre de mérinos blanc, un demi-mètre de mérinos bleu, un demi-mètre de mérinos rouge, à la condition qu'on nous livrerait ces trois demi-mètres cousus les uns aux autres, et le tout cloué sur un manche à balai.

Au bout de dix minutes, le drapeau tricolore était terminé; il coûtait douze francs, le manche à balai compris.

On l'assujettit avec deux cordes à la capote du cabriolet.

Comme nous achevions cette besogne, nous aperçûmes Bard, qui arrivait au grand galop sur mon cheval.

Je lui fis signe de se hâter, s'il était possible.

Il ne pouvait pas aller plus vite. Enfin, il nous joignit.

— Ah! dit-il, vous avez trouvé un cabriolet, tant mieux: j'ai déjà le derrière en compote!

Puis, mettant pied à terre:

— Voilà votre cheval et vos pistolets, dit-il.

— Vous n'avez pas pensé à prendre une chemise?

— Ma foi, non!... Vous ne m'avez point parlé de chemise, il me semble.

— Non, et c'est moi qui suis dans mon tort... Remettez le cheval au garçon d'écurie, gardez les pistolets, et montez vite! il est cinq heures!

— Cinq heures moins un quart, dit le maître de poste en regardant à sa montre.

— Croyez-vous que nous arrivions à Soissons avant onze heures du soir?

— Ce sera difficile... Mais, enfin, on a fait tant de miracles depuis trois jours, qu'il n'y aurait rien d'impossible à ce que vous fissiez celui-là.

Et il ordonna au postillon d'enfourcher le cheval.

— Y êtes-vous? demanda-t-il.

— Oui.

— Alors, en route, postillon! et toujours au galop, tu entends?

— C'est convenu, bourgeois, dit le postillon.

Et il enleva la voiture d'un galop enragé.

— Vous savez que les pistolets ne sont pas chargés? me dit Bard.

— Bon! on les chargera à Villers-Cotterets.

A six heures moins un quart, nous étions au Mesnil; — nous avions fait près de quatre lieues en une heure.

Heureusement, il y avait des chevaux à la poste.

Notre postillon appela un collègue; tous deux se mirent à la besogne, et, cette fois, afin que nous pussions aller plus vite encore, on nous attela trois chevaux, au lieu de deux.

Je voulus payer le relais que nous venions de faire; le maître de poste avait donné ses ordres : le postillon refusa l'argent.

Je lui donnai dix francs pour lui; il nous recommanda à son camarade.

Et nous partîmes comme une trombe.

Par bonheur, le cabriolet était à l'épreuve. Une heure après, nous étions à Dammartin.

Notre drapeau tricolore faisait son effet. Les populations s'amassaient sur notre passage, et donnaient les signes du plus vif enthousiasme. Au relais de Dammartin, nous avions la moitié de la ville autour de nous.

— Cela va très-bien! dit Bard; seulement, je crois que,

pour que cela aille mieux encore, il faut crier quelque chose.

— Vous avez raison, criez, mon ami... Pendant ce temps-là, je dormirai, moi.

— Que faut-il que je crie ?

— Vive la République ! parbleu !...

Nous sortîmes de Dammartin aux cris de « Vive la République ! »

Entre Dammartin et Nanteuil, nous aperçûmes une voiture qui venait en poste. En voyant notre drapeau tricolore, elle s'arrêta ; ceux qu'elle conduisait mirent pied à terre.

— Quelles nouvelles ? nous cria un homme d'une cinquantaine d'années.

— Le Louvre est pris, les Bourbons sont en fuite ; il y a un gouvernement provisoire composé de la Fayette, Gérard, etc. Vive la République !

Le monsieur d'une cinquantaine d'années se gratta l'oreille, et remonta en voiture.

C'était M. Cunin-Gridaine.

Nous continuâmes notre route. A huit heures moins vingt minutes, nous étions à Nanteuil.

Nous n'avions plus que trois heures vingt minutes devant nous, et il nous restait douze lieues à faire.

Il n'était pas probable que nous les fissions ; mais j'ai pour principe qu'il ne faut désespérer que lorsqu'il n'y a plus d'espoir, et encore !...

A Nanteuil, nous relayâmes. Le drapeau tricolore fit son effet accoutumé. On ne savait rien de Paris ; nous apportions les premières nouvelles positives.

On nous donna un vieux postillon, à qui je criai :

— Quatre lieues à l'heure ; trois francs de guides !

— C'est bien ! c'est bien, dit le bonhomme ; on connaît son état : on a conduit le *général*.

Le général, c'était mon père ; on voit que je rentrais dans le pays natal.

— Eh bien, si vous avez conduit mon père, vous savez qu'il aimait à marcher vite ; je suis comme lui.

— C'est bien, c'est bien, on connaît son état.

— Partez, alors.

— On part!

— Oh! fit le postillon que je quittais, je vous plains, monsieur Dumas; vous avez là une mauvaise pratique!

— Je le ferai bien marcher, soyez tranquille.

— Je vous le souhaite... Bon voyage! — Allons, père Levasseur, un peu de vif-argent dans les bottes!

Le postillon partait, en effet.

— Père Levasseur, lui criai-je, je vous ai dit trois francs de guides, si nous sommes à huit heures et demie à Levignan.

— Si on n'y est pas à huit heures et demie, on y sera à neuf heures... On connaît son état.

— Vous entendez, père Levasseur, lui répétai-je, je veux être à Levignan à huit heures et demie.

— Bah! le roi dit : *Nous voulons*.

— Oui, mais il n'y a plus de roi... Allons, allons!

— Laissez-nous monter le roidillon, et l'on verra après.

Nous montâmes le roidillon; le roidillon monté, le père Levasseur mit ses chevaux au trot.

J'eus patience pendant dix minutes; mais, au bout de dix minutes :

— Oh! père Levasseur, ça ne peut pas aller comme cela! lui dis-je.

— Et comment voulez-vous donc que ça aille?

— Plus vite!

— Plus vite? C'est défendu.

— Défendu, par qui?

— Par les règlements... On connaît son état, que diable!

— Père Levasseur...

— Plaît-il?

— Laissez-moi descendre.

— Ooh!... ooh!...

La voiture s'arrêta; je descendis; je coupai une branche à un orme de la route.

— Dites donc, demanda le père Levasseur, qui me regardait faire avec inquiétude, ce n'est pas pour taquiner mes chevaux, j'espère, que vous taillez ce scion-là?

— Ne vous inquiétez pas, père Levasseur.

Je remontai dans la voiture.

— En route!

— En route, en route, tout cela est bel et bon; mais c'est que, si c'était pour taquiner mes chevaux, voyez-vous, que vous ayez taillé ce scion-là...

— Eh bien, après?

— Après, nous verrions... Je n'ai pas peur de vous parce que vous avez un fusil, moi!

— Père Levasseur, vous savez votre état de postillon, n'est-ce pas?

— On s'en vante!

— Eh bien, moi; je sais mon état de voyageur... Votre idée est, à ce qu'il paraît, d'aller le plus doucement possible; la mienne est d'aller le plus vite que je peux... Nous allons voir celui de nous deux qui est le plus fort.

— Nous verrons tout ce que vous voudrez, je m'en moque

Je tirai ma montre.

— Père Levasseur, vous avez deux minutes pour vous décider.

— A quoi?

— A mettre vos chevaux au galop.

— Sinon?

— Sinon, je les y mettrai moi-même.

— Vraiment?

— C'est comme cela!

— Eh bien, je suis curieux d'en voir la farce.

— Vous la verrez, père Levasseur.

Le père Levasseur se mit à entonner la complainte de saint Roch. Pendant tout ce temps-là, on avait été au petit trot.

— Père Levasseur, dis-je après le premier couplet, je vous préviens qu'il y a déjà une minute de passée.

Le père Levasseur entonna le second couplet à pleine gorge; mais, au moment où il allait entonner le troisième, je coupai la croupe de ses chevaux d'un vigoureux coup de baguette.

Les chevaux firent un bond en avant, et partirent au grand trot.

— Eh bien, eh bien, que faites-vous donc? demanda le postillon.

Au lieu de répondre, je redoublai mes coups, et les chevaux passèrent du trot au galop.

— Ah! mille dieux! ah! tonnerre de chien! ah! c'est comme cela que vous le prenez... Laissez-moi descendre un peu!... Ah! vous verrez! ah! vous aurez affaire à moi!... Aooh! aooh!... Voulez-vous bien finir, mille dieux!

— Eh bien, père Levasseur, criai-je en continuant de frapper à tour de bras, quand je vous disais que je savais mieux mon état que vous ne saviez le vôtre!

— Tonnerre de chien! finissez-vous, une fois!... Non?... Aooh! aooh!...

Le père Levasseur avait beau crier *aooh!* et tenir ses chevaux en bride, ses chevaux se cabraient, mais ils galopaient en se cabrant.

Par malheur, ma branche d'orme cassa, et je me trouvai désarmé.

Cependant, les chevaux étaient si bien lancés, qu'ils ne s'arrêtèrent qu'au bout d'une centaine de pas.

— Ah! mille dieux! ah! tonnerre de chien! criait le père Levasseur; quand mes chevaux vont être arrêtés, vous allez un peu avoir affaire à moi!

— Qu'est-ce que vous comptez faire, père Levasseur? lui dis-je en riant.

— Les dételer, donc, et vous laisser, vous et votre cabriolet, au milieu de la route... Nous verrons s'il est permis de mettre de pauvres animaux dans un pareil état.

Et le père Levasseur calmait peu à peu ses chevaux.

— Passez-moi un de mes pistolets, dis-je à Bard.

— Comment, un de vos pistolets?

— Passez vite.

— Mais vous n'allez pas lui brûler la cervelle?

— Si fait!

— Ils ne sont pas chargés.

— Je vais les charger.

Bard me regardait avec terreur.

Je mis une capsule à chaque cheminée, et je poussai une bourre jusqu'au milieu de chaque canon.

Je venais d'achever l'opération lorsque le cabriolet s'arrêta, et lorsque, tout jurant, le postillon vint pour détacher les traits, comme il m'en avait menacé, levant lourdement, l'une après l'autre, chacune de ses jambes garnies de leurs grosses bottes.

Je l'attendais le pistolet à la main.

— Père Levasseur, lui dis-je, vous savez que, si vous touchez aux traits, je vous casse la tête.

Il leva le nez, et vit la double embouchure du pistolet.

— Bon! dit-il, on ne tue pas les gens comme cela!

Et il porta la main aux traits.

— Père Levasseur, prenez garde à ce que vous faites! Vous dételez, je crois?

— Mes chevaux sont mes chevaux, et, quand on les surmène, je les dételle, oui...

— Père Levasseur, avez-vous une femme, des enfants?

Il leva le nez une seconde fois : la question lui paraissait étrange.

— Oui-da, que j'ai une femme, et quatre enfants, donc! un garçon et trois filles.

— Eh bien, père Levasseur, je vous avertis que, si vous ne lâchez pas les traits de vos chevaux, la République sera obligée de faire une pension à votre femme et à vos enfants.

Le père Levasseur se mit à rire, et empoigna les traits à pleines mains.

J'appuyai sur la gâchette, la capsule fit explosion, la bourre atteignit mon homme au milieu du visage.

Il se crut tué; il tomba à la renverse, les deux mains sur la figure, et à moitié évanoui.

Avant qu'il fût revenu de son étourdissement, je lui avais tiré ses bottes, comme le petit Poucet celles de l'Ogre; je les avais passées à mes pieds, j'avais enfourché le porteur, et je partais au grand galop.

Bard manqua de se jeter en bas du cabriolet à force de rire.

Au bout de trois ou quatre cents pas, je me retournai tout en fouettant les chevaux, et je vis le père Levasseur, qui, assis sur son derrière, commençait à reprendre ses sens.

Un petit monticule que je franchis le déroba à ma vue.

J'avais encore à peu près une lieue et demie à faire ; je rattrappai le temps perdu, et fis cela en dix-sept minutes.

J'arrivai à la poste de Levignan en m'annonçant à grands coups de fouet, et, quand j'arrêtai les chevaux, deux personnes se montraient sur le seuil de la porte.

L'une était le maître de poste lui-même, M. Labbé ; l'autre était mon vieil ami Cartier, le marchand de bois.

Tous deux me reconnurent en même temps.

— Tiens, c'est toi, garçon ! dit Labbé ; ça va donc mal, que tu t'es fait postillon ?

Cartier me donnait la main.

— Dans quel diable d'équipage nous arrives-tu là ! demanda-t-il.

Je leur racontai l'aventure du père Levasseur, — puis tout ce qui s'était passé à Paris.

Il était huit heures et demie ; je n'avais plus que deux heures et demie pour arriver à Soissons, et il me restait neuf grandes lieues à faire.

Les probabilités de réussite s'évanouissaient de plus en plus ; cependant, je n'en voulus pas démordre.

Je demandai des chevaux à Labbé, qui les fit amener à l'instant même.

En cinq minutes, ils étaient attelés.

— Ma foi, dit Cartier à Labbé, je m'en vais avec eux... Je suis curieux de savoir comment cela finira.

Et Cartier monta avec nous.

— Recommandez-moi au postillon, dis-je à M. Labbé.

Et il fit un signe de tête.

— Jean-Louis, dit-il au postillon.

— Plaît-il, bourgeois ?

— Tu connais le père Levasseur ?

— Pardieu ! si je le connais !

— Tu vois bien ce monsieur-là?

Et il me montrait au postillon.

— Oui-da, je le vois tout de même.

— Eh bien, il vient de tuer le père Levasseur.

— Comment cela? dit le postillon tout abasourdi.

— D'un coup de pistolet.

— Et à quel propos?

— Parce qu'il n'allait pas ventre à terre... Ainsi, prends garde à toi, Jean-Louis.

— C'est vrai ça? dit le postillon pâlissant.

— Tu vois bien, puisque monsieur conduisait lui-même, et que voilà le fouet et les bottes du défunt.

Jean-Louis jeta un coup d'œil terrifié sur le fouet et les bottes, et, sans dire une parole, il partit au triple galop.

— Oh! mes pauvres chevaux, nous cria Labbé, ils vont en voir de dures!...

En moins d'une heure, nous fûmes à Villers-Cotterets. C'est là qu'une véritable ovation m'attendait.

En effet, à peine eus-je jeté mon nom à la première personne de connaissance que je rencontrai, que la nouvelle de mon arrivée en poste, dans un cabriolet surmonté d'un drapeau tricolore, parcourut la ville aussi rapidement que si elle eût été portée sur les fils d'un télégraphe électrique.

A cette nouvelle, les maisons rejetèrent les vivants avec autant d'ensemble qu'au bruit de la trompette du jugement dernier les tombeaux rejetteront les morts.

Tous ces vivants coururent à la poste, et arrivèrent en même temps que moi.

Il fallut une longue explication pour tout faire comprendre. Pourquoi ce costume? pourquoi ce fusil? pourquoi ces coups de soleil? pourquoi ce cabriolet? pourquoi ce drapeau tricolore? pourquoi Bard? pourquoi Cartier?

Chacun, dans ce cher pays, m'aimait assez pour avoir le droit de m'adresser sa question.

Je répondis à toutes.

Les explications données, il n'y eut qu'un cri:

— Ne va pas à Soissons! Soissons est une ville de royalistes!

Je n'étais pas venu, comme on le comprend bien, jusqu'à Villers-Cotterets, pour ne point aller à Soissons.

— Non-seulement j'irai à Soissons, répondis-je, mais je ferai tout ce que je pourrai pour y arriver avant onze heures, dussé-je donner vingt francs de guides aux postillons.

— Tu leur en donnerais quarante que tu n'arriverais pas, me dit une voix de connaissance; mais tu arriveras à minuit, et tu entreras.

Cette voix était celle d'un de mes amis, habitant de Soissons, celui-là même qui, quinze ans auparavant, enfant comme moi, était venu, une heure avant moi, faire au général Lallemand prisonnier une proposition pareille à celle qu'une heure après je lui devais faire.

— Ah! c'est toi, Hutin? m'écriai-je. Et comment ferai-je pour entrer?

— Tu entreras, parce que j'irai avec toi, et que je te ferai entrer... Je suis de Soissons, et je connais le portier.

— Bravo! et jusqu'à quelle heure avons-nous?

— Nous avons toute la nuit; cependant mieux vaudrait arriver avant une heure.

— Bon! nous avons le temps de souper, alors?

— Où soupes-tu?

Dix voix répondirent:

— Chez moi! chez moi! chez nous!

Et l'on se mit à me tirer par devant, par derrière, par les basques de ma veste, par le cordon de ma poire à poudre, par la banderole de mon fusil, par les bouts de ma cravate.

— Pardon, dit une autre voix, mais il y a engagement antérieur.

— Ah! Paillet!...

C'était mon ancien maître clerc.

Je me retournai vers tous mes amphitryons.

— C'est vrai, j'ai promis à Paillet, lors de son dernier voyage à Paris, de venir dîner chez lui.

— Et c'est d'autant mieux, dit Paillet, que la salle à manger est grande, et que ceux qui voudront souper avec nous y trouveront place... Allons, qui l'aime me suive!

Une vingtaine de jeunes gens nous suivirent : c'étaient mes anciens camarades Saunier, Fontaine, Arpin, Labarre, Rajade, que sais-je, moi?

On prit la rue de Soissons, et l'on s'arrêta chez Paillet.

En un instant, grâce au père Cartier, qui demeurait presque en face, un souper excellent fut improvisé.

Cartier l'aîné, Paillet, Hutin et Bard se mirent à table.

Les autres firent cercle.

Alors, il fallut, tout en mangeant, raconter cette merveilleuse épopée des trois jours, dont pas un détail n'était encore parvenu à Villers-Cotterets.

Ce furent des cris d'admiration.

Puis je passai au récit de ma mission.

Là, l'enthousiasme se calma.

Quand j'eus annoncé que je comptais prendre, à moi seul, tout ce qu'il y avait de poudre dans une ville de guerre ayant huit mille âmes de population et huit cents hommes de garnison, mes pauvres amis se regardèrent, et me dirent, comme le général la Fayette :

— Ah çà! mais tu es fou!

Il y avait quelque chose de plus grave que cette unanimité d'opinion des habitants de Villers-Cotterets : c'est que c'était aussi l'avis de Hutin, qui était de Soissons.

— Cependant, ajouta-t-il, comme je t'ai dit que je tenterais la chose avec toi, je la tenterai... Seulement, il y a cent à parier contre un que, demain à cette heure-ci, nous serons fusillés.

Je me retournai du côté de Bard.

— Que vous ai-je dit en vous proposant de vous emmener, seigneur Raphaël?

— Vous m'avez dit : « Voulez-vous venir vous faire fusiller avec moi? »

— Qu'avez-vous répondu?

— J'ai répondu que je voulais bien.

— Et maintenant?

— Je veux bien toujours.

— Dame! vous voyez, vous entendez... Réfléchissez, mon cher.

— C'est tout réfléchi.

— Alors, vous venez?

— Certainement.

Je me retournai vers Hutin.

— Alors, tu viens?

— Parbleu!

— C'est tout ce qu'il faut.

Je levai mon verre.

— Mes amis, à demain soir, ici!... Père Cartier, un dîner pour vingt personnes, à la condition qu'on le mangera, que nous soyons vivants ou morts. Voici deux cents francs pour le dîner!

— Tu payeras demain.

— Et si je suis fusillé?...

— Eh bien, c'est moi qui payerai.

— Vive le père Cartier!

Et j'avalai le contenu de mon verre.

On répéta en chœur : « Vive le père Cartier! » et, comme nous avions soupé, comme il était onze heures, comme les chevaux étaient au cabriolet, nous nous levâmes pour partir.

— Ah diable! un instant, fis-je en réfléchissant; nous pouvons avoir affaire demain à de plus rudes adversaires que le père Levasseur; chargeons sérieusement les pistolets. Qui de ces messieurs a des balles de calibre?

C'étaient des pistolets du calibre vingt-quatre.

C'eût été un grand hasard de trouver des balles de ce calibre-là.

— Attends, dit Cartier, je vais t'arranger cela, moi. Tu as des balles dans ta poche?

— Oui, mais du calibre vingt.

— Donne-m'en quatre, ou plutôt huit; il est bon d'en avoir de rechange...

Je lui donnai huit balles.

Cinq minutes après, il me les rapporta allongées en lingots, et, par conséquent, entrant dans les pistolets.

Les pistolets furent éventés, chargés et amorcés avec le plus grand soin. On eût dit les préparatifs d'un duel.

Puis on but une dernière fois à la réussite de l'entreprise ; puis on s'embrassa plutôt deux fois qu'une ; puis nous montâmes en cabriolet, Hutin, Bard et moi ; puis le postillon enfourcha ses chevaux ; puis, enfin, au milieu des cris d'adieu et des vivats d'encouragement de mes bons et chers amis, nous prîmes au grand galop la route de Soissons.

Deux heures après notre sortie de Villers-Cotterets, la porte de Soissons s'ouvrait à la voix et au nom d'Hutin, et le portier nous introduisait dans la ville, sans se douter qu'il venait de laisser passer la Révolution.

CLV

Arrivée à Soissons. — Apprêts stratégiques. — Reconnaissance autour de la poudrière. — Hutin et Bard plantent le drapeau tricolore sur la cathédrale. — J'escalade le mur de la poudrière. — Le capitaine Mollard. — Le sergent Ragon. — Le lieutenant-colonel d'Orcourt. — Pourparlers avec eux. — Ils me promettent leur neutralité.

Après plus de vingt ans écoulés, nous hésitons presque à écrire ce qui va suivre, tant le récit nous en paraît incroyable à nous-même ; mais nous renverrons ceux qui douteraient au *Moniteur* du 9 août, contenant le rapport officiel qu'y fit insérer le général la Fayette, afin que les intéressés pussent réclamer ou démentir, s'il y avait lieu.

Personne ne réclama, personne ne démentit.

A minuit, nous frappions à grands coups à la porte de madame Hutin la mère, qui nous reçut avec des cris de joie, ne se doutant pas plus que le portier de ce que contenait le cabriolet à la Congrève qu'elle ordonnait de remiser dans sa cour.

C'était le lendemain jour de marché ; il s'agissait de confectionner un gigantesque drapeau tricolore, et de le substituer au drapeau blanc qui flottait sur la cathédrale.

Madame Hutin, sans trop savoir ce que nous faisions, ni les conséquences que la chose pouvait avoir, mit à notre disposition les rideaux rouges de sa salle à manger et les rideaux bleus de son salon.

Un drap pris dans l'armoire à linge compléta l'étendard national.

Quant au bâton, il ne fallait pas s'en inquiéter ; nous trouverions celui du drapeau blanc. Les bâtons n'ont pas d'opinion.

Chacun s'était mis à la besogne ; tout le monde cousait : madame Hutin, sa cuisinière, Hutin, Bard et moi.

A trois heures du matin, c'est-à-dire aux premières lueurs du jour, le dernier point était fait.

Voici de quelle manière la besogne était partagée :

Je commencerais par m'emparer de la poudrière, en même temps que Bard et Hutin, sous prétexte de voir le lever du soleil du haut de la tour, se feraient ouvrir les portes de la cathédrale, déchireraient le drapeau blanc et y substitueraient le drapeau tricolore.

Si le sacristain opposait de la résistance, il était convenu qu'on le jetterait du haut en bas du clocher.

Hutin avait armé Bard d'une carabine, et s'était armé lui-même d'un fusil à deux coups.

Aussitôt le drapeau placé, le sacristain enfermé dans la tour, la clef de la tour dans la poche d'Hutin, celui-ci devait m'envoyer Bard à la poudrière, située dans les ruines de l'église Saint-Jean.

Bard pouvait m'être d'autant plus utile que, dans la poudrière, logeaient trois militaires dont les longs services étaient récompensés par une position qui était presque une sinécure, et dont les blessures, recouvertes chez deux d'entre eux par le ruban de la Légion d'honneur reçu sous l'Empire, ne permettaient pas de douter de leur courage.

Ils se nommaient : l'un le lieutenant-colonel d'Orcourt ; l'autre, le capitaine Mollard ; le troisième, le sergent Ragon.

Il était donc probable que j'aurais besoin de renfort.

Pendant que Bard viendrait me rejoindre, Hutin, porteur

de la proclamation du général la Fayette, se rendrait immédiatement chez le docteur Missa.

Le docteur Missa était le chef de l'opposition libérale, et avait dit cent fois qu'il n'attendait qu'une occasion de se mettre en avant.

L'occasion était belle, et nous espérions qu'il ne la manquerait pas.

Hutin croyait pouvoir également compter sur deux de ses amis, l'un nommé Moreau, l'autre nommé Quinette.

Quinette, fils du conventionnel, est le même qui fut, depuis, député sous Louis-Philippe, et ambassadeur à Bruxelles sous la République.

On verra comment chacun d'eux répondit à l'appel fait au nom de la Révolution.

En sortant de la poudrière, je devais me rendre chez le commandant de place, M. de Liniers, et, l'ordre du général Gérard à la main, obtenir de lui, de gré ou de force, l'autorisation d'enlever la poudre.

J'étais prévenu que M. de Liniers était plus qu'un royaliste : M. de Liniers était un ultra !

A la première nouvelle de l'insurrection de Paris, il avait déclaré que, de quelque façon que les choses tournassent dans la capitale, il s'ensevelirait sous les ruines de Soissons, et que sur la plus haute pierre de ces ruines flotterait le drapeau blanc.

Il était donc à peu près certain que c'était de ce côté-là que viendrait la résistance sérieuse.

Je ne m'en préoccupai pas autrement : chaque événement de la journée devait se dérouler à son tour.

A trois heures dix minutes du matin, nous sortîmes donc de la maison de madame Hutin, qui fut admirable de courage, et qui, au lieu de retenir son fils, le poussa en avant.

Au bout de la rue, nous nous séparâmes, Hutin et Bard pour se rendre à la cathédrale, moi pour me rendre à la poudrière.

Comme il pouvait être dangereux d'entrer dans l'enceinte

des ruines de Saint-Jean par la grande porte, facile à défendre, il fut convenu que je sauterais par-dessus le mur.

Bard, de son côté, devait, au contraire, se présenter à la grande porte, que j'irais lui ouvrir lorsque j'entendrais frapper trois coups également espacés.

En moins de cinq minutes, j'étais au pied de la muraille, aisée à franchir, vu son peu d'élévation et les interstices des pierres qui formaient, pour l'escalader, des échelons naturels.

Cependant, j'attendis. Je ne voulais commencer mon expédition que quand je verrais au haut de la cathédrale le drapeau tricolore substitué au drapeau blanc.

Seulement, pour me rendre compte des localités, je m'élevai doucement à la force des poignets, de manière à ce que mes yeux arrivassent au niveau du faîte de la muraille.

Deux hommes, la bêche à la main, fouillaient tranquillement chacun un carré d'un petit jardin.

A leur pantalon d'uniforme et à leurs moustaches, je les reconnus pour deux des militaires qui habitaient les appartements situés en face de la poudrière.

La poudrière était dans l'un ou dans l'autre des pavillons d'entrée, peut-être dans tous les deux.

La porte de chêne, solide comme une poterne, renforcée de traverses et ornée de clous, était placée entre les deux pavillons.

Elle était fermée.

Le champ de bataille ainsi exploré d'un regard, je me laissai retomber au pied de la muraille, et je tournai les yeux du côté de la cathédrale.

Au bout d'un instant, je vis apparaître au-dessus de la galerie la tête de trois hommes, puis le drapeau blanc s'agiter d'une manière insolite et qu'on ne pouvait pas attribuer au vent, dont l'absence était patente; enfin, le drapeau blanc s'abaissa, disparut, et bientôt se releva changé en drapeau tricolore.

Hutin et Bard avaient fini leur besogne; c'était à mon tour de commencer la mienne.

Ce ne fut pas long. Je visitai mon fusil pour voir si les

amorces tenaient ; je le mis en bandoulière, et, en m'aidant des pieds et des mains, je parvins rapidement à la crête du mur.

Les deux militaires avaient changé d'attitude : ils étaient appuyés sur leur bêche, et regardaient avec un étonnement marqué le sommet de la tour, où flottait triomphalement le drapeau tricolore.

Je sautai dans l'enceinte de la poudrière.

Au bruit que je fis en touchant la terre, les deux militaires se retournèrent à la fois.

La seconde apparition leur semblait évidemment plus extraordinaire encore que la première.

J'avais eu le temps de passer mon fusil dans ma main gauche, et d'armer mes deux coups.

Je m'avançai vers eux ; ils me regardaient venir, immobiles d'étonnement.

Je m'arrêtai à dix pas d'eux.

— Messieurs, leur dis-je, je vous demande pardon de la façon dont je m'introduis chez vous ; mais, comme vous ne me connaissez pas, vous auriez pu me refuser la porte, ce qui aurait occasionné toute sorte de retards, et je suis pressé.

— Mais, monsieur, demanda le capitaine Mollard, qui êtes-vous ?

— Je suis M. Alexandre Dumas, fils du général Alexandre Dumas, que vous avez dû connaître de nom, si vous avez servi sous la République ; et je viens, au nom du général Gérard, demander aux autorités militaires de la ville de Soissons toute la poudre qui peut se trouver dans la ville. Voici mon ordre : qu'un de vous deux, messieurs, vienne en prendre connaissance.

Et, mon fusil dans la main gauche, je tendis la main droite du côté de ces messieurs.

Le capitaine s'approcha de moi, prit l'ordre et le lut.

Pendant qu'il lisait, le sergent Ragon fit quelques pas vers la maison.

— Pardon, monsieur, lui dis-je, comme j'ignore dans quel

but vous voulez rentrer chez vous, je vous prie de demeurer où vous êtes.

Le sergent s'arrêta.

Le capitaine Mollard me rendit l'ordre.

— C'est bien, monsieur, dit-il. Maintenant, que désirez-vous?

— Ce que je désire, monsieur, c'est bien simple... Voyez ce drapeau tricolore...

Il fit un signe de tête qui signifiait qu'il l'avait parfaitement vu.

— Sa substitution au drapeau blanc, continuai-je, vous prouve que j'ai des intelligences dans la ville... La ville va se soulever.

— Après, monsieur?

— Après, monsieur, on m'a dit que je trouverais dans les trois gardiens de la poudrière de braves patriotes qui, au lieu de s'opposer aux ordres du général Gérard, m'aideraient dans mon entreprise. Je me présente donc à vous avec confiance, vous demandant votre coopération dans l'affaire.

— Vous comprenez, monsieur, me dit le capitaine, que notre coopération est impossible.

— Eh bien, alors, votre neutralité.

— Qu'est-ce que c'est? demanda un troisième interlocuteur paraissant sur le seuil de la porte avec un foulard noué autour de la tête, en chemise et vêtu d'un simple pantalon de toile.

— Colonel, dit le sergent en faisant un pas vers l'officier supérieur, c'est un envoyé du général Gérard. Il paraît que la révolution de Paris est faite, et que le général Gérard est ministre de la guerre.

J'arrêtai l'orateur, qui continuait de s'avancer vers la maison:

— Monsieur, lui dis-je, au lieu d'aller au colonel, priez, s'il vous plaît, le colonel de venir à nous. Je serai heureux de lui présenter mes compliments, et de lui montrer l'ordre du général Gérard.

— Est-il de la main du général, monsieur? dit le colonel.

— Il est au moins signé de lui, monsieur.

— Je vous préviens que j'ai justement fait partie de l'état-major du général, et que je connais sa signature.

— Je suis heureux de cette circonstance, colonel; elle facilitera, je l'espère, ma négociation près de vous.

Le colonel s'avança; je lui remis le papier, et profitai du moment qui m'était donné, tandis que les autres militaires se groupaient à lui, pour passer entre eux et la porte de la maison.

Dès lors, j'étais seul, c'est vrai, mais j'avais affaire à trois hommes désarmés.

— Eh bien, colonel? demandai-je au bout d'un instant.

— Je n'ai rien à dire, monsieur, sinon que l'ordre est bien signé par le général Gérard.

— Il me semble, au contraire, colonel, observai-je en riant, que c'est une raison pour que vous me disiez quelque chose.

Il échangea quelques mots avec le capitaine et le sergent.

— Que demandiez-vous à ces messieurs, quand je suis arrivé?

— Votre neutralité, colonel. Je n'ai pas la prétention de vous intimider ni de forcer votre conscience; si votre opinion vous entraîne vers le mouvement qui s'opère, tendez-moi franchement la main, et donnez-moi votre parole de ne pas vous opposer à ma mission; si, au contraire, vous voulez vous y opposer, vidons cela tout de suite, et faites tout ce que vous pourrez pour vous débarrasser de moi, car je vais faire tout ce que je pourrai pour me débarrasser de vous.

— Monsieur, dit le colonel après avoir de nouveau pris langue avec ses deux compagnons, nous sommes de vieux soldats qui ont assez vu le feu pour ne pas le craindre; dans une autre circonstance, nous accepterions donc la partie que vous nous offrez; malheureusement, ou plutôt heureusement, ce qu'on vous a dit de notre patriotisme est vrai, et, si vous aviez la main sur notre cœur, vous pourriez le voir à l'effet que nous produit l'apparition de ce drapeau tricolore que nous regrettons depuis quinze ans... Quel est l'engagement que nous devons prendre avec vous, monsieur?

— Celui de rentrer chez vous et de n'en pas sortir que vous n'appreniez que je suis tué ou que je viens moi-même vous relever de votre parole.

— Pour moi et mes camarades, monsieur, foi de soldat!

J'allai à lui, et je lui tendis la main.

Trois mains s'avancèrent au lieu d'une ; trois mains serrèrent la mienne avec cordialité.

— Voyons, maintenant, ce n'est point cela, dit le colonel ; quand on entreprend une besogne comme celle que vous avez entreprise, il faut réussir.

— Voulez-vous m'aider de vos conseils?

Il sourit.

— Où allez-vous de ce pas?

— Chez le commandant de place, M. de Liniers.

— Le connaissez-vous ?

— Pas le moins du monde.

— Hum !

— Quoi?

— Défiez-vous !

— Mais, enfin, si j'ai l'ordre?...

— Eh bien ?

— Puis-je compter sur vous?

— Oh! alors, naturellement... La neutralité cesse, et nous devenons vos alliés.

En ce moment, on frappa à la porte trois coups également espacés.

— Qu'est-ce que cela? demanda le colonel.

— Un de mes amis, colonel, qui venait m'apporter du secours, si j'en avais besoin.

Puis, tout haut, je criai :

— Attendez un instant, Bard, je vais vous ouvrir... Je suis avec des amis.

Puis, me retournant vers les militaires :

— Maintenant, messieurs, leur dis-je, voulez-vous rentrer chez vous ?

— C'est juste, dirent-ils.

— J'ai toujours votre parole?

— La parole donnée une fois ne se retire plus.

Ils rentrèrent chez eux, et j'allai ouvrir à Bard.

CLVI

Comment les choses s'étaient passées avec le sacristain. — La pièce de quatre. — Bard canonnier. — Le commandant de place. — Le lieutenant Tuya. — M. de Lenferna. — M. Bonvilliers. — Madame de Liniers. — La révolte des nègres. — A quelles conditions le commandant de place signe l'ordre. — M. Moreau. — M. Quinette. — Le maire de Soissons. — Bard et les prunes vertes.

Bard était parfaitement calme: on eût dit, en le voyant sa carabine sur l'épaule, un chasseur qui vient de se faire la main en tirant à la cible.

— Eh bien, me demanda-t-il, comment vont les choses ici?

— A merveille, mon cher! tout est arrangé.

— Bon! alors, vous avez la poudre?

— Oh! pas encore... Peste! comme vous y allez! Et votre drapeau?

Il me montra du doigt le clocher.

— Vous voyez, dit-il; n'est-ce pas qu'il fait bien dans le paysage?

— Oui; mais comment cela s'est-il passé?

— Oh! en douceur. Le sacristain a d'abord fait quelques difficultés; mais il a fini par se rendre aux raisons que lui a données M. Hutin.

— Et quelles raisons lui a-t-il données?

— Je ne sais pas trop: je regardais la campagne... Savez-vous qu'elle est magnifique, votre vallée de l'Aisne, surtout du côté de Vauxbuin?

— De sorte que vous n'avez rien entendu de ce qu'Hutin disait à votre homme d'Église?

— Je crois qu'il lui a dit qu'il allait l'assommer s'il ne se tenait pas tranquille.

— Et où est-il dans ce moment-ci?

— Qui? M. Hutin?

— Oui.

— Il doit être chez le docteur, comme il a promis.

— Alors, à merveille! vous allez rester ici, vous.

— Bon! qu'y ferai-je?

— Attendez.

Bard me suivit des yeux dans le mouvement que j'exécutai.

— Ah! le joli petit canon! s'écria-t-il.

En effet, je me dirigeais vers une jolie petite pièce de quatre, et même, à ce que je crois, d'un modèle au-dessous, laquelle était remisée à l'abri d'une espèce de hangar.

— N'est-ce pas que c'est un charmant joujou?

— Charmant!

— Alors, aidez-moi, cher ami.

— A quoi?

— A mettre cette pièce en place. En cas de siége, il faut que je vous laisse de l'artillerie.

Nous nous attelâmes à la pièce, et je la mis en batterie à trente pas à peu près de la porte.

Puis je glissai la moitié du contenu de ma poire à poudre dans le canon; je le bourrai avec mon mouchoir de poche; sur cette première bourre, je glissai une vingtaine de balles; puis, sur les balles, j'appuyai le mouchoir de poche de Bard, et la pièce se trouva chargée.

Une fois chargée, je la pointai et l'amorçai.

— La! dis-je en respirant; maintenant, voici ce que vous avez à faire.

— J'écoute les instructions.

— Combien de cigarettes pouvez-vous fumer de suite?

— Oh! tant que j'ai du tabac ou de l'argent pour en acheter!

— Eh bien, mon cher, fumez sans désemparer, afin d'avoir toujours une cigarette allumée; si l'on veut entrer malgré vous et forcer la porte, invitez trois fois les gens qui voudront entrer à se retirer; si, à la troisième invitation, ils persistent, placez-vous de côté afin que le recul de la pièce ne vous casse pas les jambes, puis approchez diagonalement votre cigarette de la lumière, et vous verrez l'effet de la mécanique.

— Bon! dit Bard.

Bard ne faisait jamais une objection. Je crois que, si, tandis qu'il était sur la galerie de la tour, je lui eusse dit: « Bard, sautez en bas! » il eût sauté.

— Ah çà! lui dis-je, à présent que vous avez une carabine et un canon, mes pistolets deviennent du luxe; rendez-moi donc mes pistolets.

— Ah! c'est vrai, dit Bard, les voici.

Il les tira de sa poche, et me les rendit.

Je les examinai de nouveau: ils étaient en bon état.

Je les glissai dans les deux basques de ma veste.

Puis je me dirigeai vers la maison du commandant de place.

Une sentinelle était dans la rue.

Je m'informai près d'elle où était le cabinet de M. de Liniers.

Elle me l'indiqua. C'était au premier étage ou à l'entre-sol.

Je montai l'escalier, et laissai mon fusil à la porte du cabinet.

Le commandant de place était seul avec un officier que je ne connaissais pas.

Il venait de se lever sur l'annonce qui lui avait été faite que le drapeau tricolore flottait au haut de la cathédrale.

Probablement ignorait-il encore mon arrivée; car, au moment même où j'entrais, il demandait à l'officier des détails sur cet étrange événement.

— Pardon, monsieur le vicomte, lui dis-je: mais, si ce sont tout simplement des détails que vous désirez, je puis vous donner ces détails, et j'ajouterai même que personne ne peut vous les donner mieux que moi.

— Soit; mais, d'abord, qui êtes-vous, monsieur? me demanda le commandant de place en me regardant avec étonnement.

J'ai dit ma tenue : ma cravate en corde à puits, ma chemise de quatre jours, ma veste veuve de la moitié de ses boutons.

Il n'y avait donc rien d'étonnant à la question de M. le commandant de place.

Je déclinai mes nom, prénoms et qualités. J'exposai en deux mots la situation de Paris ainsi que l'objet de ma mission, et je présentai au commandant de place l'ordre du général Gérard.

Le commandant de place ou le lieutenant de roi, comme on disait alors indifféremment, lut l'ordre avec attention, et, me le remettant :

— Monsieur, dit-il, vous comprenez que je ne reconnais aucunement la suzeraineté du gouvernement provisoire. D'ailleurs, la signature du général Gérard ne présente aucun caractère d'authenticité : elle n'est point légalisée ; elle n'a pas même de cachet.

— Monsieur, répondis-je, il y a une chose qui remplacera, j'en suis sûr, d'une façon triomphante la légalisation et le cachet ; je vous donne ma parole d'honneur que la signature est bien celle du général Gérard.

Un sourire qui ne manquait pas d'une certaine ironie passa sur les lèvres de M. le commandant de place.

— Je vous crois, monsieur, dit-il ; mais je vais vous annoncer une nouvelle qui rendra toute discussion inutile : il ne doit pas y avoir en ce moment au magasin à poudre plus de deux cents cartouches.

Le sourire de M. de Liniers m'avait légèrement vexé.

— Monsieur, lui répondis-je avec la même politesse, comme vous ne savez pas au juste le nombre de cartouches qu'il y a au magasin à poudre, je vais m'en informer près des trois militaires qui sont mes prisonniers sur parole.

— Comment ! vos prisonniers sur parole ?

— Oui, monsieur le vicomte ; M. le lieutenant-colonel d'Orcourt, M. le capitaine Mollard et M. le sergent Ragon sont mes prisonniers sur parole... Je vais donc, comme j'avais l'honneur de vous le dire, m'informer auprès d'eux de la quantité de poudre qu'il y a dans le magasin, et je reviens vous en instruire.

Et je saluai et je sortis.

En sortant, je jetai les yeux sur le schako du factionnaire. Il portait le chiffre du 53e.

Je jouais de bonheur. Comme on voit, la garnison de Soissons était composée du dépôt du 53e, et le 53e, on se le rappelle, avait tourné du côté du peuple au moment même où l'on s'emparait du Louvre.

Dans la rue, je rencontrai un officier.

— Vous êtes M. Dumas? me dit-il.

— Oui, monsieur.

— C'est vous qui venez de mettre le drapeau tricolore sur la cathédrale?

— Oui, monsieur.

— Marchez et ne craignez rien de nous; les soldats se sont distribué hier des cartouches tricolores.

— Puis-je compter sur eux?

— Vous pouvez compter qu'ils resteront dans la caserne.

— Votre nom?

— Le lieutenant Tuya.

— Merci !

Je pris le nom du lieutenant Tuya sur mon portefeuille.

— Que faites-vous? me demanda-t-il.

— Qui sait? répondis-je; si, en rentrant à l'hôtel de ville, je trouvais une seconde épaulette, vous ne m'en voudriez pas de vous l'envoyer?

Il se mit à rire, me fit un signe de tête, et s'éloigna rapidement.

En ce moment, plus rapidement encore, je vis passer près de moi l'officier que j'avais trouvé chez le commandant de place.

Il n'y avait pas de temps à perdre : sans doute, il allait porter des ordres.

J'allongeai le pas, de mon côté; en un instant, je fus à la poudrière.

Je frappai à la porte en me nommant.

— C'est vous? me dit Bard.

— Oui.

— Bon ! je vais vous ouvrir.

— Ce n'est pas la peine... Demandez à ces messieurs combien il y a de poudre d'artillerie dans le magasin.

— J'y vais.

J'attendis. A travers le trou de la serrure, je voyais Bard se hâtant vers la maison.

Il disparut, puis reparut quelques secondes après.

— Deux cents livres ! me cria-t-il.

— A merveille ! c'est toujours cela... Maintenant, jetez-moi la clef par-dessus la porte, ou glissez-la-moi par-dessous, que je puisse rentrer sans vous déranger.

— La voici.

— Bon ! Ne quittez pas votre poste surtout !

— Soyez donc tranquille.

Et, sur cette assurance, je repris, du même pas dont j'étais venu, le chemin de la maison de M. le lieutenant de roi.

Je retrouvai la même sentinelle à la porte de la rue; seulement, il y avait un second factionnaire à la porte du cabinet.

Je m'attendais à me voir barrer le passage ; je me trompais.

Comme la première fois, je déposai mon fusil à la porte, et j'entrai.

La société s'était augmentée de deux personnes : outre le commandant de place et l'officier inconnu, il y avait maintenant, dans le cabinet assez étroit où je venais de faire ma rentrée, M. le marquis de Lenferna, lieutenant de gendarmerie, et M. Bonvilliers, lieutenant-colonel du génie.

Ces messieurs étaient chacun dans l'uniforme de son grade, et avaient, par conséquent, les uns le sabre, les autres l'épée au côté.

J'entrai et je refermai la porte derrière moi.

A peine me trouvai-je en face des quatre officiers, que j'eus quelque regret d'avoir laissé mon fusil dehors, car je compris qu'il allait se passer là, entre eux et moi, quelque chose de grave.

J'allongeai les mains le long des basques de ma veste de

chasse pour tâter si mes pistolets étaient bien dans mes poches.

Ils y étaient bien.

— Monsieur, me dit le commandant de place d'un ton assez goguenard, en votre absence, j'ai fait appeler M. le marquis de Lenferna et M. Bonvilliers, qui sont, avec moi, les autorités militaires de la ville, afin que vous puissiez exposer devant eux, comme vous l'avez fait devant moi tout à l'heure, l'objet de votre mission.

Je vis qu'il fallait prendre la conversation sur le ton où la mettait M. de Liniers.

— Mon Dieu, monsieur, lui répondis-je, l'objet de ma mission est bien simple : il s'agit tout bonnement pour moi de prendre la poudre que je trouverai dans le magasin, et de transporter cette poudre à Paris, où l'on en manque... Et, à ce propos, j'aurai l'honneur de vous dire que vous étiez mal renseigné, monsieur le lieutenant de roi : ce n'est pas deux cents cartouches qu'il y a au magasin, c'est deux cents livres de poudre.

— Deux cents livres de poudre ou deux cents cartouches, la question n'est pas là, monsieur; la question est que vous venez prendre la poudre d'une ville de guerre ayant huit cents hommes de garnison.

— En effet, monsieur, répondis-je, vous replacez la question sur son véritable terrain : je viens prendre la poudre d'une ville de guerre ayant huit cents hommes de garnison, et voici mon ordre.

Je présentai l'ordre du général Gérard au lieutenant de roi, qui, sans doute parce qu'il le connaissait déjà, le prit du bout des doigts, le regarda négligemment, et le passa à son voisin, lequel, après l'avoir lu, le rendit à M. de Liniers avec un léger signe de tête.

— Et, probablement, pour mettre cet ordre à exécution, en supposant que nous nous refusions à y obtempérer, vous avez une armée?

— Non, monsieur; mais j'ai une volonté fort arrêtée de prendre cette poudre, attendu que je me suis engagé devant le général la Fayette à la prendre ou à me faire tuer. C'est pour cela que je vous ai demandé l'autorisation de me faire ouvrir la porte de la poudrière, et que je vous renouvelle cette demande.

— Et, seul comme vous êtes, monsieur Dumas... Je crois que vous m'avez dit que vous vous appeliez M. Dumas?

— Oui, monsieur, je m'appelle M. Dumas.

— Et seul comme vous êtes, monsieur Dumas, vous avez la prétention de me forcer à signer cette autorisation?... Vous remarquerez, n'est-ce pas? que nous sommes quatre.

Ce que j'avais remarqué, depuis un instant, à l'accent de plus en plus railleur de M. le commandant de place, et à la forme de sa phrase, c'est que la situation s'échauffait; je m'étais, en conséquence, reculé peu à peu, afin de rester maître de la porte, et, tout en reculant, j'avais introduit mes mains dans les poches de ma veste, et j'avais, sans bruit, armé la double batterie de mes pistolets.

Tout d'un coup, je les tirai de mes poches, et, dirigeant les canons sur le groupe que j'avais devant moi :

— Vous êtes quatre, messieurs, c'est vrai... mais, nous, nous sommes cinq!...

Et, faisant deux pas en avant :

— Messieurs, leur dis-je, je vous donne ma parole d'honneur que, si, dans cinq secondes, l'ordre n'est pas signé, je vous brûle la cervelle à tous les quatre; et je commence par vous, monsieur le lieutenant de roi... A tout seigneur, tout honneur!

J'étais devenu très-pâle; mais probablement que, malgré sa pâleur, mon visage exprimait une immuable résolution.

Le double canon du pistolet que je tenais de la main droite n'était qu'à un pied et demi de la figure de M. de Liniers.

— Prenez garde, monsieur, lui dis-je, je vais compter les secondes.

Et, après une pause :

— Une, deux, trois...

En ce moment, une porte latérale s'ouvrit, et une femme au paroxysme de la terreur se précipita dans l'appartement.

— O mon ami, cède! cède! s'écria-t-elle; c'est une seconde révolte des nègres!...

Et, en disant cela, elle me regardait d'un œil effaré.

— Monsieur, fit le commandant de place, par respect pour ma femme...

— Monsieur, lui répondis-je, j'ai le plus grand respect pour madame; mais, moi aussi, j'ai une mère et une sœur... J'espère donc que vous allez avoir la bonté de renvoyer madame, et que nous viderons la chose entre hommes.

— Mon ami, continuait de crier madame de Liniers cède! cède, je t'en supplie! fais ce qu'on te demande, au nom du ciel!... Souviens-toi de mon père et de ma mère, massacrés à Saint-Domingue!

Je compris seulement alors ce que madame de Liniers avait entendu par ces mots : « C'est une seconde révolte des nègres! »

A mes cheveux crépus, à mon teint bruni par trois jours de soleil, à mon accent légèrement créole, — si toutefois, au milieu de l'enrouement dont j'étais atteint, il me restait un accent quelconque, — elle m'avait pris pour un nègre, et s'était laissée aller à une indicible terreur.

Cette terreur me fut, du reste, aisée à comprendre, lorsque je sus, depuis, que madame de Liniers était une demoiselle de Saint-Janvier.

M. et madame de Saint-Janvier, son père et sa mère, avaient été impitoyablement égorgés sous ses yeux dans la révolte du Cap.

La situation, comme on le comprend bien, était trop tendue; elle ne pouvait se prolonger.

— Mais, monsieur, s'écria le lieutenant de roi désespéré, je ne puis pourtant pas céder devant un homme seul!

— Voulez-vous, monsieur, que je vous signe une attestation constatant que c'est le pistolet sous la gorge que vous m'avez donné l'ordre?

— Oui, oui, monsieur! s'écria madame de Liniers.

Puis, se retournant vers son mari, dont elle embrassait les genoux :

— Mon ami, mon ami, donne l'ordre! répétait-elle, donne-le, je t'en supplie!

— Ou bien préférez-vous, continuai-je, que j'aille chercher

deux ou trois amis, afin que nous soyons de chaque côté en nombre égal?

— Eh bien, oui, je préfère cela, monsieur.

— Prenez garde, monsieur le vicomte, je vais sortir m'en rapportant à votre parole d'honneur ; je vais sortir lorsque je vous tiens, lorsque je puis vous brûler la cervelle à tous quatre... Je vous réponds que ce serait bientôt fait... Vous retrouverai-je où vous êtes et comme vous êtes?

— Oh! oui, monsieur! s'écria madame de Liniers.

Je m'inclinai avec politesse; mais, sans céder d'une ligne :

— C'est la parole d'honneur de votre mari que je demande, madame.

— Eh bien, monsieur, dit le lieutenant de roi, je vous la donne.

— Je présume, repris-je, que cette parole engage ces messieurs en même temps que vous?

Les officiers firent un signe de tête.

Je désarmai mes pistolets, et les remis dans mes poches.

Puis, m'adressant à madame de Liniers :

— Rassurez-vous, madame, lui dis-je, tout est fini. Dans cinq minutes, messieurs, je suis ici.

Et je sortis, prenant en passant mon fusil, que je retrouvai dans l'angle de la porte.

Je m'étais fort avancé; je ne savais où aller chercher Hutin, et Bard gardait un poste important.

Le hasard me servit; en mettant le pied dans la rue, je vis Hutin et l'un de ses amis qui, fidèles au rendez-vous, attendaient à dix pas de la maison : cet ami était un jeune homme de Soissons, chaud patriote, nommé Moreau.

Chacun d'eux avait un fusil à deux coups.

Je leur fis signe de venir et d'entrer dans la cour.

Ils vinrent et entrèrent, sans trop savoir de quoi il était question.

Je remontai. La parole était rigoureusement tenue : aucun de ces messieurs n'avait quitté sa place.

J'allai à la fenêtre, et je l'ouvris.

— Messieurs, dis-je à Hutin et à Moreau, ayez la bonté de

dire à M. le lieutenant de roi que vous êtes prêts à faire feu non-seulement sur lui, mais encore sur les autres personnes que je désignerai, s'il ne signe pas à l'instant même l'autorisation de prendre la poudre.

Pour toute réponse, Hutin et Moreau armèrent leurs fusils.

Madame de Liniers suivait tous mes mouvements et ceux de son mari avec des yeux hagards.

— Cela suffit, monsieur, me dit le lieutenant de roi, je suis prêt à signer.

Et, prenant un papier sur son bureau, il écrivit ces lignes :

« J'autorise M. Alexandre Dumas à se faire livrer toutes les poudres appartenant à l'artillerie qui se trouveront dans la poudrière Saint-Jean.

» *Le lieutenant de roi commandant la place,*

» Vicomte DE LINIERS.

» Soissons, ce 31 juillet 1830. »

Je pris le papier que me tendait le comte ; je saluai madame de Liniers, en lui présentant mes excuses pour la terreur involontaire que je venais de lui causer, et je sortis (1).

Dans la rue, nous rencontrâmes le second ami dont Hutin m'avait parlé, M. Quinette. Il venait se joindre à nous.

C'était un peu tard, comme on voit ; il est vrai qu'il devait nous quitter bientôt.

Son avis fut qu'il fallait procéder légalement, et que, pour procéder légalement, j'avais besoin d'être assisté du maire.

Je n'avais rien à dire contre la proposition ; je tenais mon ordre. J'allai chercher le maire.

J'ai oublié le nom de cet honorable magistrat ; tout ce dont

---

(1) Je crois devoir, en terminant ce récit, prendre la précaution que j'ai déjà prise en le commençant, c'est-à-dire renvoyer au *Moniteur* du 9 août 1830 le lecteur qui croirait que je fais du roman. — Voir aussi la note A à la fin de ce volume.

je me souviens, c'est qu'il ne fit aucune difficulté de me suivre.

Cinq minutes après, accompagné du maire, d'Hutin, de Moreau et de Quinette, j'ouvrais avec précaution la porte du cloître Saint-Jean, non sans avoir prévenu Bard que c'était moi qui ouvrais la porte.

— Entrez, entrez! m'avait-il répondu.

J'entrai, et je vis la pièce en batterie; mais, à mon grand étonnement, Bard avait complétement disparu.

Il était à vingt pas de son canon, perché sur un prunier. Il mangeait des prunes vertes!

CLVII

M. le maire de Soissons. — La poudre de la régie. — M. Jousselin. — La hache de l'entreposeur. — M. Quinette. — J'enfonce la porte de la poudrière. — Sortie triomphale de Soissons. — M. Mennesson tente de me faire arrêter.—Les gardes du duc d'Orléans.—M. Boyer. — Retour à Paris. — Ces diables de républicains!

Cette fois, grâce au bon conseil de M. Quinette, il était impossible d'agir plus légalement que nous n'agissions, puisque nous procédions, comme Bilboquet, *avec autorisation de M. le maire.*

Aussi le lieutenant-colonel d'Orcourt s'empressa-t-il de nous ouvrir la porte du magasin à poudre d'artillerie.

Ce magasin était le pavillon à droite de la porte en entrant.

Nous n'y trouvâmes, en effet, que deux cents livres de poudre, à peu près.

Je m'apprêtais à les emporter lorsque le maire les réclama pour la défense de la ville.

La réclamation était assez juste; cependant, comme j'étais décidé à rapporter à Paris une quantité quelconque de poudre, peut-être allais-je recommencer avec M. le maire la scène que j'avais eue avec le commandant de place, lorsque le lieutenant-colonel d'Orcourt s'approcha de moi, et me dit tout bas:

— Il n'y a que deux cents livres de poudre dans le magasin

de l'artillerie, c'est vrai; mais, là dans le pavillon en face, il y a trois mille livres de poudre à la ville.

J'ouvris de grands yeux.

— Répétez donc, lui dis-je.

— Trois mille livres de poudre, là...

Et il me montra du doigt le pavillon.

— Alors, ouvrons ce pavillon, et prenons la poudre.

— Oui, mais je n'ai pas la clef.

— Et où est la clef?

— Chez l'entreposeur, M. Jousselin.

— Et où demeure M. Jousselin?

— Un de ces messieurs vous conduira chez lui.

— Très-bien.

Je me tournai vers le maire.

— Monsieur le maire, je ne dis ni oui ni non, quant à votre demande : si j'ai d'autre poudre, je vous laisserai vos deux cents livres; si je n'en ai pas, je vous les prendrai... Maintenant, ne perdons pas de temps, et distribuons-nous les rôles. Mon cher monsieur Moreau, chargez-vous de nous trouver chez des voituriers de la ville une voiture et des chevaux de transport : on payera voiture et chevaux ce qu'il faudra; seulement, que, dans une heure, ils soient ici. Aussitôt la poudre chargée, nous partons... Est-ce dit?

— Oui.

— Allez.

M. Moreau partit; il était impossible de mettre plus d'entrain qu'il n'en mettait.

— Bard, mon ami, vous voyez que la situation se complique : reprenez votre position près de la pièce de quatre; rallumez votre cigarette, et plus de prunes vertes, n'est-ce pas?

— Soyez tranquille : à peine en ai-je mangé deux ou trois, et j'ai les dents horriblement agacées!... Aussi, pour toutes les poudres de M. Jousselin, je ne mordrais pas dans une quatrième!

— Vous, Hutin, allez chez M. Missa, afin de savoir ce qu'il a fait de son côté, et, s'il n'a rien fait, reprenez-lui la proclamation du général la Fayette; elle peut nous être utile près des autorités civiles, qui déclineront peut-être la validité des ordres du général Gérard.

— J'y cours !

— Vous, monsieur Quinette, ayez la bonté de me conduire chez M. Jousselin.

— C'est loin.

— Bah! qu'importe!... Avec un peu d'ensemble, ça marchera!... Dans une demi-heure ou trois quarts d'heure au plus tard, tout le monde ici!

Bard reprit son poste; Hutin partit de son côté; M. Quinette et moi, nous partîmes du nôtre.

Nous arrivâmes à la porte de M. Jousselin.

— C'est ici, me dit M. Quinette ; mais, vous comprenez ma susceptibilité, n'est-ce pas? comme je suis de la ville, et que j'y reste après vous, je désire que vous entriez seul chez M. Jousselin.

— Oh! qu'à cela ne tienne !

J'entrai chez M. Jousselin.

J'avoue que je n'étais, pour le moment, possesseur ni d'un physique ni d'un habit propres à inspirer la confiance. J'avais perdu mon chapeau de paille, je ne saurais dire où ; j'avais le visage brûlé de soleil et couvert de sueur; j'avais la voix tantôt éclatant en notes tromboniques, tantôt filant des sons d'une ténuité presque insaisissable; ma veste, surchargée de mes pistolets à deux coups, continuait de perdre le peu de boutons dont elle était ornée ; enfin, la poussière de la route n'avait pu faire disparaître le sang qui tachait ma guêtre et mon soulier.

Il n'était donc pas étonnant qu'en m'apercevant ainsi accoutré, et mon fusil à deux coups sur l'épaule, M. Jousselin reculât, lui et le fauteuil sur lequel il était assis.

— Que me voulez-vous, monsieur? me demanda-t-il.

Je lui exposai le plus succinctement possible l'objet de ma visite ; je n'avais pas de temps à perdre; d'ailleurs, j'eusse voulu faire des phrases, qu'il y eût eu impossibilité : je ne pouvais plus parler.

M. Jousselin me fit plusieurs objections que je levai les unes après les autres; mais, l'une levée, l'autre arrivait; je vis que nous n'en finirions pas.

— Monsieur, lui dis-je, terminons. Voulez-vous ou ne voulez-vous pas me donner ce que vous avez de poudre dans votre magasin, pour mille francs que j'ai sur moi, et que voici?

— Monsieur, impossible! il y en a pour douze mille francs.

— Voulez-vous ou ne voulez-vous pas recevoir mes mille francs à-compte, et accepter, pour le reste, un bon payable par le gouvernement provisoire?

— Monsieur, il nous est défendu de vendre à crédit.

— Voulez-vous ou ne voulez-vous pas me donner pour rien la poudre de la régie, c'est-à-dire la poudre du gouvernement, c'est-à-dire ma poudre, et non la vôtre, puisque j'ai un ordre du gouvernement pour la prendre, et que vous n'avez pas d'ordre pour la garder?

— Monsieur, je vous ferai observer...

— Oui ou non?

— Monsieur, vous êtes libre de la prendre; mais je vous préviens que vous en répondrez au gouvernement.

— Eh! monsieur, il fallait commencer par me dire cela, et la discussion serait finie depuis longtemps!

Je m'approchai de la cheminée, et m'emparai d'une hache à fendre le bois qui, depuis longtemps, me tirait l'œil.

— Mais, monsieur, s'écria l'entreposeur stupéfait, que faites-vous?

— Monsieur, je vous emprunte cette hache pour enfoncer la porte de la poudrière... Vous la retrouverez à Saint-Jean, monsieur Jousselin.

Et je sortis.

— Mais, monsieur, cria l'entreposeur en me suivant, c'est un vol que vous commettez là!

— Et même un vol avec effraction, monsieur Jousselin.

— Je vous préviens que je vais en écrire au ministre des finances.

— Écrivez-en au diable, si vous voulez, monsieur Jousselin!

Tout en dialoguant, nous étions arrivés à la porte de la rue.

M. Jousselin continuait de crier; la populace s'amassait.

Je revins sur mes pas.

— Ah! taisons-nous un peu, monsieur l'entreposeur, lui dis-je en empoignant solidement le manche de la hache.

— Au meurtre! à l'assassin! hurla-t-il de plus belle.

Et, me fermant la porte au nez, il la verrouilla en dedans.

Je ne voulais pas m'amuser à enfoncer la porte de M. l'entreposeur.

— Allons, allons, dis-je à M. Quinette, l'ennemi quitte la place; en route!

Et je me mis à courir, la hache à la main, du côté de l'église Saint-Jean.

Je n'avais pas fait cent pas, que je reconnus la voix de M. Jousselin, dont les malédictions m'arrivaient à travers l'espace.

Il était à sa fenêtre, et essayait d'ameuter la population contre moi.

M. Quinette avait prudemment disparu.

Je ne l'ai revu qu'en 1851, à Bruxelles. — Si, à Soissons, je trouvai qu'il était parti trop tôt, en revanche, à Bruxelles, il me sembla qu'il restait trop tard, quand, après le 2 décembre, il attendit qu'on lui envoyât sa démission d'ambassadeur de la République...

Je ne m'inquiétai ni des cris de l'entreposeur, ni de l'attitude hostile de la population; je continuai mon chemin vers la poudrière.

Cette fois, Bard était à son poste.

— Eh bien, me demanda le lieutenant-colonel d'Orcourt, avez-vous l'autorisation de M. Jousselin?

— Non, répondis-je; mais j'ai la clef de la poudrière!

Et je montrai la hache.

En ce moment, Hutin arriva.

— Eh bien, lui dis-je, votre docteur Missa, qu'a-t-il fait?

— Comprenez-vous! me répondit Hutin, ce chef des patriotes, il n'a pas osé mettre le nez dehors!... C'est tout au plus s'il voulait me rendre la proclamation du général la Fayette!

— Vous la lui avez reprise, j'espère?
— Tiens, parbleu! la voici!
— Donnez... Bon! Maintenant, à l'ouvrage!
— Et vous, qu'avez-vous fait?
— J'ai cueilli cette hache à la cheminée de M. Jousselin... Nous allons enfoncer la porte de la poudrière, charger la poudre sur la voiture que Moreau amènera, et nous filerons... Comptez-vous sur Moreau?
— Comme sur moi!... A propos, et Quinette?
— Disparu! évanoui! volatilisé!... Mais, voyons, ne nous occupons plus de lui. A l'œuvre!...

Ce n'était pas chose facile, non de se mettre à l'œuvre, mais d'en venir à nos fins. La serrure qu'il fallait faire sauter se crochait dans la muraille même; la muraille était bâtie en moellons de silex; chaque coup mal dirigé qui, au lieu de porter sur la serrure ou sur le bois, portait sur la muraille, faisait voler des millions d'étincelles.

C'était un brave que le lieutenant-colonel d'Orcourt; mais, au deuxième ou troisième coup de hache, quand il eut vu jaillir les étincelles, il secoua la tête, et, se tournant vers ses compagnons :

— Ne restons pas ici, c'est inutile... Il faut être fou pour faire le métier que font ces messieurs.

Et il s'éloigna avec eux autant que les murs de l'enclos le lui permirent.

Au bout de cinq minutes, je fus obligé de passer la hache à Hutin, qui se mit à travailler la porte à son tour.

Et, comme, à mon vis, la chose n'allait pas encore assez vite, je soulevai jusqu'à la hauteur de ma tête la plus grosse pierre que je pus trouver; puis, prenant la posture d'Ajax, je criai gare à Hutin, je lançai la pierre, et, sous ce dernier effort, la porte, déjà ébranlée, vola en morceaux.

Nous étions, enfin, devant les trois mille livres de poudre!

J'avais tellement peur qu'elles ne m'échappassent, que je

m'assis sur un tonneau comme Jean Bart, et que je priai Hutin d'aller presser Moreau et ses voituriers.

Hutin partit; c'était, de son côté, une vigoureuse nature, toute de nerfs, un chasseur infatigable, un admirable tireur, peu parleur, mais qu'il fallait voir à l'œuvre, quelle que fût cette œuvre, pour l'apprécier.

Un quart d'heure après, il revenait avec la voiture, mais sans Moreau.

Qu'était devenu Moreau?

Moreau avait soulevé une vingtaine de jeunes gens de la ville et tout le corps des pompiers. Pompiers et jeunes gens allaient m'attendre et me faire escorte jusqu'à Villers-Cotterets.

De plus, Moreau m'envoyait son cheval pour faire ma sortie.

Nous chargeâmes la poudre sur la voiture; je payai le prix convenu, — quatre cents francs, je crois; — nous étions libres de prendre la poste; le voiturier devait suivre la voiture; il la ramènerait comme il pourrait, c'était son affaire : il recevait quatre cents francs pour cela.

La poudre chargée, nous fîmes une halte chez madame Hutin. Il était quatre heures de l'après-midi, et nous étions encore à jeun.

Bard, seul, avait mangé trois prunes.

Bard mourait d'envie d'emmener la pièce de quatre, et, moi, je mourais d'envie de lui en faire cadeau; mais les braves gardiens de la poudrière me prièrent tant de la leur laisser, que je n'eus pas le courage de la leur prendre.

Un bon dîner nous attendait chez Hutin. Si grand besoin que nous en eussions, nous le mangeâmes en hâte, et pendant qu'on attelait les chevaux de poste au cabriolet.

Enfin, à cinq heures, nous nous mîmes en route : Hutin, Moreau et Bard, derrière la voiture, dans le cabriolet; moi, sur le cheval de Moreau, marchant le long des roues, une main à la fonte, et tout prêt à faire sauter la voiture, moi et une partie de la ville, si l'on tentait de s'opposer à notre sortie.

Personne ne nous fit obstacle; quelques cris patriotiques retentirent même derrière nous.

Il fallait savoir gré à la population de pousser ces cris, quelque rares qu'ils fussent, car, en vérité, en 1830, on ne savait quels cris pousser.

L'endroit dangereux à franchir était la porte de la ville. Une fois que nous serions engagés sous la porte, la herse pouvait tomber devant nous, tandis qu'on nous attaquerait par les deux corps de garde.

Ces Thermopyles furent dépassées sans accident, et nous nous trouvâmes de l'autre côté de la muraille, et en rase campagne.

Nos hommes nous attendaient à cinquante pas de la porte.

Alors, seulement, je l'avoue, je respirai à pleine poitrine.

— Sacrebleu! mon cher ami, dis-je à Hutin, rentrez donc dans la ville, et faites-nous venir une vingtaine de bouteilles de vin, afin que nous buvions à la santé du général la Fayette... Nous l'avons bien gagné!

Un quart d'heure après, nous levions nos verres, et nous buvions à la santé du général, toast que nous renvoyèrent en acclamations les habitants de la ville qui, pour assister à notre départ, encombraient les murailles.

Les vingt bouteilles vidées, nous nous remîmes en route.

A la Verte-Feuille, c'est-à-dire à moitié chemin de Soissons à Villers-Cotterets, je laissai le cheval de Moreau chez le maître de poste; il m'eût été impossible de rester en selle dix minutes de plus : je tombais de fatigue.

Tandis qu'on mettait quatre chevaux de poste à la charrette, — car je commençais à m'apercevoir qu'avec les chevaux du voiturier nous n'arriverions jamais, — je me couchai au bord d'un fossé, et je m'endormis si profondément, qu'on eut toutes les peines du monde à me réveiller au moment du départ.

Moreau, alors, reprit son cheval; il voulait nous accompagner jusqu'à Villers-Cotterets. Je montai à sa place dans le cabriolet, et à peine y étais-je installé, que je m'endormis de nouveau.

Je dormais depuis une heure probablement, lorsque je me sentis vigoureusement secoué.

Je rouvris les yeux; j'avais affaire à Hutin.

— Eh! réveillez-vous donc! me dit-il.

— Pourquoi? demandai-je en bâillant. Je dors si bien!

— Mais parce qu'il paraît que votre ancien notaire, M. Mennesson, a révolutionné la ville, sous prétexte que vous faites les affaires du duc d'Orléans, — et on ne veut pas nous laisser passer.

— Moi, les affaires du duc d'Orléans?... Ah çà! mais il est fou ou soûl!

— Fou, soit; mais, en attendant, il paraît qu'il va falloir en découdre.

— En découdre! et avec qui?

— Avec les gardes de la forêt d'abord.

— Avec les gardes de la forêt? Entendons-nous... Comment faudra-t-il en découdre avec les gardes de la forêt, qui sont au duc d'Orléans, parce que je fais les affaires du duc d'Orléans?

— Oh! moi, je n'y comprends rien... Je vous préviens, voilà tout. Maintenant que vous êtes prévenu, marchons.

J'achevai de me réveiller. Nous étions au bas de la montagne de Dampleux, et c'était un de mes amis de Villers-Cotterets qui était accouru nous avertir de ce qui se tramait contre nous.

J'appelai Moreau, qui composait à lui seul toute notre cavalerie.

— Moreau, lui dis-je, faites-moi le plaisir, pour achever votre cheval, de le mettre au galop, et d'aller voir jusque chez Cartier ou même jusque chez Paillet, ce qu'il y a de vrai dans ce qu'on nous annonce. Si vous rencontrez M. Mennesson, prévenez-le que j'ai deux balles dans mon fusil, et que, s'il ne veut pas faire connaissance avec elles, il se tienne hors de portée.

Moreau partit au galop; je me mis à l'avant-garde avec Hutin et six ou huit hommes qui me parurent prêts à tout, et je laissai Bard avec les vingt-cinq ou trente autres, pour faire escorte à la voiture; après quoi, nous continuâmes notre chemin.

Au bout de dix minutes, nous vîmes revenir Moreau. Il y avait, en effet, un attroupement devant la porte de M. Mennesson; M. Mennesson pérorait au milieu de l'attroupement; mais Moreau s'était approché de lui, lui avait parlé à l'oreille, et il avait disparu.

Restaient les gardes, que l'on disait commandés par un ancien officier nommé M. Boyer.

Cette résistance des gardes commandés par M. Boyer me paraissait d'autant plus étonnante que les gardes, comme je l'ai dit, étaient attachés à la maison d'Orléans, pour laquelle on m'accusait de faire des émeutes en province, et que M. Boyer, ancien officier destitué par la Restauration, devait tout à M. le duc d'Orléans.

Nous arrivâmes à la porte de Paillet; nous étions attendus comme la première fois; le souper était servi; nous l'expédiâmes rapidement. Tous nos hommes soupaient dans la cour de Cartier.

Cependant, comme nous nous attendions à être attaqués d'un moment à l'autre, chacun soupait avec son fusil entre les jambes.

Le souper se passa sans encombre.

Pendant que nous étions à table, on avait renouvelé les chevaux du cabriolet et de la charrette. Vers dix heures du soir, nous nous remîmes en route, escortés, cette fois, par la garde nationale tout entière de Villers-Cotterets.

Nous nous étions séparés avec force embrassades et poignées de main de notre escorte de Soissons, qui avait fait six lieues en moins de quatre heures.

Arrivé au haut de la montagne de Vauciennes, et comme je nageais à plein corps dans ce bon sommeil dont Saverny reproche avec tant de mélancolie au bourreau de l'avoir tiré, je fus une seconde fois secoué par Hutin.

— Alerte! alerte! me dit-il.
— Quoi?
— M. Boyer vous demande; il veut se battre avec vous.

VI. 14.

— Bon ! Et où est-il ?

— Me voici ! dit une voix.

Je me frottai les yeux, et je vis un homme de trente-cinq à quarante ans, sur un cheval ruisselant d'écume.

Je descendis.

— Pardon, monsieur, lui demandai-je, mais il paraît que vous désirez me parler ?

— Monsieur, me dit le cavalier avec une grande animation, vous m'avez insulté !

— Moi ?

— Oui, vous, monsieur ! et vous allez, j'espère, me rendre raison !

— Raison de quoi ?

— De ce que vous avez dit que j'étais soûl ou fou !

— Attendez donc, j'ai dit cela de quelqu'un, c'est vrai ; mais de qui donc l'ai-je dit ?

— Eh ! parbleu ! s'écria Hutin, vous l'avez dit de M. Mennesson !

— Vous voyez, monsieur, je ne l'ai pas soufflé à M. Hutin...

— Avez-vous un autre motif de me chercher querelle ?

— Aucun, monsieur.

— Dans ce cas, ce n'était guère la peine de me réveiller.

— Monsieur, je croyais...

— Le croyez-vous encore ?

— Non, puisqu'on me dit le contraire.

— Eh bien, alors ?

— Bon voyage, monsieur.

— Merci !

Et M. Boyer fit faire à son cheval un *tête à la queue*, et reprit au galop le chemin de Villers-Cotterets.

Bien souvent nous nous rencontrâmes depuis, et nous rîmes du malentendu.

Mais, pour le moment, j'avais autre chose à faire que de rire. Je laissai à Bard la garde de la poudre, je remontai dans le cabriolet, je chargeai Hutin de payer les relais, je me rendormis, et ne me réveillai que dans le cour du maître de poste du Bourget.

Il était à peu près trois heures du matin.

Je ne pouvais voir le général la Fayette que vers huit ou neuf heures. Nous acceptâmes donc la tasse de café et le lit que nous offrait le maître de poste.

Seulement, comme je me défiais de moi, et que je craignais de dormir vingt-quatre heures, je priai qu'on me réveillât à sept heures, promesse qui me fut faite et qui fut religieusement tenue.

A neuf heures du matin, nous entrions à l'hôtel de ville.

Je trouvai le général à son poste avec son même uniforme bleu, son même gilet blanc, sa même cravate blanche; seulement, son uniforme était un peu plus ouvert, son gilet un peu plus débraillé, sa cravate un peu plus lâche que quand je l'avais quitté.

Pauvre général! moins heureux que moi, qui parlais encore, lui ne parlait plus du tout. Il ouvrait les bras et embrassait : c'était tout ce qu'il pouvait faire.

Heureusement que, dans les cas secondaires, Carbonnel le suppléait : ainsi, lorsque arrivait la députation de quelque commune, après que le général avait embrassé le maire et les adjoints, Carbonnel embrassait les simples conseillers municipaux.

Cependant, pour moi, le général fit un effort : non-seulement il ouvrit les bras et m'embrassa, mais encore il essaya de me féliciter sur ma réussite, et de m'exprimer la satisfaction qu'il éprouvait de me revoir sain et sauf; malheureusement pour mon amour-propre, la voix s'arrêta dans son gosier.

Le même accident, s'il faut en croire Virgile, était arrivé trois mille ans auparavant à Turnus.

Bonnelier, qui parlait encore, me prit par le bras; et s'écria en levant les yeux au ciel :

— Ah! mon ami! quel mal nous ont donné hier vos diables de républicains!... Par bonheur, tout est fini!

C'était de l'hébreu pour moi; seulement, le *par bonheur, tout est fini!* me déplaisait fort, à moi républicain; il était clair que nous avions perdu quelque bataille.

En effet, les événements avaient rudement marché pendant les quarante-quatre heures qu'avait duré mon absence!

Voyons où l'on en était à mon retour, et comment on en était venu là.

CLVIII

Première proclamation orléaniste. — MM. Thiers et Scheffer vont à Neuilly. — La soirée à Saint-Cloud. — Charles X révoque les ordonnances. — Députation républicaine à l'hôtel de ville. — M. de Sussy. — Audry de Puyraveau. — Proclamation républicaine. — Réponse de la Fayette au duc de Mortemart. — Charras et Mauguin.

Je crois avoir fini un des précédents chapitres en disant : « Ce récit changea les dispositions de M. Thiers, qui, au lieu de faire son article, se leva et courut chez Laffitte. »

M. Thiers était orléaniste, ainsi que M. Mignet : un dîner chez M. de Talleyrand, dans lequel *Dorothée* avait été charmante, avait séduit les deux publicistes; Carrel seul s'était séparé d'eux, et était resté républicain (1).

Aussi, dès le matin du 30, M. Thiers et M. Mignet avaient-ils rédigé une proclamation conçue en ces termes :

« Charles X ne peut plus rentrer dans Paris, il a fait couler le sang du peuple.

» La république nous exposerait à d'affreuses divisions ; elle nous brouillerait avec l'Europe.

» Le duc d'Orléans est un prince dévoué à la cause de la Révolution.

---

(1) On a dit que je m'étais trompé au sujet de cette fondation. J'en appelle à M. Thiers lui-même, et à ses souvenirs de 1829.

M. Thiers n'a pas oublié la réponse que lui fit, à un bal masqué, un domino qui donnait le bras à M. de Blancmesnil, réponse qui le força de quitter le bal à l'instant même.

Peut-être, avec la permission du domino, trouverai-je moyen de raconter plus tard cette scène.

» Le duc d'Orléans ne s'est jamais battu contre nous.

» Le duc d'Orléans était à Jemmapes.

» Le duc d'Orléans est un roi citoyen.

» Le duc d'Orléans a porté au feu les couleurs tricolores ; le duc d'Orléans peut seul les porter encore ; nous n'en voulons point d'autres.

» Le duc d'Orléans ne se prononce pas ; il attend notre vœu. Proclamons ce vœu, et il acceptera la Charte comme nous l'avons toujours entendue et voulue.

» C'est du peuple français qu'il tiendra sa couronne ! »

Cette proclamation était évidemment la réponse à la note écrite de la main d'Oudard, et partie de Neuilly pour Paris à trois heures un quart du matin.

Malheureusement, la proclamation avait été huée place de la Bourse, et déchirée à tous les coins de mur où elle avait été affichée.

Le souffle révolutionnaire était encore déchaîné par les rues.

Thiers était rentré au *National* après avoir vu l'effet produit par sa proclamation.

La nouvelle du duc de Chartres sauvé lui était une occasion d'aller à Neuilly : toutes les portes s'ouvrent devant un messager qui vient annoncer à un père et à une mère le salut de leur enfant.

En arrivant chez Laffitte, il apprit que les négociations étaient nouées avec Neuilly.

Le duc d'Orléans correspondait directement avec M. Laffitte par l'intermédiaire d'Oudard et de Tallencourt.

Selon toute probabilité, la duchesse elle-même ignorait où en étaient les négociations.

Madame Adélaïde était, sans doute, mieux instruite des secrets du frère que la femme de ceux du mari : le duc d'Orléans avait grande confiance dans l'esprit presque viril de sa sœur.

Laffitte ne présidait plus son salon, qui était présidé par Bérard.

D'où venait cette absence de Laffitte?

Des douleurs que lui causait sa foulure, répondait-on à ceux qui s'enquéraient.

Le fait est que Laffitte, poussé par Béranger, faisait un roi. M. Thiers jeta les hauts cris : on l'oubliait, disait-il.

Béranger lui rit au nez, de ce sourire qui n'appartient qu'à l'auteur du *Dieu des bonnes gens*.

— Pourquoi diable voulez-vous qu'on n'oublie pas les absents? lui dit-il.

Et, en effet, depuis quatre heures, M. Thiers était absent du salon de Laffitte; quatre heures, en révolution, c'est quatre années! En quatre heures, un monde disparaît, un monde se reforme.

M. Thiers alla trouver M. Sébastiani et se fit donner un programme. Chacun voulait apporter son moellon à l'édifice de la royauté nouvelle. Scheffer, le peintre, artiste d'un immense mérite et homme d'une grande valeur, ami du duc d'Orléans, presque commensal de sa maison, se disposait à partir pour Neuilly, envoyé par la commission municipale. M. Thiers s'accrocha à Scheffer, et partit avec lui.

La route de Neuilly était coupée par un régiment de la garde.

— Diable! dit Thiers, s'ils allaient nous arrêter et trouver le programme...

— Donnez-le-moi, dit Scheffer.

Et il prit le programme des mains de Thiers, le réduisit en un volume aussi mince que possible, et le glissa dans le creux de sa main gauche par l'ouverture de son gant.

On arriva sans accident à Neuilly.

Mais le duc d'Orléans, à Neuilly, se trouvait trop rapproché des troupes royales; il s'était retiré au Raincy, après avoir dicté la fameuse note à Oudard, et ce fut avec le Raincy que Laffitte correspondit pendant la journée du 30.

Les deux négociateurs ne trouvèrent donc à Neuilly que la duchesse et madame Adélaïde.

Louis Blanc, admirablement renseigné sur ce point, a très-exactement raconté cette scène; nous renverrons donc à lui ceux de nos lecteurs qui désireraient la connaître dans tous ses détails.

Nous nous bornerons, quant à nous, à dire que la reine repoussa avec indignation l'offre du trône, mais que, moins dédaigneuse, et surtout moins indignée, madame Adélaïde, non-seulement ne repoussa rien, mais encore promit presque tout au nom de son frère.

M. de Montesquiou fut immédiatement envoyé au Raincy.

Le moment attendu par la race des d'Orléans, depuis qu'elle existait côtoyant la royauté, était donc enfin venu. Le but de cette ambition, éveillée dès 1790 pour le duc actuel, ménagée avec tant de soin pendant les quinze ans de royauté de Louis XVIII et de Charles X, pouvait être atteint; il n'y avait plus que le bras à étendre et un mot à dire.

Mais, à cette heure décisive, le cœur faillit presque au duc d'Orléans.

Décidé à partir derrière M. de Montesquiou, il envoya celui-ci annoncer son arrivée, et partit en effet; mais, au bout d'un quart de lieue, il revint sur ses pas.

Ce qui fit, de Louis-Philippe, le roi des Français, ce fut la crainte de perdre ses six millions de rente.

Et, cependant, au moment même où le duc d'Orléans retournait au Raincy au grand galop de ses chevaux, la Chambre se réunissait, et M. Laffitte, nommé par acclamation président, — première flatterie à la puissance future, — M. Laffitte posait, pour ainsi dire, les bases de la royauté de juillet.

Tandis que M. Thiers revient de Neuilly, et raconte à qui veut l'entendre le charmant accueil qu'il a reçu des princesses; tandis que le duc d'Orléans, près de manquer à sa destinée, tourne le dos à ce pouvoir qu'il a tant convoité; tandis que M. Laffitte, poursuivant son rêve de dix ans, sert cette ambition défaillante qui, en se réalisant, doit souffler sur sa fortune et sa popularité, et les éteindre toutes deux, au lieu de les ranimer, — disons, en peu de mots, ce que faisaient les royalistes d'un côté, et les républicains de l'autre.

Quand il eut cédé aux désirs de M. de Vitrolles, de M. de Sémonville et de M. d'Argout; quand il se fut laissé arracher la promesse d'un ministère dont les trois principaux membres seraient MM. de Mortemart, Gérard et Casimir Périer; quand il eut obtenu de M. de Mortemart que celui-ci même devînt le chef de ce nouveau cabinet, Charles X crut avoir tout fait, et se mit à jouer au whist avec M. de Duras, M. de Luxembourg et madame la duchesse de Berry.

Pendant que Charles X jouait, M. Mortemart attendait qu'il plût au roi de lui donner des ordres pour Paris; et M. le dauphin, qui craignait que le roi ne donnât ces ordres, après avoir positivement défendu aux sentinelles du bois de Boulogne de laisser passer qui que ce fût allant de Saint-Cloud à Paris, regardait machinalement une carte géographique.

La partie finie, le roi annonça qu'il allait se coucher.

Alors, M. de Mortemart, ne comprenant rien à ces instances du roi pour qu'il acceptât le ministère et à cette inertie depuis qu'il l'avait accepté, s'approcha de Charles X.

— Le roi n'ordonne-t-il pas que je parte?

Le roi, qui venait de manger quelques pralines, répondit en mâchant un cure-dents :

— Pas encore, monsieur le duc, pas encore... J'attends des nouvelles de Paris.

Et il passa dans sa chambre à coucher.

M. de Mortemart était près de quitter Saint-Cloud; un dernier sentiment de piété pour cette fortune royale qui allait sombrer le retint au palais.

Il rentra dans l'appartement qui lui avait été assigné, mais ne se coucha point.

On a vu comment MM. de Vitrolles, de Sémonville et d'Argout avaient été accueillis et par la commission municipale et par M. Laffitte.

MM. de Vitrolles et d'Argout revinrent à Saint-Cloud, afin de raconter les résultats de leur ambassade; ils avaient perdu en route M. de Sémonville.

M. de Sémonvile avait assez fait pour sa conscience en allant une première fois à Saint-Cloud ; il pensa qu'il avait, maintenant, le droit de faire quelque chose pour sa place de grand référendaire.

Il était resté à Paris.

L'avis de MM. de Vitrolles et d'Argout était qu'il n'y avait pas un instant à perdre ; et encore, en ne perdant pas un instant, était-il probable qu'on ne pouvait plus sauver la monarchie.

Ils trouvèrent M. de Mortemart debout et désespéré.

Toute la soirée, tandis que le roi faisait tranquillement sa partie de whist, et que M. le dauphin consultait machinalement sa carte géographique, lui s'était tenu sur le balcon qui regardait la capitale, bouillant d'impatience et tressaillant à chaque bruit qui venait de Paris, comme tressaille un fils pieux à chaque craquement de l'édifice paternel qui s'écroule.

Il raconta à MM. de Vitrolles et d'Argout toutes ses transes, toutes ses angoisses, tous ses désappointements.

Alors, ils voulurent l'emmener avec eux à Paris.

— Qu'y ferais-je? répondit M. de Mortemart. Je n'ai aucun caractère officiel. Irai-je, comme un aventurier, dire : « Les ordonnances sont révoquées, et je suis ministre! » Qui me croira?... Un ordre, une signature, un moyen de reconnaissance, et je suis à vous.

On décida qu'on allait, séance tenante, rédiger des ordonnances nouvelles révoquant celles du 25, et que, ces ordonnances rédigées, on les ferait signer au roi.

Les ordonnances furent, en effet, rédigées séance tenante ; mais, lorsqu'il fallut les faire signer au roi, là fut l'embarras.

L'étiquette était positive : les grandes entrées pouvaient seules pénétrer dans la chambre du roi, et aucun de ces trois messieurs n'avait les grandes entrées.

Les gardes du corps refusèrent le passage.

On s'adressa au valet de chambre. Il refusa la porte.

Pourquoi pas? Le valet de chambre ne refusait-il pas, le 6 octobre 1789, la porte du cabinet du roi Louis XVI à M. de la Fayette, — qui venait sauver le roi Louis XVI et sa famille d'un égorgement général, — sous prétexte que M. de la Fayette n'avait pas les grandes entrées?

Hélas ! le roi Charles X n'avait pas même là une madame Élisabeth pour crier à ce valet de chambre imbécile : « Non, monsieur, il n'a pas les grandes entrées, mais le roi les lui donne. »

Il fallut employer la menace, déclarer au valet de chambre qu'on le rendait responsable des malheurs qui pouvaient surgir de son refus.

Le valet de chambre, effrayé, céda, pliant sous le poids de la responsabilité.

Le roi dormait ; il fallut l'éveiller ; il fallut lui raconter Paris en révolution, Paris marchant dans la voie de la république, Paris armé et menaçant, mais pouvant être encore désarmé à cette heure ; Paris inexorable demain : il fallut tout cela pour que le roi se décidât.

La lutte dura de minuit à deux heures du matin. A deux heures et quelques minutes, le roi signa.

— Ah ! murmura-t-il en déposant la plume, le roi Jean et François Ier rendaient du moins leur épée sur un champ de bataille !

M. de Mortemart entendit cet aparté.

Il voulait rentrer, jeter les ordonnances sur le lit de ce monarque ingrat ; MM. d'Argout et de Vitrolles l'entraînèrent.

— Oh ! murmura-t-il à son tour, s'il ne s'agissait pas de sauver la tête du roi !...

On monta en calèche, et l'on partit ; mais, en arrivant au bois de Boulogne, on fut arrêté.

M. le dauphin avait, comme nous l'avons dit, donné l'ordre positif aux chefs de poste de ne laisser passer, pour Paris, aucune personne venant de Saint-Cloud.

Il avait prévu ce qui arrivait.

M. de Mortemart fut obligé de tourner à pied le bois de Boulogne, et, après avoir fait un détour de trois lieues, il entra dans Paris par un mur ébréché dans un but de contrebande.

En entrant à Paris, il put voir les proclamations orléanistes affichées sur les murs.

Ces proclamations, les républicains, eux aussi, les avaient vues.

Ce fut Pierre Leroux qui lut une des premières; elle était toute fraîche appliquée au mur; il la décolla et l'apporta chez Joubert, au passage Dauphine.

— Si cela est ainsi, s'écria-t-on d'une voix unanime, tout est à recommencer : rallumons les réchauds, et refondons des balles !

A l'instant même, des émissaires furent chargés de rallier les républicains dispersés; il y avait, à une heure, séance chez Lointier.

Je n'assistai point à cette réunion. On sait que je courais, pendant ce temps, de l'hôtel de ville chez Laffitte, cherchant cet introuvable gouvernement provisoire dont tout le monde a entendu parler, mais que personne n'a jamais vu.

Je venais de quitter l'hôtel de ville lorsqu'une députation républicaine y arriva; elle aussi avait rédigé sa proclamation. M. Hubert, ancien notaire, un des hommes les plus honorables que j'aie connus, et qui vient de mourir, laissant toute sa fortune à des hospices, à des établissements de bienfaisance, et aux citoyens poursuivis pour leurs opinions démocratiques, était chargé de présenter cette adresse au général la Fayette.

La voici :

« Le peuple, hier, a reconquis ses droits sacrés au prix de son sang; le plus précieux de ces droits est de choisir librement son gouvernement; il faut empêcher qu'aucune proclamation ne soit faite qui désigne un chef, lorsque la forme même du gouvernement ne peut être déterminée.

» Il existe une représentation provisoire de la nation; qu'elle reste en permanence jusqu'à ce que le vœu de la majorité des Français ait pu être connu. »

On voit que tout le monde prenait au sérieux la fabuleuse et invisible trilogie la Fayette, Gérard et Choiseul.

Les membres de la députation étaient Charles Teste, Trélat, Hingray, Bastide, Guinard et Poubelle.

Hubert, le chef de la députation, la précédait, portant au bout de sa baïonnette la note qu'on vient de lire.

La députation fut admise à l'instant même; chez le général la Fayette, nul ne faisait antichambre.

La discussion fut vive; la Fayette ignorait toutes les menées orléanistes, et protestait avec la candeur de l'ignorance.

Les républicains, de leur côté, affirmaient avec toute la vigueur de l'instinct.

— Général, dit Hubert, par les balles qui trouent le plafond au-dessus de votre tête, nous vous adjurons de prendre la dictature!

On en était à ce point; le général allait peut-être céder, quand on lui annonça que M. de Sussy demandait à lui parler.

Les républicains se tenaient là, inquiets, ombrageux, pleins de doute, semblant interroger du regard le général, et le sommer de redire tout haut ce qu'on venait de lui dire tout bas.

Le général comprit qu'il ne s'agissait point de biaiser à cette heure; d'ailleurs, son âme droite, son cœur loyal répugnaient à toute dissimulation.

— Faites entrer M. de Sussy, dit-il à haute voix.

— Mais, général, c'est à vous seul que M. de Sussy désire parler.

— Faites entrer M. de Sussy, répéta le général; je suis ici au milieu de mes amis.

M. de Sussy entra et fut forcé de dire quelle cause l'amenait.

Cela tombait bien : il venait annoncer au général la Fayette la révocation des ordonnances, la nomination du ministère Mortemart, Gérard et Casimir Périer, l'arrivée de M. de Mortemart à Paris, et, enfin, le refus que venait de faire la Chambre, qui s'occupait de la royauté du duc d'Orléans, de recevoir les nouvelles ordonnances signées par Charles X à trois heures du matin — juste au moment où le duc d'Orléans dictait à Oudard la fameuse note qui avait mis MM. Thiers et Mignet si fort en émoi.

Ainsi les choses s'expliquaient ; tous les jeux s'abattaient à la fois sur la même table : le jeu de Charles X, nommant le ministère Mortemart, Gérard et Casimir Périer; le jeu de M. Laffitte, proposant le duc d'Orléans au suffrage de la nation; et, enfin, le jeu des républicains, pressant la Fayette d'accepter la dictature.

On eût fait la chose exprès et l'on eût arrêté l'heure, qu'on n'eût certes pas mieux réussi.

Il s'ensuivit alors, dans la salle où venaient de se heurter des intérêts si puissants, un instant de trouble qui faillit être fatal à M. de Sussy.

Bastide l'avait pris au collet, et allait tout simplement le jeter par la fenêtre, lorsque Trélat le retint.

Je reviendrai plus d'une fois sur Bastide, et je dirai quel homme plein de franchise, de courage et de loyauté c'était et c'est encore.

Comme tous les mouvements extrêmes, celui-ci amena sa réaction.

Cette réaction eut pour résultat de laisser M. de Sussy sortir tranquillement, sous la conduite du général Lobau, lequel ouvrit la porte en accourant au bruit infernal qui se faisait dans le cabinet de la Fayette.

Les républicains se retrouvèrent seuls avec le général.

Ils renouvelaient leurs instances auprès de lui, quand on vint les avertir que M. de Sussy, introduit dans le sein de la commission municipale, y exposait au moment même les nouvelles propositions de Charles X, auxquelles la commission municipale ne paraissait nullement hostile.

Il ne s'agissait plus de discuter avec la Fayette et d'écouter ses théories sur le gouvernement constitutionnel en France et le gouvernement républicain aux États-Unis; la question de vie ou de mort se débattait à la commission municipale.

Il s'agissait de courir à la commission municipale.

On y courut.

La porte était fermée.

On frappa.

Personne ne répondit.

Deux ou trois coups de crosse de fusil ébranlèrent violemment la porte, qui s'ouvrit enfin, et qui, en s'ouvrant, montra M. de Sussy exposant ses raisons aux membres de la commission municipale, lesquels paraissaient les écouter avec la plus grande faveur.

Cette apparition de six ou huit hommes armés et connus pour la vigueur de leur caractère jeta l'épouvante au milieu de l'assemblée; on se leva, on s'éparpilla, on voulut avoir l'air de ne rien faire de décisif.

Pendant ce temps, Hubert sentit qu'on lui glissait un papier dans la main.

Il se retourna et reconnut M. Audry de Puyraveau, le seul véritable patriote de la commission.

— Prenez cette proclamation, lui dit vivement celui-ci ; elle a failli être signée, il y a une heure, par la commission municipale... L'arrivée de M. de Sussy a tout remis en question... Montez sur une borne, lisez la proclamation, répandez-la, imposez-la... Ils signeront si vous leur faites peur.

A la bonne heure! cette façon d'agir rentrait dans la politique des vainqueurs du Louvre. Tous descendirent rapidement les degrés de l'hôtel de ville; Hubert monta sur une borne, appela le peuple à lui, et, entouré de ses compagnons, il lut à haute voix la proclamation suivante comme émanée de la commission municipale.

Écoutez bien, car c'est la seule manifestation républicaine sérieuse qui ait été faite en 1830.

Écoutez bien, car elle va vous dire où en étaient, à cette époque, les esprits les plus avancés.

Écoutez bien, car elle vous apprendra quels étaient les vœux de ces hommes qu'on a persécutés pendant dix-huit ans, sous prétexte qu'ils voulaient bouleverser la société.

Après avoir lu cette proclamation, — qu'il est bon de comparer à celle de MM. Thiers et Mignet, — relisez la déclaration des Droits de l'Homme de 1789, et vous verrez que les républicains de 1830 étaient en arrière de cette Déclaration.

« La France est libre.

» Elle veut une constitution.

» Elle n'accorde au gouvernement provisoire que le droit de la consulter.

» En attendant qu'elle ait exprimé sa volonté par de nouvelles élections ; respect aux principes suivants :

» Plus de royauté.

» Le gouvernement exercé par les seuls mandataires élus de la nation.

» Le pouvoir exécutif confié à un président temporaire.

» Le concours médiat et immédiat de tous les citoyens à l'élection des députés.

» La liberté des cultes.

» Plus de culte de l'État.

» Les emplois de l'armée de terre et de l'armée de mer garantis contre toute destitution arbitraire.

» Établissement des gardes nationales sur tous les points de la France ; la défense de la constitution leur est confiée.

» Ces principes, pour lesquels nous venons de risquer notre vie, nous les soutiendrons, s'il le faut, par l'insurrection légale. »

Pendant que Hubert lisait cette proclamation sur la place de l'Hôtel-de-Ville, M. de Sussy entrait dans le cabinet de la Fayette, et, malgré toutes ses instances, quoiqu'il fît valoir les titres de parenté qui unissaient les la Fayette aux Mortemart, il ne pouvait tirer du général que la lettre suivante :

« Monsieur le duc,

» J'ai reçu la lettre que vous m'avez fait l'honneur de m'écrire, avec tous les sentiments que votre caractère personnel m'inspire depuis longtemps. M. de Sussy vous rendra compte de la visite qu'il a bien voulu me faire. J'ai rempli vos intentions en lisant ce que vous m'adressiez à beaucoup de personnes qui m'entouraient ; j'ai engagé M. de Sussy à passer à la commission, alors peu nombreuse, qui se trouvait à l'hôtel de ville ; enfin, je remettrai au général Gérard les papiers dont il m'a chargé ; mais les devoirs qui me retiennent ici rendent impossible pour moi d'aller vous chercher. Si vous veniez à l'hôtel de ville, j'aurais l'honneur de vous recevoir, mais sans utilité pour l'objet de cette conversation, puisque vos communications ont été faites à mes collègues. »

De ce côté, du moins, M. de Mortemart pouvait voir qu'il n'avait aucune espérance à conserver.

Sur ces entrefaites, Saint-Quentin, révolté en même temps que Paris, envoyait une députation au général la Fayette et demandait deux élèves de l'École polytechnique pour commander sa garde nationale.

La députation ajoutait qu'il n'y avait qu'une tentative à risquer sur la Fère, et que, sans aucun doute, on enlèverait le 4e régiment d'artillerie en garnison dans cette ville, et commandé par le colonel Husson.

Les élèves de l'École n'étaient pas rares à l'hôtel de ville, et tous étaient si braves, qu'il n'y avait pas de choix à faire entre eux. Le général la Fayette envoya Odilon Barrot chercher les deux premiers venus.

Odilon Barrot ramena Charras et Lothon.

Charras avait toujours ses cent cinquante ou deux cents hommes campés dans un coin de l'hôtel de ville, et formant un corps à part.

Les deux jeunes gens furent introduits près du général la Fayette; celui-ci leur expliqua ce dont il était question, et les invita à aller demander au gouvernement provisoire les pouvoirs qui leur étaient nécessaires.

Charras et Lothon se mirent alors à la recherche de ce fameux gouvernement provisoire que j'avais déjà cherché inutilement, et sans doute firent-ils le même sillage que moi, puisqu'ils arrivèrent à cette même grande salle ornée de cette même grande table couverte de ces mêmes bouteilles de vin et de bière, — bouteilles vides bien entendu, — et habitée par ce même plumitif qui continuait à écrire avec acharnement... Quoi? Personne n'en a jamais rien su.

Mais, de gouvernement provisoire, pas plus que sur la main.

Odilon Barrot se mit lui-même à la recherche : le gouvernement provisoire resta aussi inconnu que le passage du pôle nord.

On s'adjoignit Mauguin.

Mauguin n'en put découvrir davantage.

Ce qu'il y avait de curieux, c'est que ceux-là mêmes qui étaient le plus au courant de la chose semblaient croire à l'existence fantastique de ce gouvernement provisoire.

Lassés de ces recherches inutiles, les deux élèves, toujours accompagnés d'Odilon Barrot et de Mauguin, revinrent dans la salle à la grande table, aux bouteilles vides et au plumitif.

On se regarda un instant dans le blanc des yeux.

— Mais, enfin, dit Charras, je ne puis cependant pas aller enlever un régiment sans avoir au moins une lettre pour les officiers.

— Je vais vous l'écrire, dit bravement Mauguin.

— Je vous remercie de tout mon cœur, dit Charras; mais, pour des soldats, vous ne serez jamais, quelque mérite et quelque courage que vous ayez, que M. l'avocat Mauguin... J'aimerais mieux une lettre du général la Fayette.

— Eh bien, reprit Mauguin, je vais rédiger cette lettre, et vous la lui ferez signer.

— Bon !

Mauguin prit la plume du scribe solitaire, qui interrompit un instant ses écritures enragées, se leva et alla explorer, les unes après les autres, les vingt-cinq ou trente bouteilles dont la table était encombrée. L'exploration fut inutile ! — On eût dit qu'il cherchait le gouvernement provisoire.

Cependant, Mauguin écrivait.

A mesure qu'il écrivait, Charras lisait par-dessus son épaule, et, tout en lisant, il secouait la tête.

— Qu'y a-t-il? lui demanda Odilon Barrot.

— Oh! dit Charras assez bas pour ne pas être entendu de Mauguin, il y a que ce n'est pas comme cela qu'on écrit à des militaires... ta ta ta ta ta!...

Sans doute que Mauguin faisait, en même temps et à part

lui, la même observation ; car, tout à coup, il jeta la plume en s'écriant :

— Le diable m'emporte si je sais que leur dire, moi !

— Eh ! mon Dieu, reprit Odilon Barrot, laissons ces messieurs écrire leur lettre, et contentons-nous de la signer... ils s'y entendent mieux que nous.

Et l'on passa la plume à Charras.

En un instant la proclamation fut troussée.

Charras en écrivait la dernière ligne lorsque entra le général Lobau ; — sans doute, lui aussi cherchait le gouvernement provisoire.

— Ah ! pardieu ! dit Charras, voilà bien notre affaire ! puisque nous avons un vrai général sous la main, faisons-lui signer notre proclamation.

On s'adresse au général Lobau, on lui explique la situation, on lui lit la lettre ; mais le général Lobau tourne la tête.

— Oh ! dit-il, non ! je ne suis pas assez fou pour signer cela.

Et il sortit.

— Hein ? fit Charras.

— Cela ne m'étonne pas, dit Mauguin. Tout à l'heure, ils ont refusé de mettre leur signature à un ordre d'aller enlever les poudres de Soissons.

C'était mon ordre.

— Alors, il recule ? dit Charras.

— Sans doute.

— Mais, sacrebleu ! en révolution, s'écria Charras, l'homme qui recule trahit !... Je vais le faire fusiller.

Odilon Barrot et Mauguin bondirent.

— Le faire fusiller ! y pensez-vous ?... Faire fusiller le général Lobau, un des membres du gouvernement provisoire !... Et par qui le ferez-vous fusiller ?

— Oh ! que cela ne vous inquiète pas ! dit Charras.

Et, entraînant Mauguin vers la fenêtre :

— Voyez-vous, dit-il en lui montrant ses cent cinquante hommes, voyez-vous ces gaillards qui sont là-bas autour d'un drapeau tricolore ? Eh bien, ils ont pris avec moi la caserne de Babylone ; ils ne connaissent que moi, ils n'obéissent qu'à moi, et, si le Père éternel trahissait la cause de la liberté, — ce qu'il est incapable de faire, — et que je leur disse de fusiller le Père éternel, ils le fusilleraient !

Mauguin baissa la tête. Il s'effrayait de ce qu'on eût pu faire avec de pareils hommes.

C'étaient ces hommes, c'est-à-dire les républicains, comme il les appelait, qui avaient donné tant de mal au pauvre Hippolyte Bonnelier.

Une heure après, Charras et Lothon partaient pour la Fère munis d'une lettre signée Mauguin, et d'une proclamation de la Fayette ; cette proclamation ne différait guère de la mienne, laquelle, ainsi qu'on l'a vu, m'avait peu servi, étant restée, pendant tout le temps de mon séjour à Soissons, entre les mains de M. Missa (1).

CLIX

Philippe VII. — Comment Béranger se justifie d'avoir aidé à faire un roi. — Le duc d'Orléans pendant les trois jours. — Son arrivée à Paris le 30 au soir. — Il fait appeler M. de Mortemart. — Lettre inédite écrite par lui à Charles X. — Benjamin Constant et Laffitte. — Députation de la Chambre au Palais-Royal. — M. Sébastiani. — M. de Talleyrand. — Le duc d'Orléans accepte la lieutenance générale du royaume. — Pièces curieuses trouvées aux Tuileries.

Mon premier besoin, le général la Fayette embrassé, était, comme on le comprend bien, d'aller prendre un bain, et de changer de tout.

Le bain n'était pas difficile à prendre : j'avais l'école de natation Deligny presque en face de chez moi.

J'entrai à l'école, et je dois dire que j'effrayai tout le monde, jusqu'au père Jean. Je consignai au garçon de cabinet mon fusil, mes pistolets, ma poudre, mes balles et ce qui me restait de mes trois mille francs ; après quoi, tandis qu'on allait me chercher Joseph, du linge et des habits, je piquai une des plus voluptueuses têtes que j'aie piquées de ma vie.

(1) Voir la note B à la fin du volume.

Une heure après, j'étais en mesure de me présenter même devant le gouvernement provisoire, si quelqu'un eût pu m'indiquer où siégeait le susdit gouvernement.

Je renvoyai à la maison ma défroque de combattant, et je m'acheminai vers l'hôtel Laffitte. J'étais avide de nouvelles.

J'eus toutes les peines du monde à pénétrer chez l'illustre banquier. Personne ne voulait plus me reconnaître; j'étais trop bien vêtu.

On discutait ou plutôt on parlait bruyamment dans le salon. M. Sébastiani, annonçait-on, revenait de chez le prince de Talleyrand et en apportait une grande nouvelle.

Quelle était cette nouvelle?

Tout à coup, la porte s'ouvre, et M. Sébastiani, la figure radieuse, jette aux trois ou quatre cents personnes qui encombraient la salle à manger, les antichambres et les corridors, ces paroles textuelles :

— Messieurs, vous pouvez annoncer à tout le monde qu'à partir d'aujourd'hui, le roi de France s'appelle Philippe VII.

En ce moment, Béranger passa; je savais qu'il avait dû être pour beaucoup dans cette nomination.

Je lui sautai au cou, moitié pour l'embrasser, moitié pour lui faire une querelle, et, riant et grondant à la fois :

— Ah! parbleu! lui dis-je, vous venez de nous faire un beau coup, monsieur mon père.

J'appelais Béranger mon père, et il voulait bien m'appeler son fils.

— Qu'ai-je donc fait, monsieur mon fils? me répondit-il.

— Ce que vous avez fait? Pardieu! vous avez fait un roi!

Sa figure prit cette expression doucement sérieuse qui lui est habituelle.

— Écoute bien ce que je vais te dire, mon enfant, reprit-il; je n'ai pas précisément fait un roi... non...

— Qu'avez-vous fait, alors?

— J'ai fait ce que font les petits Savoyards quand il y a de l'orage... j'ai mis une planche sur le ruisseau.

Que de fois, depuis, j'ai réfléchi à cette triste et philosophique parole! Elle a modifié une partie de mes idées; elle a présidé à mes études historiques de 1831 et 1832 ; elle m'a inspiré, en 1833, l'épilogue de *Gaule et France*.

Béranger s'éloigna.

J'étais resté rêveur. Qu'eût-ce donc été, si j'avais pu prévoir que ce trône, le moins poétique des trônes de la terre, élevé par un poëte en 1830, serait renversé par un poëte en 1848 ? Quel étrange encadrement à ces dix-huit ans de règne que Béranger et Lamartine !

Je ne fus tiré de ma rêverie que par les murmures qui grondaient autour de moi. Une scène violente s'accomplissait au milieu de ces murmures.

Un ancien secrétaire d'Ouvrard, nommé Poisson, venait d'ouvrir la porte du salon de M. Laffitte, et déclarait, avec des jurons à faire crouler la maison, qu'il ne voulait pas de roi. — C'était l'avis, non-seulement de M. Poisson, mais encore de tous ceux qui étaient là.

Non, je le répète, cette élection ne fut pas populaire au premier abord, et, de l'hôtel Laffitte au Palais-Royal, où je me rendis, suivant en quelque sorte le vol de cette nouvelle, j'entendis plus d'imprécations que d'acclamations.

J'allais au n° 216 pour avoir des détails.

Le duc d'Orléans était au Palais-Royal.

Quant à Oudard, s'il y était, il se tenait invisible.

Mais restaient les portiers et les garçons de bureau, gens fort visibles, gens fort bien renseignés, parce que l'on dit tout devant eux, ne les comptant pour rien ; gens fort bavards, attendu qu'ils veulent conquérir l'importance qu'on ne leur accorde pas.

Puis je dois dire qu'outre les concierges et les garçons de bureau, il y avait là deux ou trois personnes parfaitement informées.

Or, voici ce qui s'était passé, voici ce dont je garantis l'exactitude, voici ce que je défie que l'on puisse nier.

Le duc d'Orléans était rentré le 30, à onze heures du soir, au Palais-Royal.

Suivons-le rapidement pendant les trois jours.

C'est à Neuilly, où le duc d'Orléans passait tous ses étés,

que la nouvelle des ordonnances et le bruit des coups de fusil étaient allés le chercher.

Par le peu de mots que nous avons dits déjà, par le silence et les retardements qui accueillirent d'abord les propositions Laffitte, on a pu voir que l'anxiété de Son Altesse fut grande.

Tant que la royauté, à l'état de fantôme, se tint immobile à l'horizon, le duc marcha vers la royauté timidement, obliquement, tortueusement, c'est vrai, mais enfin il y marcha.

Mais, dès que le fantôme se fit réalité; dès que le fantôme, à son tour, s'anima et marcha à lui, il eut peur.

Ce fantôme ne s'appelait plus royauté, il s'appelait usurpation; il n'avait plus sur la tête la couronne de saint Louis, il avait le bonnet rouge de Danton et de Collot-d'Herbois.

Le duc d'Orléans avait le courage; l'audace lui manquait.

Nous le répétons, — et nous lui faisons un mérite de ce sentiment, — il eut peur.

Pendant les journées du 28 et du 29, il resta caché dans celui des petits pavillons de son parc de Neuilly qui portait le nom de la Laiterie.

Dans la matinée du 29, on lui apporta un boulet qui venait de tomber dans le parc.

Mais, le même jour, après avoir reçu le message de Laffitte : « Une couronne ou un passe-port, » son inquiétude devint telle, que, se croyant mal caché dans le pavillon, il partit pour le Raincy avec Oudard. Il portait un habit marron, un pantalon blanc, un chapeau gris auquel fleurissait une cocarde tricolore faite par madame Adélaïde.

Il laissa, en partant, la note datée de trois heures un quart du matin, afin que l'on crût qu'il était à Neuilly.

Dans la journée du 30, comme nous l'avons dit, après la visite de M. Thiers et de Scheffer, on lui expédia M. de Montesquiou.

Nous avons raconté comment il sortit du Raincy, puis y rentra.

Pendant toute la journée du 30, il resta au Raincy sans donner signe d'existence

Toutefois, les messages se multipliaient; et, l'un de ces

messages lui ayant annoncé qu'une députation de la Chambre était venue lui offrir la couronne, il se décida à revenir à Neuilly. Il y arriva vers neuf heures du soir.

Madame Adélaïde s'était fait remettre une copie de la déclaration de la Chambre, ou peut-être la déclaration même.

Cette déclaration fut lue dans le parc, à la lueur des flambeaux, en présence de toute la famille.

Il n'y avait plus à reculer : il fallait opter entre le trône, — c'est-à-dire l'ambition éternelle de sa race, — ou l'exil, — c'est-à-dire la terreur constante de sa vie.

Il embrassa sa femme et ses enfants, et partit pour Paris accompagné de trois personnes seulement : M. Berthois, M. Heymès et Oudard.

Il était dix heures du soir lorsqu'on descendit de voiture à la barrière ; on entra dans Paris, on enjamba les barricades, et l'on arriva au n° 216 de la rue Saint-Honoré.

Ce fut par la petite allée des employés, et non par la cour et l'escalier d'honneur, que le duc rentra au Palais-Royal.

Il monta au bureau d'Oudard, voisin, on se le rappelle, de mon ancien bureau.

Là, écrasé de fatigue, ruisselant de sueur, plein de frissonnements convulsifs, il jeta bas son habit, son gilet, sa chemise et jusqu'à son gilet de flanelle, changea de gilet de flanelle et de chemise, se fit apporter un matelas, et se jeta dessus.

Il avait su l'arrivée à Paris de M. de Mortemart, et dans quel but l'honorable duc y était venu. Il l'envoya chercher, le priant de passer à l'instant même au Palais-Royal.

Un quart d'heure après, on annonçait M. de Mortemart.

Le duc d'Orléans se souleva sur son coude.

— Ah ! venez, venez, monsieur le duc ! s'écria-t-il d'une voix brève et fiévreuse en l'apercevant ; j'ai hâte de vous dire, afin que vous puissiez transmettre mes paroles au roi Charles X, combien je suis douloureusement affecté de tout ce qui arrive !

M. de Mortemart s'inclina.

— Vous retournez à Saint-Cloud, n'est-ce pas ?... Vous allez y revoir le roi ?

— Oui, monseigneur.

— Eh bien, continua le duc avec agitation, dites au roi qu'ils m'ont amené de force à Paris. J'étais au Raincy, hier, quand une foule d'hommes ont fait invasion dans le château de Neuilly... Au nom de la réunion de la Chambre, on m'a demandé ; j'étais absent. On a menacé la duchesse, on lui a dit qu'elle allait être conduite à Paris, prisonnière avec ses enfants, jusqu'au moment où j'aurais reparu ; alors, elle a eu peur... C'est bien concevable, une femme, n'est-ce pas ?... Elle m'a écrit un billet pour me presser de revenir... Vous savez comme j'aime ma femme et mes enfants ; cet amour l'a emporté sur toute autre considération, et je suis revenu... On m'attendait à Neuilly, on s'est emparé de moi, et l'on m'a amené ici... Voilà comment je m'y trouve.

Juste en ce moment, les cris de « Vive le duc d'Orléans ! » retentirent dans la rue et jusque dans la cour du Palais-Royal. M. de Mortemart tressaillit.

— Vous entendez, monseigneur ? dit-il.

— Oui, oui, j'entends... Mais je ne suis pour rien dans tous ces cris-là, et dites bien au roi que je me ferai tuer plutôt que d'accepter la couronne.

— Auriez-vous quelque répugnance, monseigneur, à assurer le roi par écrit de ces honorables dispositions ?

— Aucune, monsieur, aucune... Oudard, une plume, de l'encre et du papier.

Tandis qu'Oudard cherchait les objets demandés, le duc déchirait une page blanche dans une espèce de registre qui se trouvait à portée de sa main : c'était un registre qui avait rapport aux chevaliers de l'Ordre. Puis, selon son habitude, et pour économiser le papier, il fit le brouillon de sa lettre sur la feuille déchirée au registre.

C'est sans doute à cette économie (1) que nous devons de

---

(1) L'économie du roi Louis-Philippe a été tellement contestée, en dernier lieu surtout, par M. de Montalivet, que nous nous réservons d'en donner une preuve à la fin de ce chapitre.

pouvoir donner au public une copie de cette lettre très-importante, très-curieuse et surtout très-authentique.

En effet, la lettre écrite, le duc d'Orléans froissa le brouillon dans ses mains, et jeta derrière lui ce brouillon, qui roula jusque dans un coin de la cheminée, où il fut retrouvé le lendemain.

Par qui? Je ne puis le dire. Ce que je sais, c'est que j'ai copié sur ce brouillon même ce que l'on va lire tout à l'heure.

Quant à la lettre, M. de Mortemart la plia, la mit dans sa cravate blanche, et sortit pour la porter au roi.

C'est cette lettre qu'adjura depuis Charles X avec tant d'amertume, quand il apprit que Louis-Philippe avait accepté la couronne.

Voici le brouillon avec son orthographe et ses ratures; nous ne changeons pas une lettre au texte, tout entier de la main de Son Altesse royale :

450

TABLE DES TITRES

CONTENUS DANS CE SECOND VOLUME

	Pages.
Promotion du 8 février 1694.	1
Promotion de l'année 1695.	128
Création de l'année 1697.	154
Promotion de l'année 1700.	160
Nominations de chevaliers depuis 1701.	295

FIN DE LA TABLE DES TITRES.

M. de........ dira à votre majesté comment l'on m'a amené ici par force. J'ignore jusqu'à quel point ces gens-ci pourront user de violence à mon égard; mais s'il arrivait si dans cet affreux désordre il arrivait que l'on m'imposât un titre auquel je n'ai jamais aspiré, que votre majesté soit convaincue bien persuadée que je ne recevrai tout espèce de pouvoir que temporairement, et dans le seul intérêt de notre maison.

J'en prends ici l'engagement formel envers votre majesté.

Ma famille partage mes sentiments à cet égard.

Palais-Royal, Juillet 31, 1830. (Fidèle sujet).

Nous invitons maintenant nos lecteurs, ceux surtout qui veulent se faire une idée exacte du caractère de ces hommes élus pour être les pasteurs de l'humanité, nous les invitons, disons-nous, à comparer ce brouillon de lettre avec la note envoyée de Neuilly dans la nuit du 29 au 30 juillet.

Louis-Philippe, homme privé; Louis-Philippe, homme politique; Louis-Philippe, roi, est peint tout entier par lui-même dans cette note et dans ce brouillon.

Seulement, la date du 31 juillet nous gêne, surtout après plus de vingt-deux ans écoulés. Est-ce une erreur de la part du duc d'Orléans, ou le billet n'a-t-il été signé qu'après minuit, — ce qui ferait alors exacte cette date du 31 — ou bien encore — chose possible à la rigueur — n'a-t-il été signé que le 31 au soir? Notre avis, à nous, est qu'il a été signé le 31 au matin, entre une et deux heures de la nuit.

Et voici pourquoi c'est notre avis : c'est qu'à une heure du matin, M. Laffitte n'était pas encore prévenu de l'arrivée du duc d'Orléans.

Aussi, les salons de l'illustre banquier, abandonnés peu à peu par ceux qu'inquiétaient ce mutisme et cette absence du duc d'Orléans, présentaient-ils un vide toujours croissant qui n'avait rien de rassurant.

A deux heures du matin, en effet, il ne restait dans le salon que Laffitte et Benjamin Constant. — Béranger, écrasé de fatigue, venait de se retirer.

— Eh bien, dit Laffitte avec son calme ordinaire, que dites-vous de la situation, Constant?

— Moi? répondit en riant l'auteur d'*Adolphe*. Je dis, mon cher Laffitte, qu'il y a cent à parier contre un que, demain à pareille heure, nous serons pendus.

Laffitte fit un mouvement.

— Ah! je comprends cela, vous n'êtes pas fou de la pendaison, vous : cela dérangerait votre petite figure rose, vos cheveux si bien peignés, votre cravate si bien mise; mais, moi, avec ma longue figure jaune, je n'ai pas mal l'air déjà d'un pendu, et la corde ajouterait peu de chose à la physionomie.

Et ce fut sur ce compliment que, à deux heures et demie du matin, tous deux se quittèrent.

A cinq heures seulement, l'on réveilla M. Laffitte pour le prévenir de l'arrivée du duc d'Orléans à Paris.

— Ah ! dit-il, décidément, il paraît que c'est Benjamin Constant qui se trompe, et que nous ne serons pas pendus.

Au reste, dès huit heures du matin, la députation de la Chambre qui, la veille, s'était présentée à Neuilly, s'était présentée au Palais-Royal, conduite par le général Sébastiani.

C'était bien le même général Sébastiani qui disait, le 29 juillet : « Prenez garde d'aller trop loin, messieurs... Nous négocions, voilà tout ; notre rôle est celui de médiateurs ; nous ne sommes pas même députés ! » celui qui disait, le 30 : « Il n'y a de national en France que le drapeau blanc ! » celui qui disait, le 31 : « Partez, monsieur Thiers, et tâchez de décider le duc d'Orléans à accepter la couronne ! » celui qui disait encore, le 1er août : « Messieurs, annoncez à tout le monde que le roi de France s'appelle maintenant Philippe VII ! » celui, enfin, qui devait dire plus tard : « L'ordre règne à Varsovie ! » N'oublions pas que, de plus, c'était toujours le même général Sébastiani qui, à mon premier voyage à Paris, m'avait reçu entre quatre secrétaires placés aux quatre points cardinaux de sa chambre, et se tenant prêts chacun à lui présenter du tabac dans une tabatière d'or.

Merveilleux type à étudier dans les révolutions, et dont je voudrais pouvoir conserver la mémoire à la postérité !

Pourquoi ces hommes-là n'ont-ils pas, comme le Christ, la faculté d'empreindre leur visage dans les mouchoirs avec lesquels ils essuient la sueur de leur ambition ?

Cette fois, M. le duc d'Orléans parut, mais ne promit encore rien de positif ; seulement, il s'engagea à rendre réponse dans une heure.

Il avait, comme Brutus, son oracle de Delphes à consulter.

Son oracle à lui demeurait au coin de la rue de Rivoli et de la rue Saint-Florentin.

Louis Blanc raconte que, le 29 juillet 1830, à midi cinq minutes, une fenêtre s'ouvrit timidement au coin de la rue

Saint-Florentin, et que, si timidement cependant qu'elle s'ouvrit, une voix grêle et cassée s'écria :

— Monsieur Keiser, monsieur Keiser, que faites-vous?

— Je regarde dans la rue, mon prince.

— Monsieur Keiser, vous allez être cause que l'on pillera mon hôtel!

— Il n'y a pas de danger, mon prince : les troupes battent en retraite, et le peuple ne songe qu'à les poursuivre.

— Ah! vraiment, monsieur Keiser?

Alors, celui auquel on donnait le titre de prince se leva, fit, en boitant, quelques pas vers la pendule, et, d'une voix non-seulement rassurée, mais encore presque solennelle :

— Monsieur Keiser, dit-il, mettez en note sur vos tablettes que, le 29 juillet, à midi cinq minutes, la branche aînée des Bourbons a cessé de régner sur la France.

Ce vieillard boiteux qui, d'un ton prophétique, annonçait la chute de Charles X, c'était Charles-Maurice de Talleyrand-Périgord, prince de Bénévent, ancien évêque d'Autun, qui, le premier, proposa la vente des biens du clergé, en 1789; qui dit la messe sur l'autel de la patrie, le 14 juillet 1790, jour de la fête de la fédération; qui fut envoyé en 1792, à Londres par Louis XVI, pour assister l'ambassadeur M. de Chauvelin; qui fut créé prince de Bénévent en 1806; qui reçut le titre de vice-grand électeur, avec cinq cent mille francs de traitement, en 1807; qui fut nommé membre du gouvernement provisoire en 1814; qui fut nommé ministre des affaires étrangères et envoyé extraordinaire à Vienne par Louis XVIII la même année; qui fut nommé par Louis-Philippe ambassadeur à Londres en 1830, et qui, enfin, mourut plus ou moins chrétiennement, le 18 mai 1838.

Maintenant, j'ai souvent entendu les hommes les plus au courant de la politique contemporaine et de la corruption de tous les temps se demander comment M. de Talleyrand avait pu trouver grâce devant Louis XVIII d'avoir été membre de l'assemblée constituante, évêque assermenté, officiant du Champ de Mars, ministre du Directoire, plénipotentiaire de Bonaparte, grand chambellan de l'empereur, etc., etc.

Je vais le dire, et, en le disant, apprendre à l'histoire future une chose qu'elle ignore, et qu'elle ne saura probablement que lorsque les vrais Mémoires du prince seront publiés.

M. de Talleyrand fut, huit ou dix jours à l'avance, prévenu de l'intention qu'avait le premier consul de faire arrêter et, par conséquent, fusiller le duc d'Enghien.

Il fit venir un courrier sur lequel il savait pouvoir compter, lui remit une lettre à l'adresse du duc, lui ordonna de coudre cette lettre dans le collet de son habit, de partir à franc étrier et de ne remettre cette lettre qu'au duc d'Enghien lui-même.

La lettre invitait le prince à quitter Ettenheim à l'instant même, l'avertissant du danger qui le menaçait.

Le courrier partit, comme nous le disons; mais, en descendant au galop la montagne de Saverne, son cheval s'abattit et lui cassa la jambe.

Par malheur, la mission dont il était chargé n'étant pas de celles que l'on confie au premier venu, il n'osa rien prendre sur lui, et écrivit à M. de Talleyrand pour savoir ce qu'il fallait faire.

Lorsque M. de Talleyrand reçut la lettre, il était déjà trop tard pour prendre une résolution : l'ordre d'arrestation était expédié.

Mais le prince de Condé, mais Louis XVIII, mais Charles X surent l'anecdote; de là le pardon octroyé aux méfaits républicains et bonapartistes de l'ancien évêque d'Autun.

Or, c'était lui que la future Majesté du Palais-Royal voulait consulter avant de se hasarder à ramasser la couronne qui venait de rouler de la tête de Charles X dans le sang des barricades.

Ce fut le général Sébastiani que le duc d'Orléans chargea d'interroger l'oracle.

L'oracle, très-vexé que tout se fût fait sans lui jusque-là, et que M. Laffitte l'eût compté pour si peu, se contenta de répondre ces deux seuls mots :

— Qu'il accepte !

Sur cette réponse, au bout de l'heure demandée, le prince accepta.

La proclamation suivante, affichée sur tous les murs de la capitale, annonça aux Parisiens cette acceptation :

« Habitants de Paris,

» Les députés de la France, en ce moment réunis à Paris, ont exprimé le désir que je me rendisse dans cette capitale pour y exercer les fonctions de lieutenant général du royaume.

» *Je n'ai point balancé à venir partager vos dangers*, à me placer au milieu de cette héroïque population, et à faire tous mes efforts pour vous préserver de la guerre civile et de l'anarchie. En rentrant dans la ville de Paris, je portais avec orgueil ces couleurs glorieuses que vous avez reprises, et que j'avais moi-même longtemps portées.

» Les Chambres vont se réunir ; *elles aviseront au moyen d'amener le règne des lois et le maintien de l'ordre.*

» *Une charte sera désormais une vérité.*

» L.-P. D'ORLÉANS. »

Il y avait trois choses remarquables dans cette proclamation.

D'abord, M. le duc d'Orléans déclarait qu'*il n'avait point balancé à venir partager les dangers* de la population parisienne ; ce qui était un mensonge, puisque, au contraire, le duc d'Orléans s'était caché à Neuilly et au Raincy pendant le danger, et n'était arrivé à Paris que dans la nuit du 30 au 31, c'est-à-dire quand le danger était passé.

Ensuite, M. le duc d'Orléans annonçait que les Chambres allaient se réunir *pour aviser aux moyens d'amener le règne des lois et le maintien de l'ordre ;* ce qui était une calomnie contre le peuple, attendu que, si jamais peuple respecta les lois et maintint l'ordre, ce fut le peuple de juillet.

Enfin, M. le duc d'Orléans, qui écrivait qu'*une* charte serait désormais une vérité, devait dire, dès le lendemain, non plus *une* charte, mais *la* Charte, changement imperceptible à l'œil, presque imperceptible à l'oreille, et qui entraînait cependant avec lui cette grave conséquence que la France, au lieu d'avoir une charte nouvelle, aurait tout bonnement la charte de Louis XVIII ; ce qui faisait que le roi des barricades, en utilisant l'ancienne charte, non-seulement ne prenait pas la peine d'en faire une autre, mais encore, gouvernement nouveau, ne s'engageait à donner au peuple qu'une somme de liberté égale à celle promise par le gouvernement déchu.

C'était débuter hardiment dans la carrière de la royauté. Mensonge, calomnie et ruse : Louis XI n'eût pas fait mieux.

J'ai dit qu'à la fin de ce chapitre je donnerais une idée de l'économie du duc d'Orléans. Peut-être n'est-ce point tout à fait ici la place des pièces que nous allons mettre sous les yeux de nos lecteurs ; mais ceux qui trouveront qu'elles interrompent le récit les transporteront ailleurs en imagination.

Expliquons d'abord comment ces pièces sont tombées entre nos mains. Et, pour ce faire, d'une seule enjambée, franchissons dix-huit années ; soyons, au lieu du jeune homme acteur dans ce qu'on vient de lire, l'homme mûr qui a vu passer tristement et à l'écart les événements de ce long règne ; supposons que ce lieutenant général dont on connaît la proclamation est un roi vieilli à son tour, dépopularisé à son tour, chassé à son tour ; supposons, enfin, que nous sommes, non plus au dimanche 1er août 1830, au matin, mais au 24 février 1848, à trois heures de l'après-midi.

Alors, le roi parti, les Tuileries prises, la République proclamée, je revenais seul, triste et soucieux, républicain plus que jamais, mais trouvant la République mal faite, mal mûrie, mal proclamée ; je revenais le cœur oppressé de ce spectacle d'une femme brutalement repoussée, de deux femmes séparées de leur mère, de deux princes fuyant, l'un à travers les colonnes rostrales de la place de la Concorde, l'autre à travers les escaliers circulaires du palais des députés ; je revenais me demandant si tout ce que j'avais vu et entendu était bien vrai, bien réel, et si je ne me trouvais pas sous le poids de quelque étrange cauchemar, de quelque vision inouïe ; je revenais, me tâtant, pour ainsi dire, moi-même, afin de m'assurer que j'étais bien vivant ; — car il nous est parfois aussi facile de douter de notre existence que des faits presque fantastiques qui s'accomplissent sous nos yeux ; — je revenais, dis-je, par les Tuileries, dont toutes les fenêtres étaient ouvertes, dont toutes les portes étaient forcées, comme le jour de ce fameux 29 juillet que j'ai raconté un peu longuement peut-être ; mais, que voulez-vous ! il y a de ces souvenirs qui prennent tant de place dans notre vie, que nous nous efforçons de les faire entrer dans la vie des autres.

J'eus l'idée de parcourir ce château que j'avais parcouru une seule fois, et de recommencer, le 24 février 1848, à travers les appartements du roi Louis-Philippe, le même chemin que j'avais fait à travers les appartements du roi Charles X, le 29 juillet 1830.

En traversant le cabinet du roi, dont tous les papiers, souillés de boue, jonchaient le parquet, je reconnus, au milieu de ces papiers condamnés au feu, à l'oubli, au néant, deux ou trois pages couvertes de caractères dont la vue me fit tressaillir.

C'était l'écriture du roi, cette écriture qui, vingt-cinq ans auparavant, m'avait tant de fois passé sous les yeux.

Un patriote de 1848, déguenillé comme un patriote de 1830, montait la garde près du bureau défoncé du roi.

— Mon camarade, dis-je à cet homme, puis-je prendre quelques-uns de ces papiers qui traînent à terre?

— Prenez, répondit-il; probablement sont-ils là parce qu'ils ne valent rien.

Je pris les papiers.

A la première révolution, j'avais hérité d'un exemplaire de *Christine* aux armes de la duchesse de Berry. A la seconde, j'héritais de quelques papiers jaunis, traînant à terre, et que je pouvais prendre, me disait le factionnaire, parce qu'ils ne valaient rien. Comme on le voit, je ne suis pas de ceux que les révolutions enrichissent.

Il est vrai que je ne suis pas non plus de ceux qu'elles renversent. Je plane au-dessus d'elles comme les oiseaux et les nuages ; puis, les révolutions accomplies, je dirige mon vol, non pas du côté où est le pouvoir, la fortune, mais du côté où sont la justice et la loyauté, dussé-je suivre la justice dans l'exil, la loyauté dans la proscription.

Au reste, voici la copie de ces papiers. Elle en dira plus que toutes les notes et tous les commentaires.

DÉJEUNER DES ENFANTS

Jeunes princes et instituteurs.	{ Six soucoupes à 90 c.	5 40
	{ Sept pains à 20 c.	1 40
Princesses Louise	(Un potage à	1 50
et Marie et madame de Mallet.	{ Deux soucoupes	1 80
	(Deux pains	40
Princesse Clémentine	(Un potage	1 50
et	{ Une soucoupe	90
madame Angelet.	(Deux pains	40
	(Viande froide	1 50
Duc de Nemours et M. Larnac,	{ Entremet	1 50
qui emportent au collège.	{ Deux soucoupes	1 80
	(Deux pains	40

(Plus, du sucre payé à part.)

Total par jour, sans le caffé, payé à part 18 50

Plus, 10 c. par soucoupe. 1 10

                                                                          19 60

25 c. par potage et entremet. 1 20

                                                                          20 80

11 soucoupes.
13 pains.
4 potages.

NOUVEAU TARIF DE L'ENTREPRISE

Pour ma table, le même sauf la suppression des deux fixes par repas de 6 fr., et de 12 fr. (ensemble 18 fr.), des deux fixes mensuels de 1,000 francs et de 150 fr., et de l'exonération, pour l'entrepreneur, du payement de 1,010 fr. par an pour le porteur d'eau.

Pour la table de mes enfants et de leurs instituteurs.

Déjeuner (tarif spécial maintenu en mon absence comme en ma présence).

Soucoupes de fruits ou confitures	1 fr. » c.
Potages	1 80
Poulet ou viande froide	1 80
Entremet de légumes ou autres	1 80
Chaque pain	» 20
Flûte à la reine	» 10
Tasse de caffé à l'eau	» 50
Id. à la crème	» 75
Thé complet	1 50

VI.

Dîner ou souper tariffé à moitié de la mienne pendant qu'elle est servie en même temps, mais au même tarif que la mienne quand je suis absent et qu'elle est supprimée.

Ainsi, le demi-tarif est comme il suit :

Potages	2 fr.	50 c.
Entrées	4	50
Rôt ou flanc	6	»
Entremet	2	50
Assiette de dessert	1	50
Pain, caffé, thé, etc., comme ci-dessus au déjeuner.		
Sucriers à table	Rien.	
Id. dans les chambres	2	»

Plus, en cas d'absence et de suppression des tables supérieures, 2 fr. par tête et par jour pour ceux nourris à l'office et à la cuisine.

AUTRE TARIF DE L'ENTREPRISE

Pour la table des princes, le même.

Pour celle des enfants :

Déjeuners.

		au lieu de
Soucoupes	» fr. 90 c.	1 fr. » c.
Potages	1 25	1 80
Poulet ou viande froide	1 25	d°
Entremet de légume ou autres	1 25	d°
Flûte à la reine	» 10	
Pain, chaque	» 20	
Tasse de caffé à l'eau	» 50	
Id. à la crème	» 75	
Thé complet	1 50	

Moins par jour :
Fixe des repas . . . 18 fr.
Du mois 37/80
Des enfants . . . 48/61

Par jour . . . 103 80 moins
Id . . . . . 105 plus.

Plus . . . 66 c.

Dîner ou souper.

Potages.	2	50
Entrées.	4	50
Rôt ou flanc	6	»
Entremet.	2	50
Assiette de dessert.	1	50

Pain, caffé et thé, comme ci-dessus.

Sauf lorsqu'il n'y a que la table des enfants à servir, auquel cas elle est tariffée comme celle des princes. En outre, en cas de suppression des deux tables, l'entrepreneur reçoit 2 fr. par jour par tête nourrie à la cuisine aussi bien qu'à l'office.

Moyennant ce nouveau tarif, il est exonéré du payement du porteur d'eau ; mais il ne reçoit plus les fixes, c'est-à-dire 12 fr. par dîner et 6 fr. par déjeuner pour la table des princes, ni les 1,150 fr. par mois pour bois, charbon et blanchissage.

D'après ce tarif, le déjeuner des enfants. . 17 fr. 80 + 3 fr. 50
                                                                20   80

Moins. . . . . . . 18 { 12 Leur dîner. . . . . 42 » } non compris le
                        6 Leur souper . . . . 38 90 }   caffé.

Et pour valeur par jour de 13,800 fr. par an. 37 80
                                              ―――――
                                              55 80

En plus. 50 46
Bonus . . . . . . « 66

13,800 { 365
       { 37 80 50/61

2,850
2,950
 300
―――――
 1,040
 365

Total. . . . . . 98 20 + 3 80
L'ancien . . .   48 »
                 ―――――――
Différence en plus. 50 20
Plus, le porteur d'eau. 2 76
                        ―――――
Plus, par jour. . .   52 96

Plus, suf le tarif du déjeuner, savoir : soucoupe, 1 fr. chaque ; potage, viande froide et entremet, chaque 1 fr. 80 c. . 3 50
                                                                                                                         ―――――
On aura   56 fr. 46 par jour en plus.

2,800 { 2 76 52/61
2,450
 260 52
―――――
 365 61

98 20
 2 76
―――――
100 96

Déjeuner des enfants (sans caffé). 20 fr. 80
Dîner . . . . 42 »
Souper. 38 90
Porteur d'eau. 2 76
                                    ―――――
                                    104 46

Plus par jour :

Plus par jour. . . . .

CLX

Le duc d'Orléans se rend à l'hôtel de ville. — M. Laffitte en chaise à porteurs. — Le roi *sans-culotte*. — Manifestation tardive du gouvernement provisoire. — Odilon Barrot s'endort sur une borne. — Un autre Balthasar Gérard. — Le duc d'Orléans est reçu par la Fayette. — Une voix superbe. — Nouvelle appparition du général Dubourg. — Le balcon de l'hôtel de ville. — La route de Joigny.

Nous n'en avons pas encore fini avec les événements écoulés en mon absence. Qu'on me permette de les rappeler : tel petit détail inconnu nous donnera la clef d'une émeute, nous expliquera le 5 juin, le 14 avril ou le 12 mai.

Puis il est bon qu'on sache qu'il y a des hommes qui n'ont jamais accepté ce gouvernement, contre lequel ils luttèrent dix-huit ans, et qu'ils finirent par renverser.

Ces hommes, il faut bien qu'on leur fasse la justice qui leur est due; il faut bien que, malgré les calomnies, les injures, les procès auxquels ils ont été et sont encore en butte, il faut bien que leurs contemporains apprennent ce qu'il y avait d'honneur, de courage, de dévouement, de persistance, de loyauté en eux. Il est vrai que peut-être les contemporains ne me croiront pas... Qu'importe! je l'aurai dit; d'autres me croiront : la vérité est une de ces étoiles qui peuvent rester perdues des mois, des années, des siècles, dans les profondeurs du ciel, mais qui finissent toujours par être découvertes un jour ou l'autre. J'aime mieux être le fou qui se voue à la recherche de ces étoiles-là, que le sage qui salue et qui adore, les uns après les autres, tous ces soleils que nous avons vus se lever, que l'on nous a donnés pour des astres immuables, et qui, à tout prendre, n'ont jamais été que des météores plus ou moins durables, plus ou moins brillants, plus ou moins trompeurs, toujours fatals!

Le duc d'Orléans, comme on l'a vu, avait déjà fait bien du chemin : il avait conquis la chambre des pairs; — nous n'avous point parlé de cette conquête-là : moins Chateaubriand et Fitz-James, elle ne valait pas la peine d'être enregistrée, et Chateaubriand et Fitz-James donnèrent, on le sait, leur démission ; — il avait conquis la chambre des députés ; quatre-vingt-onze signatures la représentèrent, du moins.

Il lui restait à conquérir l'hôtel de ville.

Oh! l'hôtel de ville, c'était autre chose! L'hôtel de ville, ce n'est point le palais souillé par les orgies du Directoire ou les proscriptions de 1815 : ce n'est point la fabrique où ont été forgés par l'ambition et la cupidité les dévouements à tous les pouvoirs qui se sont succédé depuis un demi-siècle.

Non; l'hôtel de ville, c'est la forteresse où se réfugie, à chaque émeute, cette grande déesse populaire qu'on appelle la Révolution. — Cette fois encore, la Révolution était là.

Le pouvoir avait pu venir au duc d'Orléans; mais, pour que ce pouvoir fût consacré, il fallait que le duc d'Orléans vînt à la Révolution.

La Révolution était représentée par un vieillard au cœur droit, à l'âme honnête, mais affaibli par l'âge. Quarante ans auparavant, dans toute la force de sa jeunesse, il avait déjà manqué à cette même Révolution : trouverait-on en lui, à soixante et dix ans, ce qu'on y avait cherché vainement à trente?

Oui, peut-être, s'il eût été seul et livré à ses propres inspirations; car il avait, depuis ses premiers dévouements à la royauté, beaucoup réfléchi, beaucoup souffert; il se rappelait la prison, il se rappelait l'exil; son nom avait été prononcé dans toutes les conspirations républicaines, à Béfort, à Saumur, et nous dirons plus tard à quelles circonstances singulières il dut de ne pas être proscrit avec Dermoncourt, ou de ne pas être exécuté comme Berton.

Mais il n'était déjà plus à lui. Un parti — le parti orléaniste — l'avait enveloppé, entouré, circonvenu; c'était un véritable siège dont les travaux étaient habilement dirigés par Laffitte et conduits par Carbonnel.

De là venait ce mot si expressif de Bonnelier : « Vos diables de républicains nous ont donné bien du mal ! »

En effet, ce n'était plus qu'avec difficulté que les républicains pénétraient près du bon vieux général, et à peine l'un ou l'autre de ceux qui étaient connus pour professer cette opinion, — et ils pouvaient être facilement connus, car ceux qui professaient cette opinion étaient encore rares à l'époque dont nous parlons, — à peine l'un ou l'autre était-il près de lui, que l'on entrait, et que, sous vingt prétextes différents, on coupait ou épiait la conversation.

Voilà l'homme sur lequel il fallait agir; c'était facile au duc d'Orléans, prince, lorsqu'il le voulait, d'un esprit caressant et séducteur.

Et, cependant, le futur roi désira être accompagné d'une députation de la Chambre. La Chambre eût envoyé plutôt deux députations qu'une; la Chambre, si le duc d'Orléans en eût manifesté le désir, se fût mise tout entière à la queue du cortége.

A l'heure convenue, M. Laffitte amena la députation au Palais-Royal.

On partit. La situation était plus grave encore qu'elle ne le paraissait; il est vrai que, sous couleur de différentes missions, on avait éloigné de Paris les républicains les plus ardents; mais il en restait encore bon nombre, et ceux-là disaient tout haut que le nouvel élu n'arriverait pas jusqu'à l'hôtel de ville.

Le duc d'Orléans était à cheval, inquiet, sans doute, au fond du cœur, mais calme en apparence.

C'était une des grandes qualités du prince : craintif, irrésolu tant qu'il ne connaissait pas, qu'il n'avait pas vu le danger; une fois qu'il se trouvait en face de lui, il l'accueillait bien. Il n'eût pas pu dire, comme César : « Le danger et moi sommes deux lions nés le même jour, et je suis l'aîné! » mais il eût pu dire qu'il était le cadet.

M. Laffitte suivait dans une chaise portée par des Savoyards; son pied le faisait toujours horriblement souffrir; il était chaussé de pantoufles, et avait, sauf les bandages qui l'entouraient, une jambe nue.

Aussi, après avoir offert la couronne au prince, comme

président de la Chambre, s'était-il penché vers lui, et, tout bas à l'oreille :

— Deux pantoufles et un seul bas, lui avait-il dit; c'est pour le coup, si *la Quotidienne* nous voyait, qu'elle dirait que nous faisons un roi *sans culotte*.

Tout alla bien du Palais-Royal au quai; on était encore dans le quartier de la bourgeoisie, et l'on venait, comme Dieu avait fait l'homme, de lui faire un roi à son image.

Ce roi, elle se mirait en lui, jusqu'à ce qu'elle-même brisât la glace où elle finissait par se voir trop en laid.

La bourgeoisie acclamait donc son élu.

Mais, une fois sur le quai, une fois le pont Neuf dépassé, une fois la place du Châtelet atteinte, non-seulement les acclamations cessèrent, mais encore les figures se rembrunirent, et l'on sentit vibrer dans l'air comme un frémissement de colère. C'était, sans doute, l'âme des morts qui protestait contre ce nouveau Bourbon.

A l'hôtel de ville même, l'agitation était grande. Ce fameux gouvernement provisoire, si invisible d'habitude, s'était enfin matérialisé : Mauguin, de Schonen, Audry de Puyraveau, Lobau, étaient antiorléanistes; Lobau surtout, lui qui, la veille, refusait de mettre sa signature au bas d'un ordre, était furieux.

— Je ne veux pas plus de celui-ci que des autres! s'écriait-il; c'est un Bourbon!

M. Barthe, l'ancien carbonaro, était là; il s'agissait de rédiger une proclamation républicaine : il s'offrit, prit une plume, et commença d'écrire.

Pendant qu'il écrivait, le général Lobau, de plus en plus exaspéré, s'approchait de M. de Schonen.

— Nous jouons notre tête, lui dit-il, mais qu'importe! Voici deux pistolets, un pour vous, un pour moi... C'est tout ce qu'il faut à deux hommes qui ne craignent pas la mort!

Ces dispositions n'étaient pas rassurantes. — On savait que l'on pouvait compter sur Odilon Barrot; c'était lui qui, la veille, à la commission municipale, avait dit ces fameuses paroles attribuées à la Fayette, comme les mots d'Harel et de Montrond étaient attribués à M. de Talleyrand :

— Le duc d'Orléans, c'est la meilleure des républiques.

On chargea Odilon Barrot d'aller au Palais-Royal donner contre-ordre.

Odilon Barrot, comme tout le monde, dormait peu depuis trois jours, il était écrasé de fatigue; il descendit, trouva une foule si pressée, une chaleur si dévorante, qu'il demanda un cheval.

On s'empressa d'aller lui en chercher un.

Lui, pendant ce temps, s'accommoda sur une borne, et s'y endormit. On le chercha une heure avant de le retrouver ; et, au moment où on le retrouva, au moment où il se mit en selle, la tête du cortége débouchait sur la place de Grève.

J'ai beaucoup vu et beaucoup suivi des yeux Odilon Barrot à l'hôtel de ville. Je déclare qu'il est impossible d'être plus froidement courageux qu'il ne l'était.

Le duc d'Orléans arrivait donc; il abordait donc la place de Grève; il entrait donc en pleine révolution. Le poitrail de son cheval ouvrait la foule comme la proue d'un bateau ouvre les vagues. Il se faisait autour de lui un silence glacé. Il était très-pâle.

Un jeune homme plus pâle que lui encore l'attendait sur les marches de l'hôtel de ville, les bras croisés, tenant caché sur sa poitrine un pistolet. Il avait pris cette résolution terrible de tirer sur le prince à bout portant.

— Ah! tu veux jouer le rôle de Guillaume le Taciturne, avait-il dit : tu finiras comme lui !

Un de ses amis se tenait à ses côtés.

Au moment où le duc d'Orléans mit pied à terre et monta les degrés de l'hôtel de ville, cet autre Balthasar Gérard fit un pas en avant; mais son compagnon l'arrêta.

— Ne te compromets pas inutilement, lui dit-il, ton pistolet est déchargé.

— Et qui l'a déchargé?

— Moi.

Et il entraîna son ami,

Ce n'était pas vrai : le pistolet était chargé. Ce mensonge empêcha probablement que le duc d'Orléans ne tombât sur les marches de l'hôtel de ville.

Quelle récompense reçut celui-là qui venait de sauver la vie au futur roi des Français?

Je vais vous le dire : — il fut tué à Saint-Merry, et mourut en se maudissant lui-même!

Le duc d'Orléans monta les degrés de l'hôtel de ville d'un pas assez ferme; il passa près de la mort sans se douter que la mort qui allait le toucher venait de replier son aile.

La voûte sombre du vieux palais municipal, pareille à la gueule immense d'une gargouille de pierre, l'engloutit, lui et son cortége.

Le général la Fayette attendait le prince sur le palier de l'hôtel de ville.

La situation était si grande, que les hommes paraissaient petits.

En effet, qu'était-ce que ce prince de la branche cadette des Bourbons venant faire une visite à l'homme de 1789? C'était la monarchie bourgeoise rompant à tout jamais avec la monarchie aristocratique; c'était le couronnement de quinze ans de conspirations; c'était le sacre de la révolte par le pape de la liberté.

Nous devrions peut-être nous arrêter à ce grand ensemble; à côté de lui, tous les détails sont mesquins.

Le duc d'Orléans, la Fayette et quelques intimes formaient le point central d'un immense cercle composé d'hommes d'opinions différentes.

Les uns applaudissaient, les autres protestaient.

Quatre ou cinq élèves de l'École polytechnique étaient là, la tête nue, mais l'épée nue aussi.

Quelques hommes du peuple rugissants passaient leur figure basanée, sombre, ensanglantée parfois, dans les intervalles laissés libres, et d'où on les repoussait doucement, afin que le prince ne fût pas offensé par une pareille vision.

C'était tout bonnement le remords qu'on écartait — avec les égards qui lui sont dus.

Il s'agissait de lire la proclamation de la Chambre.

M. Laffitte, comme tout le monde, avait beaucoup parlé, de sorte qu'il ne parlait plus. Il tenait sa proclamation à la main, et Dieu sait l'effet qu'eût produit une proclamation lue avec les tons grotesques de l'enrouement!

— Donnez, donnez, mon cher, s'écria M. Viennet en prenant la proclamation des mains de l'illustre banquier, j'ai une voix superbe, moi!

Et, en effet, d'une voix superbe, il lut la proclamation de la Chambre.

Le lecteur arriva à ces mots : « Le jury pour les délits de la presse. » Alors, l'homme qui devait faire les lois de septembre se pencha à l'oreille de la Fayette, et, haussant les épaules :

— Est-ce qu'il y aura encore des délits de presse? dit-il.

Puis, la lecture achevée, il mit la main sur son cœur, — geste dont abusent les rois qui montent sur le trône, et qui, cependant, a toujours le même succès.

— Comme Français, dit-il, je déplore le mal fait au pays et le sang qui a été versé; comme prince, je suis heureux de contribuer au bonheur de la nation.

Tout à coup, un homme s'avança au milieu du cercle.

C'était le général Dubourg, l'homme du drapeau noir, le fantôme du 29 juillet.

Il avait disparu, il reparaissait pour disparaître encore.

— Prenez garde, monsieur, dit-il au duc d'Orléans, vous connaissez nos droits, les droits sacrés du peuple; si vous les oubliez, nous vous les rappellerons!

Le duc d'Orléans fit un pas en arrière, non pas pour reculer, mais pour chercher le bras de la Fayette, et, appuyé à ce bras, il répondit :

— Monsieur, ce que vous venez de dire prouve que vous ne me connaissez pas. Je suis un honnête homme, et, quand j'ai un devoir à remplir, je ne me laisse ni gagner par la prière, ni intimider par la menace.

Cependant, la scène avait fait une vive impression; cette impression, il fallait la combattre.

La Fayette entraîna le duc d'Orléans sur le balcon de l'hôtel de ville. Pour la seconde fois, il jouait sa popularité sur un coup de dé. La première fois, c'avait été le 6 octobre 1789, lorsqu'il avait baisé la main de la reine sur le balcon du palais de Versailles. La seconde fois, c'était le 31 juillet 1830, lorsqu'il apparaissait sur le balcon de l'hôtel de ville tenant le duc d'Orléans dans ses bras.

Un instant on put croire l'effet de cette apparition manqué ; la place, pavée de têtes aux yeux étincelants, aux bouches béantes, restait muette.

Georges la Fayette passa un drapeau tricolore à son père. Les plis flottèrent autour du général et du duc, dont ils effleuraient le visage ; tous deux semblèrent au peuple, non pas resplendissants de leur propre lumière, mais éclairés par le reflet céleste, et le peuple éclata en applaudissements.

La partie était gagnée.

Ô joueurs politiques ! que vous êtes forts quand il faut élever un homme nouveau ! que vous êtes faibles lorsqu'il faut soutenir un pouvoir vieilli !

La rentrée du duc d'Orléans au Palais Royal fut un triomphe. Rien ne lui manquait plus : il avait la triple reconnaissance de la chambre des pairs, de la chambre des députés et de l'hôtel de ville. Il était l'homme de M. de Sémonville, de M. Laffitte et de la Fayette.

Aussi, dès le même soir, une de ces voitures qu'on appelle les *carolines* ramenait-elle de Neuilly au Palais-Royal la femme, la sœur et les enfants du lieutenant général du royaume.

Le duc de Chartres manquait seul à la réunion.

On l'avait renvoyé à Joigny, comme on sait.

Sur la route de Joigny, sa voiture avait croisé une autre voiture.

Cette seconde voiture était celle de madame la duchesse d'Angoulême, revenant des eaux, où elle avait été prévenue par le télégraphe que des troubles graves agitaient Paris.

Les deux voitures s'arrêtèrent. Le prince et la princesse s'étaient reconnus.

— Quelles nouvelles, monsieur de Chartres? demanda la duchesse d'Angoulême.

— Mauvaises! madame, mauvaises! répondit le prince; le Louvre est pris!

Oui, les nouvelles étaient mauvaises; mauvaises pour vous, pour vos frères, pour votre père; mauvaises pour toute la famille; — et c'est vous, pauvre prince, qui aurez raison aux yeux de la postérité!

FIN DU TOME SIXIÈME

NOTES

NOTE A

Comme nous nous y étions attendu en heurtant aussi carrément que nous le faisons les hommes et les choses, une réclamation s'est produite, respectable par le sentiment qui l'a dictée; elle est du fils de M. de Liniers.

Cette réclamation nous a été communiquée par la rédaction du journal *la Presse*, et nous avons désiré qu'elle fût publiée dans son intégralité.

Nous croyons devoir la reproduire ici, en conservant les réflexions dont l'avait accompagnée *la Presse*.

AU RÉDACTEUR.

« Orléans, 4 mars 1853.

» Monsieur,

» Les *Mémoires* publiés par M. A. Dumas dans votre journal (nos des 19, 23 et 24 février) sont venus, par hasard, à ma connaissance. Dans le récit fait par l'auteur d'un épisode de sa vie en 1830, la conduite de mon père se trouve présentée sous un jour qui tendrait à jeter sur lui une déconsidération imméritée.

» Permettez au plus jeune de ses fils, témoin oculaire du fait principal, de défendre une mémoire honorable et chère, et veuillez donner place dans votre journal à sa juste réclamation.

» Je me trouvais en 1830 près de mon père; j'étais dans son cabinet au moment où M. Dumas s'y présenta. En rectifiant les faits altérés par lui, je dirai ce que je sais, ce que j'ai vu.

» Au moment où éclata la révolution, il se trouvait, sous les ordres de mon père, non pas huit cents hommes, mais un nombre à peine suffisant pour former un peloton d'instruction. Dès la veille de l'arrivée de M. Dumas, M. de Liniers avait été prévenu que cette faible garnison était dans le même esprit que le régiment, qui se trouvait alors à Paris; il ne pouvait compter sur elle pour défendre la poudre confiée à sa garde. Une certaine agitation se faisait remarquer dans la ville; on savait la lutte engagée à Paris; la garde nationale s'organisait; les communications étaient interceptées : il ne fut pas même possible d'envoyer une ordonnance à Laon pour prendre les ordres de M. le général Sérant. Dans cette situation critique, mon père se rendit le soir chez M. de Senneville, sous-préfet à Soissons, et il fut arrêté entre eux que les poudres seraient remises à la garde nationale, si elle les demandait, et même en cas d'attaque.

» Il restait à maintenir la tranquillité dans la ville; elle fut maintenue, et la révolte des prisonniers, qui avait inspiré un moment de graves inquiétudes, fut comprimée par l'énergie de mon père.

» Le vicomte de Liniers savait donc bien ce qu'il avait à faire; son plan avait été arrêté à l'avance, et M. Dumas, qui n'avait pas encore paru, ne lui dicta en aucune façon la conduite qu'il avait à tenir.

» Le lendemain matin, M. Dumas se présenta dans le bureau de mon père, qui s'y trouvait avec son secrétaire, ma mère et moi. Il demanda que les poudres lui fussent livrées, et présenta à cet effet un ordre signé par le général Gérard. Mon père refusa. En ce moment parut un planton porteur d'un rapport de service; M. Dumas, alors, et à l'instant où le soldat se retournait pour se retirer, sortit un pistolet de sa poche, et lui dit : « Si tu me fais arrêter, voilà pour ton commandant! » Mon père reprend alors avec calme : « Vous pouvez m'assassiner; car, vous le » voyez, je suis sans armes. — Prenez garde, monsieur le vicomte, » reprit M. Dumas, « vous voyez que je suis armé; il faut me livrer vos poudres. » — Non pas à vous, » répondit mon père, « mais à une députation de la » garde nationale seulement, puisque je me trouve dans l'impossibilité » absolue de défendre le dépôt que le roi m'a confié. »

» M. Dumas sortit alors pour aller chercher cette députation, qui, quelques instants après, entra en armes dans la cour; il monta dans le bureau, et y trouva M. de Lenferna et un autre officier. Le commandant de place, exécutant alors ce qui avait été convenu la veille entre lui et le sous-préfet, donna l'ordre de remettre les poudres à la garde nationale.

» Tels sont les faits dans leur simple vérité. Le récit fait par M. Dumas, cette scène étrange d'intimidation, ces quatre officiers français menacés par lui, effrayés par lui, attendant patiemment qu'il voulût bien leur brûler la cervelle, s'ils n'aimaient mieux obéir à ses ordres, tout cela rencontrera certes autant d'incrédules que de lecteurs; l'honneur de braves et loyaux officiers n'a rien à redouter de ces exagérations, et toute cette mise en scène se réduirait à avoir effrayé tout au plus une femme, et menacé avec un pistolet un homme sans armes pour se défendre. M. Dumas cite à l'appui de son récit le *Moniteur* du 9 août 1830, dans lequel l'épisode de Soissons est raconté (il en est le narrateur sans aucun doute); il ajoute : « Ce récit n'a pas été démenti ; donc, il est vrai. » M. Dumas est encore dans l'erreur : mon père a protesté; il a démenti à deux reprises différentes; mais, à cette époque où la bonne foi n'était pas de rigueur, on refusa les colonnes du *Moniteur* à la réclamation de l'ex-commandant de place de Soissons. Il n'était pas, il est vrai, partisan du nouveau gouvernement.

» Je n'entends, du reste, engager aucune polémique avec M. Dumas; j'ai rétabli la vérité des faits, et je ne répondrai à aucune attaque de sa part, dans les journaux; il est facile, mais triste, de ternir la vie des hommes les plus honorables quand ils ne sont plus. Si mon père vivait, il n'eût certes pas laissé à ses fils l'honneur de défendre sa conduite, il s'en serait chargé lui-même.

» Un dernier mot, pour terminer cette rectification, si longue bien malgré moi : mon père reçut, en quittant Soissons, les témoignages de sympathie les plus flatteurs. Le général Gaillebois, qui remplaça le général Sérant, lui offrit son influence pour lui faire obtenir un emploi. Les plus honorables habitants de Soissons, ceux mêmes qui ne partageaient pas ses opinions politiques, voulurent lui serrer la main, et lui exprimer leurs regrets de ne plus le voir parmi eux. Ce souvenir d'estime des habitants de cette ville fut toujours précieux à mon père; c'eût été manquer à sa mémoire de ne pas prouver qu'il en fut toujours digne.

» Recevez, monsieur le rédacteur de *la Presse*, l'assurance de ma considération distinguée.

» Le chevalier DE LINIERS. »

« M. Alexandre Dumas, à qui nous avons communiqué cette réclamation, mû par un sentiment de convenance qui sera apprécié, a désiré borner sa réponse à la reproduction du rapport qui a paru dans *le Moniteur* du 9 août 1850. Il est vrai que M. de Liniers essaye d'infirmer l'autorité de ce rapport en alléguant que l'hospitalité du *Moniteur* n'a pas été accordée à la réponse itérative de son père. Il est regrettable, si *le Moniteur* a réellement refusé ses colonnes, que l'ancien commandant de la place de Soissons n'ait pas eu l'idée d'adresser ses plaintes à l'un des journaux légitimistes qui paraissaient en 1830, à la *Gazette de France* ou à *la Quotidienne*, qui se seraient évidemment empressées de les accueillir. Dans l'état des choses, nos lecteurs ont à choisir entre cette réclamation, évidemment tardive, et un récit contemporain qui a reçu une publicité officielle, qui se présente avec la garantie de cinq signatures, et qui n'a pas été contredit en temps utile.

» Voici le rapport de M. Alexandre Dumas :

Rapport à M. le général la Fayette sur l'enlèvement des poudres de Soissons.

« Conformément à la mission dont vous m'avez fait l'honneur de me charger le 30 juillet dernier, je suis parti à l'instant même pour la remplir, accompagné de l'un des signataires du présent rapport. A trois heures, nous sortions de la barrière.

» Sur toute la route, on nous prévint que nous trouverions à Soissons résistance aux ordres du gouvernement provisoire, qui n'était pas encore reconnu dans cette ville. En arrivant à Villers-Cotterets, un jeune Soissonnais, signataire de ce rapport, nous offrit de nous faire accompagner de trois ou quatre jeunes gens qui seconderaient notre mouvement. A onze heures et demie du soir, nous étions à Soissons.

» A sept heures du matin, ignorant quelles seraient les dispositions de la ville, nous visitions les ruines de Saint-Jean, où nous savions qu'étaient renfermées les poudres, afin d'être prêts à nous en emparer de force, si on ne voulait pas reconnaître notre appel aux citoyens de Soissons. Le jeune homme qui s'était chargé de nous aider nous quitta alors pour aller rassembler les quelques personnes dont il était sûr, et, moi, je me rendis chez M. le docteur Missa, que l'on m'avait désigné comme un des plus chauds patriotes de la ville ; son avis fut que nous ne trouverions aucune aide auprès des autorités, et qu'il y aurait probablement résistance de la part du commandant de place, M. le comte de Liniers.

» Comme il était à craindre que les trois officiers logés à la poudrière ne fussent avertis de mon arrivée et de l'ordre dont j'étais porteur, je me rendis d'abord chez eux, accompagné de trois personnes que m'avait amenées M. Hutin (c'est le nom du jeune Soissonnais). En passant devant la poudrière, j'y laissai un factionnaire. Quelques minutes après, M. le lieutenant-colonel d'Orcourt, le capitaine Mollart et le sergent Ragon se rendaient prisonniers à ma première sommation, et promettaient sur parole de ne pas sortir, disant qu'ils étaient prêts à nous livrer les poudres sur un ordre du commandant de place. Les trois braves militaires, comme nous en fûmes convaincus par la suite, étaient, du reste, bien plus disposés à nous aider qu'à nous être contraires. Je me rendis aussitôt seul chez le commandant de place, tandis que le jeune homme que j'avais amené avec moi et M. Hutin se faisaient ouvrir les portes de la cathédrale, et substituaient au drapeau blanc les couleurs de la nation. M. le commandant de place était avec un officier dont j'ignore le nom; je lui montrai le pouvoir que j'avais reçu de vous : il me dit qu'il ne pouvait reconnaître les ordres du gouvernement provisoire; que, d'ailleurs, votre signature ne portait aucun caractère d'authenticité, et que le cachet manquait. Il ajouta de plus qu'il n'y avait à la poudrière que deux cents livres de poudre. Cela pouvait être vrai, puisqu'un ancien militaire me l'affirmait sur sa parole d'honneur. Je sortis pour m'en informer, mais en le prévenant que j'allais revenir. Je craignais peu contre moi l'emploi de la force armée; j'avais reconnu dans la garnison le dépôt du 53°. J'appris que, dès la veille, tous les soldats s'étaient distribué des cocardes tricolores.

» J'acquis la certitude qu'il y avait dans la poudrière deux cents livres de poudre appartenant à la régie.

» Je revins alors chez M. le commandant de place; je savais le besoin qu'on éprouvait de munitions à Paris; je voulais, comme je vous avais promis sur ma parole de le faire, m'emparer de celles qui se trouvaient à Soissons, sauf, comme vous me l'aviez recommandé, à laisser à la ville la quantité nécessaire à sa défense. M. le commandant de place avait alors auprès de lui trois personnes dont deux m'étaient connues, l'une pour le lieutenant de gendarmerie, marquis de Lenferna, l'autre pour le colonel du génie, M. Bonvilliers. Je soumis de nouveau à l'examen de M. le commandant la dépêche dont j'étais porteur; il refusa positivement de me délivrer aucun ordre, à moins, me dit-il, qu'il n'y fût contraint par la force. Je crus, effectivement, que ce moyen était le plus court : je tirai et j'armai des pistolets à deux coups que j'avais sur moi, et je lui renouvelai ma sommation de me livrer les poudres. J'étais trop engagé pour reculer; je me trouvais à peu près seul dans une ville de huit mille âmes, au milieu d'autorités, en général, très-contraires au gouvernement actuel; il y avait, pour moi, question de vie ou de mort. M. le commandant, voyant que j'étais entièrement résolu à employer contre lui et les trois personnes présentes tous les moyens que mes armes mettaient à ma disposition, me dit qu'il ne devait pas, pour son honneur, céder à un homme seul, lui, commandant d'une place fortifiée et ayant garnison.

» J'offris à M. le commandant de lui signer un certificat constatant que c'était le pistolet au poing que je l'avais forcé de me signer l'ordre, et de tout prendre ainsi sous ma responsabilité. Il préféra que j'envoyasse chercher quelques personnes pour paraître céder à une force plus imposante. J'enfermai M. le commandant de place et la société dans son cabinet; je me plaçai devant la porte, et je fis dire aux personnes qui m'avaient déjà accompagné de venir me rejoindre. Quelques minutes après, MM. Bard, Moreau et Hutin entraient dans la cour, et M. le commandant me signait l'ordre de me délivrer toutes les poudres appartenant à l'artillerie. Muni de cet ordre, et voulant opérer le plus légalement possible, j'allai trouver le maire, qui m'accompagna à la poudrière. Le colonel d'Orcourt nous montra la poudre : il n'y en avait effectivement que deux cents livres. Le maire les exigea pour la ville.

» Tout ce que j'avais fait jusque-là était devenu inutile; je réclamai alors les poudres de la régie : elles me furent refusées. J'allai chez l'entreposeur, M. Jousselin; je lui offris d'en acheter pour mille francs; c'était ce que j'avais d'argent sur moi; il refusa. C'est alors que, voyant que ce dernier refus était la suite d'un système bien arrêté par les autorités de n'aider en rien leurs frères de Paris, je sortis avec l'intention de tout prendre par force. J'envoyai M. Moreau, l'un des plus chauds patriotes de Soissons, arrêter, en les payant au prix qu'exigeraient les voituriers, des chariots de transport; il me promit d'être avec eux dans une demi-heure à la porte de la poudrière. Son départ réduisit notre troupe à trois personnes. Je pris une hache, M. Hutin son fusil, et Bard (le jeune homme qui nous avait accompagnés de Paris) ses pistolets. Je laissai ce dernier en faction à la deuxième porte d'entrée; je l'invitai à tirer sur la première personne qui essayerait de s'opposer à l'enlèvement de la poudre, et M. Hutin et moi enfonçâmes la porte à coups de hache. J'envoyai M. Hutin presser M. Moreau, et je l'attendis au milieu de la poudrière. Deux heures après, tout était chargé sans opposition de la part de l'autorité. D'ailleurs, tous les citoyens qui venaient de se soulever nous auraient prêté main-forte.

» Nous quittâmes Soissons à six heures et demie du soir, accompagnés des pompiers, qui s'étaient réunis à nous, de plusieurs jeunes gens à cheval et armés, et d'une trentaine d'hommes qui nous servirent d'escorte jusqu'à Villers-Cotterets. Notre sortie se fit au milieu des acclamations de tout le peuple, qui se découvrait devant le drapeau tricolore flottant sur notre première voiture.

» A dix heures, nous étions à Villers-Cotterets; l'escorte de Soissons ne nous quitta que pour nous remettre entre les mains de la garde nationale de cette ville, qui, à son tour, nous accompagna jusqu'à Nanteuil.

» Voilà le récit exact de ce que j'ai cru devoir faire, général, pensant que, si j'allais trop loin, vous le pardonneriez à mon inexpérience diplomatique, et surtout à mon enthousiasme pour une cause dont, pour la troisième fois, vous êtes un des plus nobles soutiens.

» Respect et admiration.

> » *Signé :* AL. DUMAS.
> » BARD, rue Saint-Germain-l'Auxerrois, 66, à Paris.
> » HUTIN, rue Richebourg, 1, à Soissons.
> » LENOIR-MORAND, capitaine de sapeurs-pompiers, à Veilly.
>
> » J'atteste la vérité de ce rapport.
>
> » *Signé :* GILLES. »

(Extrait du *Moniteur* du 9 août 1830.)

NOTE B

AU RÉDACTEUR DU JOURNAL *LA PRESSE.*

« Monsieur,

» Les *Mémoires* de M. Alexandre Dumas, que vous publiez dans votre journal, sont devenus, depuis quelque temps, des mémoires sur la révolution de 1830. Je ne saurais me dispenser de réclamer contre ce qu'ils contiennent sur le gouvernement provisoire de cette époque.

» Ce gouvernement ne s'était pas créé de lui-même. Il avait été constitué par une réunion de députés qui s'était formée immédiatement après la publication des ordonnances.

» L'autorité militaire supérieure avait été remise à M. le général la Fayette, et la direction des opérations actives à M. le général Gérard. Quant à l'autorité civile, on en avait investi une commission de sept membres à qui l'on avait confié les pouvoirs les plus larges, mais à qui l'on avait imposé en même temps, non sans une intention secrète, le titre fort restreint de *commission municipale.* Les sept membres de cette commission étaient MM. Laffitte, Casimir Périer, Gérard, Lobau, de Schonen, Audry de Puyraveau et moi. MM. Laffitte et Gérard, retenus par d'autres travaux, n'ont pris aucune part à nos délibérations; M. Casimir Périer y a paru seulement quatre ou cinq fois. De ces sept membres, je suis maintenant le seul qui survive, et je n'aurais pas le droit de réclamer pour mon compte, que ce serait, à mes yeux, un devoir de réclamer pour celui de mes anciens collègues.

» La commission municipale de 1830 n'a pas constitué un gouvernement aussi inactif, aussi introuvable que M. Alexandre Dumas se complaît à l'affirmer. Il s'en serait convaincu lui-même à cette époque, s'il eût seulement jeté les yeux sur les murs de Paris, placardés chaque jour de nombreux décrets. Il les retrouvera dans les journaux du temps, si cela lui convient. Nous ne nous réunissions pas chez M. Laffitte, comme il le dit : tous nos actes étaient datés de l'hôtel de ville, où était notre siége, et où chacun pouvait nous parler. M. Dumas reconnaît lui-même que nous y avons reçu, dès le 29 juillet, c'est-à-dire dès le jour même de notre installation, MM. de Sémonville, d'Argout et de Vitrolles, qui venaient conférer avec nous au nom de Charles X ; il reconnaît également que, quatre ou cinq jours plus tard, nous avons reçu M. de Sussy, qui voulait déposer entre nos mains le décret royal rapportant les ordonnances ; il reconnaît, enfin, que nous avons reçu une députation républicaine présidée par M. Hubert. Il nous eût trouvés comme tout le monde, si toutefois il nous eût cherchés réellement, et il eût été entendu, s'il avait eu des choses importantes à nous faire connaître ; autrement, j'avoue qu'il eût été fort peu écouté.

» De notre conférence avec MM. de Sémonville, d'Argout et de Vitrolles, il ne rapporte que le mot de M. de Schonen, si connu de tout le monde : *Il est trop tard!* Mais ce mot ne terminait pas la discussion ; au contraire, il la faisait naître, car il s'agissait précisément de savoir s'il était ou n'était pas trop tard. Charles X disposait encore de forces considérables : aux troupes qui l'entouraient allaient se joindre quarante pièces d'artillerie qui venaient de sortir de Vincennes, un régiment suisse qui arrivait d'Orléans, et le camp de Saint-Omer, qui était appelé. Loin de penser à prendre l'offensive, nous craignions une attaque. La nuit du 29 au 30 juillet fut pleine d'alarmes, et nous n'avions avec nous que deux ou trois régiments de ligne dont nous ne pouvions pas nous servir, parce qu'ils avaient stipulé, en acquiesçant à la cause populaire, qu'on ne les exposerait pas à combattre contre leurs frères d'armes. Aussi nous parut-il indispensable d'ordonner la création de vingt régiments de garde mobile. On se trompe, et l'on juge d'après les événements, quand on croit que Charles X était à bout de ressources dès le 29 ou le 30 juillet : la faiblesse de son caractère et l'incapacité de ses conseils ont été pour beaucoup dans le changement de sa fortune.

» Suivant M. Dumas, nous aurions accueilli M. de Sussy avec une bienveillance marquée ; M. Dumas se trompe : M. de Sussy fut sans doute écouté avec politesse, mais non avec bienveillance. Ce qui le prouve, c'est que le dépôt qu'il voulait faire entre nos mains fut nettement refusé. La réception du décret et sa publication, que demandait M. de Sussy, n'entraient pas, d'ailleurs, dans nos attributions. La réunion des députés s'était réservé la haute question politique, c'est-à-dire le droit d'organiser le gouvernement définitif. Nous n'avions à nous occuper de cette question que dans le sein de la réunion même, et comme en faisant partie.

» En nous quittant, M. de Sussy se transporta à la Chambre, et fit remettre le décret à M. Laffitte, qui présidait et qui refusa également de le recevoir : il n'en prévint pas l'Assemblée. M. Dumas ignore, sans doute, qu'il existait alors dans le peuple et dans la Chambre deux tendances opposées. La Chambre se repentait de la révolution, qu'elle avait faite sans le vouloir ni le savoir. Elle était disposée à traiter avec Charles X. M. de Mortemart, nommé premier ministre à la place de M. de Polignac, avait fait demander à la réunion des députés, devenue fort nombreuse depuis la victoire, à être admis à lui communiquer les intentions royales. La réunion s'était empressée de lui répondre qu'elle le recevrait le même jour ; elle avait décidé en même temps qu'elle s'assemblerait au palais législatif pour l'entendre, et s'était même occupée de la question d'étiquette. Les questeurs devaient d'abord le recevoir dans un salon ; des huissiers seraient ensuite allés au-devant de lui, et l'eussent introduit dans la salle. Pour apprécier la déférence que les députés avaient mise à se transporter au palais législatif, il faut se rappeler que, jusqu'alors, ils ne s'étaient réunis que chez l'un d'eux ; ils ne devaient s'assembler officiellement, au lieu ordinaire de leurs séances, et avec le caractère de Chambre, que le 3 août, jour fixé par l'ordonnance de convocation, c'est-à-dire deux ou trois jours plus tard.

» La séance eut lieu, mais M. de Mortemart ne parut pas. De là le décret qui, le jour même, après une assez longue attente, conféra la lieutenance générale au duc d'Orléans. Je n'ai jamais douté, quant à moi, que, si M. de Mortemart se fût présenté, les événements n'eussent pris une direction différente.

» Le peuple n'était pas comme la Chambre : il ne voulait plus de Bourbons. Le duc d'Orléans lui-même, après sa proclamation comme roi, ne put se faire accepter qu'en s'abritant sous la popularité du général la Fayette, et en parcourant les rues de Paris pendant plusieurs jours, donnant des poignées de main aux uns, faisant des discours aux autres, et trinquant avec le premier venu : je dis les faits, je ne crée pas.

» Au moment où, suivant M. Dumas, nous étions en conférence avec M. de Sussy, arriva la députation Hubert, qui, voyant la porte fermée, l'ébranla à coups de crosse de fusil. On ouvrit. Alors, parut M. Hubert, suivi de quelques amis, et portant une proclamation au bout d'une baïonnette. Les membres de la commission furent *saisis d'épouvante* et *s'éparpillèrent* un instant au milieu de la salle.

» Je ne sais si M. Dumas a voulu faire du pittoresque; mais je sais qu'il n'y a pas un mot de vrai dans son récit.

» Voici ce qui arriva :

» La députation avait demandé à être introduite, et le fut immédiatement. Elle n'était point armée, et se composait de quinze ou vingt personnes; M. Hubert était à sa tête. Je crois me rappeler qu'en effet M. de Sussy était encore présent; je crois même me rappeler que nous voulûmes saisir l'occasion de le rendre témoin d'une scène populaire; il ne pouvait qu'y puiser des enseignements pour la cour de Charles X. M. Hubert, qui n'avait ni proclamation écrite, ni baïonnette, parla au nom de la députation, et d'abondance. Il insista notamment sur deux points : sur la nécessité de consulter la nation, et sur celle de ne pas constituer le pouvoir avant d'avoir stipulé et arrêté des garanties pour les libertés publiques.

» Ce discours eut un effet que M. Hubert n'avait certainement pas prévu. Il mit en saillie une divergence d'opinion qui existait dans la commission, mais qui était jusque-là restée inaperçue.

» J'avoue franchement que, sur plusieurs points, j'étais de l'avis de l'orateur. On lui fit une réponse qui venait du cabinet du général la Fayette, qui avait été préparée en arrière de moi, qui manquait de franchise, et qui excita plusieurs fois, de ma part, des gestes ou des mots de surprise et de désapprobation. La députation s'en aperçut. Ce léger incident a même été signalé dans plusieurs brochures de l'époque.

» Tout se passa, du reste, poliment, convenablement, et je crois même pouvoir certifier que, lorsque la députation se retira, M. Audry de Puyraveau ne glissa pas en secret un projet de proclamation dans la main de son chef; autrement, il se serait donné un démenti à lui-même, car il avait approuvé la réponse.

» Je dois ajouter ici que les négociations entreprises par M. de Sussy, et dont le bruit s'était répandu au dehors, avaient tellement alarmé la population, que, pour prévenir un soulèvement populaire, nous fûmes obligés de publier la proclamation qui prononçait la déchéance de Charles X.

» Je ne puis me taire sur une scène où M. Dumas me fait figurer personnellement avec M. Charras. Il aurait été question d'une lettre à écrire aux officiers d'un régiment où je ne connaissais personne; je me

serais plaint du général Lobau, et M. Charras aurait menacé de le faire fusiller; sur quoi, j'aurais bondi de surprise; M. Charras m'aurait pris par la main, et, me conduisant à l'une des fenêtres de l'hôtel de ville, il m'aurait montré la place en me disant : « Il y a là cent cinquante
» hommes qui n'obéissent qu'à moi, et qui fusilleraient le Père éter-
» nel, s'il descendait sur la terre, et si je leur disais de le fusiller! »

» M. Charras était, à cette époque, un jeune homme fort peu connu et n'ayant aucune influence. Je ne me rappelle ni l'avoir vu ni lui avoir parlé à l'hôtel de ville. Dans tous les cas, s'il m'eût tenu le langage qu'on lui prête, ou je l'aurais fait arrêter, ou je me serais éloigné sans daigner lui répondre.

» M. Dumas est certainement venu à l'hôtel de ville, puisqu'il l'affirme. Voici ce qu'il a dû y voir :

» Sur la place, sur les quais et dans les rues adjacentes était une population compacte et serrée, attendant les événements, et toujours prête à nous appuyer de son concours. Sur la place, au milieu de la foule, se maintenait un passage de quatre ou cinq pieds de large. C'était une espèce de rue ayant des hommes pour murailles.

» Quand nous avions à donner un ordre exigeant l'appui d'une force quelconque, nous en confiions, en général, l'exécution à un élève de l'École polytechnique. L'élève descendait le perron de l'hôtel de ville. Avant d'être parvenu aux derniers degrés, il s'adressait à la foule, devenue attentive, et prononçait simplement ces mots : *Deux cents hommes de bonne volonté!* Puis il achevait de descendre, et s'engageait seul dans le passage. A l'instant même, on voyait se détacher des murailles, et marcher derrière lui, les uns avec des fusils, les autres seulement avec des sabres, un homme, deux hommes, vingt hommes, puis cent, quatre cents, cinq cents. Il y en avait toujours le double de ce qui avait été demandé.

» D'un mot, d'un geste, je ne dirai pas en une heure, mais en une minute, nous eussions disposé de dix, de quinze, de vingt mille hommes.

» Je demande ce que nous pouvions avoir à craindre de M. Hubert, de M. Charras et de ses prétendus cent cinquante prétoriens? Qu'il me soit permis d'ajouter que des hommes qui étaient venus siéger à l'hôtel de ville dès le 29 juillet avaient prouvé par là même qu'ils n'étaient pas d'un caractère facile à effrayer. Pendant les jours de combat, le gouvernement avait décerné des mandats d'arrêt contre sept députés au nombre desquels je me trouvais, ainsi que plusieurs de mes collègues de la commission. Charles X avait même annoncé, le lendemain, que nous étions déjà fusillés. Quand nous n'avions pas reculé devant le pouvoir, aurions-nous reculé devant des jeunes gens, fort honorables sans doute, mais qui, il faut bien le dire, étaient sans puissance?

» Jamais autorité ne fut obéie aussi ponctuellement que la nôtre. Jamais peuple ne se montra aussi docile, aussi courageux, aussi ami de l'ordre que celui de Paris en 1830. Nous n'avions pas seulement pour nous les masses inférieures, nous avions la garde nationale, la population tout entière. Lorsqu'il fut question de l'expédition de Rambouillet, l'autorité militaire nous demanda dix mille hommes. Sa dépêche nous était arrivée à neuf heures du matin : à neuf heures et demie, nos ordres étaient expédiés aux municipalités que nous avions créées ; à onze heures, les dix mille hommes étaient rassemblés aux Champs-Élysées, et se mettaient en mouvement, sous le commandement du général Pajol. Il avait suffi d'un coup de tambour pour les réunir. Leur nombre s'élevait à vingt mille et même à trente mille avant qu'ils fussent arrivés à Cognières, près Rambouillet. Au milieu d'eux, à la vérité, régnait un immense désordre. Charles X était entouré d'une garde fidèle, d'une nombreuse artillerie, et la cause nationale aurait pu éprouver une sanglante catastrophe. Elle n'en eût pas été ébranlée : Paris, dans vingt-quatre heures, aurait fourni cent mille hommes qui eussent été promptement organisés et disciplinés. La guerre civile fut prévenue par un mot du maréchal Maison, mot qui n'était pas exact quand il fut prononcé, mais qui le serait devenu le lendemain, et qui a trouvé son excuse dans ses heureux effets.

» Que si l'on me demande ce que nous avons fait de cette confiance sans mesure qui nous était accordée, je répondrai que ce n'est pas à moi qu'il faut adresser la question. La puissance souveraine, alors, était dans la Chambre, dont le public ignorait les dispositions intérieures. La Chambre obéissait tant aux événements qu'à M. Laffitte, et M. Laffitte, en outre, tant par lui que par le général la Fayette, disposait des masses populaires. Le crédit de la commission ne venait qu'en troisième ordre ; mais, comme il grandissait tous les jours, il inspira des inquiétudes, et on chercha le moyen de s'en débarrasser.

» J'ai déjà signalé la dissidence qui existait entre l'opinion publique et la législature ; il s'en déclara bientôt une autre dans le sein de la législature même.

» Parmi les députés, les uns voulaient constituer la royauté d'abord, sauf à s'occuper plus tard des garanties ; les autres demandaient qu'on s'occupât des garanties et des changements à faire dans l'organisation du pays avant de constituer la royauté. Commencerait-on par faire une constitution, ou commencerait-on par faire un roi? Telle était donc la question.

» Les partisans de la royauté faisaient valoir les inconvénients d'un gouvernement provisoire, et la crainte de l'anarchie ; ceux de la constitution répondaient que, dans l'état du pays, et ils en donnaient Paris pour preuve, l'anarchie n'était pas à redouter; ils ajoutaient qu'il fallait mettre les institutions publiques en accord avec la situation nouvelle, et ne pas s'exposer à une continuation de lutte avec la royauté, ce qui, disaient-ils, aurait pour résultat inévitable une seconde révolution et l'anarchie même qu'on voulait prévenir. Les premiers répliquaient qu'il n'y avait point de situation nouvelle ; qu'il pouvait être question, au plus, de changer la personne du prince ; les seconds, que le peuple avait fait plus qu'une révolution de palais, et qu'il importait à la royauté même, dans l'intérêt de sa stabilité, d'être reconstituée sur d'autres bases, et de recevoir la sanction du pays.

» Le parti Laffitte et la Fayette passa tout entier du côté de ceux qui voulaient une royauté immédiate, et leur assura une majorité considérable. Il agit même sur la commission municipale. M. de Schonen, un de ses membres, immédiatement après l'acceptation par le duc d'Orléans de la lieutenance générale, avait demandé que la commission se démît de ses pouvoirs. J'avais représenté que l'autorité nouvelle était déjà engagée dans de mauvaises voies, ce que nous savions tous, et qu'en retardant notre démission de quelques jours, nous parviendrions peut-être à l'éclairer. Sur mes représentations, la discussion avait été ajournée ; mais, le lendemain, sur les instances secrètes du général la Fayette, et en mon absence, elle avait été reprise et la démission envoyée. On n'y trouvera pas ma signature. Au surplus, c'est moi qui avais tort. On avait voulu simplement débarrasser le nouveau pouvoir d'une coexistence qui pouvait le gêner ; mais il nous convenait à tous de lui laisser la responsabilité de ses actes. Quant à la question de primauté entre l'établissement d'une constitution ou celui d'un roi, on sait qu'elle fut résolue par une révision de la Charte en vingt-quatre heures.

» La commission n'a existé comme gouvernement que pendant cinq jours, et, si l'on veut se reporter aux circonstances et à ses actes, on verra qu'elle les a bien remplis. Elle fut priée par le lieutenant général d'organiser la ville de Paris, ce qu'elle fit, et ce qui continua quinze jours de plus son existence devenue fort étroite. Son œuvre finie, elle se retira. Si elle ne s'est pas occupée plus activement de la grande question politique, c'est, comme je l'ai déjà dit, parce que chacun de ses membres appartenait à la réunion des députés, et y portait son opinion et ses votes.

» Dans ces divers événements, il avait été tenu fort peu de compte du parti républicain, et il y en avait une raison fort simple, c'est que ce parti n'existait pas alors, ni à Paris ni en France. Il se réduisait, à Paris, à cent cinquante ou deux cents adeptes, jeunes gens, il est vrai, pleins d'activité et de courage, mais qui n'avaient d'importance que par leur chef, le général la Fayette. Or, le général la Fayette n'était pas de leur parti; aussi en furent-ils abandonnés dès le premier pas.

» Je ne veux point dire par là que le général la Fayette n'était pas entré, sous la Restauration, dans la conspiration de Béfort et dans plusieurs autres; j'ai assez connu les affaires secrètes de ce temps pour ne pas l'ignorer; mais ces conspirations n'étaient pas républicaines. Je ne veux pas même dire que, dans les deux dernières années de sa vie, il ne se soit mêlé sérieusement à quelques combinaisons contre Louis-Philippe, et je reconnais qu'à cette époque le parti républicain avait déjà plus d'action; mais le général la Fayette recherchait surtout le mouvement et la popularité. M. Laffitte disait de lui, avec beaucoup d'esprit, sous la Restauration : « La Fayette est une statue qui cherche » son piédestal ; que ce piédestal soit un fauteuil de dictateur ou un » échafaud, peu lui importe. »

» Si M. Dumas veut savoir les motifs qui ont déterminé le général la Fayette à abandonner le parti républicain, il peut les demander à M. Odilon Barrot, qui a dû les connaître.

» M. Odilon Barrot s'était présenté à nous à l'hôtel de ville, non pas le 28, mais le 31 juillet; il était porteur d'une lettre de M. Laffitte, qui nous priait de le nommer notre secrétaire. Nous le connaissions tous, et il jouissait dès lors d'une réputation trop honorable pour que la recommandation ne fût pas accueillie. M. Mérilhou et M. Baude nous étaient déjà attachés en la même qualité; M. Barrot leur fut adjoint. Mais la mission qu'il avait reçue de M. Laffitte n'était pas de rester auprès de nous : elle était de s'établir auprès du général la Fayette, avec qui il avait déjà, par sa famille, des rapports d'intimité. C'est lui qui a servi d'intermédiaire entre M. Laffitte et le général la Fayette, ce qui lui a donné une assez grande action sur les événements. On craignait que le général la Fayette ne conservât quelque rancune contre le duc d'Orléans, à raison de certains actes de la première révolution, et qu'il ne se laissât entraîner par les jeunes gens qui l'entouraient à une tentative républicaine.

» Je voudrais finir, et je vous prie, cependant, de me permettre d'ajouter encore un mot.

» On a dit, dans votre journal, et M. A. Dumas a répété, je crois, que M. Casimir Périer nous avait refusé deux millions que nous lui demandions pour une affaire importante. J'ai attaqué assez vivemen M. Casimir Périer pour avoir la droit de lui rendre justice. Il n'a jamais eu à nous refuser, et nous n'avons jamais eu à lui demander n deux millions ni aucune autre somme. Les caisses de l'État étaient à notre disposition, et elles étaient pleines. Nous avions notamment sous nos mains celle de l'hôtel de ville, qui contenait de dix à douze millions. C'est sur cette dernière caisse que nous avons fait nos dépenses. Elles ont été arrêtées à cinquante-trois mille francs, par la cour des comptes, qui a proposé de laisser cette somme à notre charge.

» La révolution de juillet n'a été l'œuvre ni de quelques hommes ni d'un parti; elle est sortie du soulèvement de la France entière, indignée d'un parjure et encore blessée des humiliations de 1815. Comment cette unanimité si noble et si pure a-t-elle été remplacée, peu de temps après, par des haines de parti et par des scènes de troubles et de désordre? Le gouvernement n'a-t-il pas contribué lui-même à cette transformation ? Quel a été son but? Quels ont été ses hommes? Quelles ont été les fautes des partis, les erreurs et les faiblesses des hommes ? Voilà ce que l'histoire doit rechercher et enseigner. Les mémoires privés peuvent certainement lui être utiles, mais sous une condition, c'est qu'ils apporteront la vérité.

» Dans le mouvement de réaction qui a succédé si promptement aux trois journées, les membres de la commission, rendus entièrement à leurs fonctions législatives, ont presque tous suivi des routes différentes. On peut les juger diversement : la vie d'un homme public appartient au public. Mais ils peuvent aussi se rendre intérieurement ce témoignage que, pendant leur courte existence comme gouvernement, et tandis qu'ils étaient à l'hôtel de ville, ils ont rendu quelques services au pays. Nul ne saurait se représenter l'état de trouble et de confusion où était Paris le 29 juillet. Les rues, les boulevards étaient couverts de barricades dont celles de 1848 n'ont point donné l'idée. La circulation des piétons en était gênée, celle des voitures impossible, et il ne fallait pas penser à les détruire, car aux portes de la ville était une armée, et cette armée pouvait reprendre l'offensive. Toute la population était sur pied. Parmi les combattants, il y avait un grand nombre de blessés qui réclamaient des secours. Il y avait aussi un grand nombre d'hommes qui, sous les armes depuis plus de soixante heures, manquaient de subsistances. Nous leur envoyâmes de l'argent, et ils le refusèrent. « Nous nous sommes battus pour la patrie, » disaient-ils : « elle nous » doit du pain, non de l'argent. » Or, il n'y avait point de magasins, point de rations préparées. A chaque instant arrivaient des soldats, des compagnies entières qui abandonnaient la cause de Charles X : c'était un tourbillonnement d'hommes et d'événements dont il serait impossible de peindre la rapidité.

» Au milieu de ce mouvement immense, il fut pourvu à tous les besoins; tous les droits ont été respectés. Les communications entre Paris et les provinces, par la poste et le télégraphe, se rouvrirent dès le jour même du 29. Le lendemain, de nouvelles municipalités furent créées et installées. L'on ne fut troublé ni dans ses propriétés ni même dans ses opinions. Le peuple s'était livré vis-à-vis de deux ou trois personnes à des démonstrations alarmantes : sur un seul mot de nous, il s'arrêta.

» Nous avons pu protéger même des adversaires politiques; ceux d'entre eux qui voulurent quitter la capitale reçurent des passe-ports. Paris reprit promptement sa physionomie ordinaire, et, au bout de peu de jours, il aurait pu se demander s'il y avait eu une révolution.

» Ces résultats ont été dus à la sagesse du peuple, je m'empresse de le reconnaître : nous n'eussions rien pu sans lui, puisqu'il était notre unique instrument. Qu'il me soit permis néanmoins d'en réclamer une modeste part pour la direction qui lui fut donnée, et pour la rapidité des mesures prises et de leur exécution. En nous rendant à l'hôtel de ville, nous avions compromis notre fortune, et exposé notre vie. Qu'on ne nous en sache aucun gré, je ne m'en plains pas; mais, du moins, quand on parle de nous, qu'on en parle sérieusement; c'est un égard qui me paraît nous être dû, de même qu'à tous les hommes publics ; j'en appelle à M. Dumas lui-même.

» Je m'arrête et vous prie, monsieur, de vouloir bien publier ma lettre ; j'ai dû attendre, pour l'écrire, que M. Dumas eût fini ou à peu près avec l'hôtel de ville. Vous la trouverez peut-être trop longue ; je n'ai fait, cependant, que toucher, pour ainsi dire du bout de la plume, les hommes et les choses de 1830. Je n'ai pas osé m'étendre davantage ; j'aurais craint de trop importuner vos lecteurs.

» Veuillez agréer l'expression de ma considération très-distinguée.

» MAUGUIN,
» *Ancien député.*

» Saumur, 8 mars 1853. »

AU RÉDACTEUR.

« Monsieur le rédacteur,

» Votre journal de ce jour (15 mars) renferme une lettre de M. Mauguin infirmant quelques-uns des faits que je rapporte dans mes Mémoires.

» J'ai pris, en écrivant ces Mémoires, une résolution : c'est de ne répondre que par des preuves officielles, des documents authentiques ou des témoignages irrécusables aux dénégations qui pourraient m'être opposées.

» Ainsi ai-je fait, il y a quelques jours, à propos de M. le chevalier de Liniers ; ainsi ferai-je aujourd'hui à propos de M. Mauguin.

PREMIÈRE INFIRMATION.

« Au moment où, suivant M. Dumas, nous étions en conférence avec
» M. de Sussy, arriva la députation Hubert, qui, voyant la porte fermée,
» l'ébranla à coups de crosse de fusil. On ouvrit. Alors, parut M. Hu-
» bert, suivi de quelques amis, *et portant une proclamation au bout*
» *d'une baïonnette.* Les membres de la commission furent *saisis d'épou-*
» *vante*, et *s'éparpillèrent* un instant au milieu de la salle.

» Je ne sais si M. Dumas a voulu faire du pittoresque, mais je sais
» qu'il n'y a pas un mot de vrai dans son récit. »

» Voici ma réponse :

« M. Hubert fut choisi pour porter cette adresse à l'hôtel de ville ; il
» partit en costume de garde national, et accompagné de plusieurs
» membres de l'assemblée, parmi lesquels étaient Trélat, Testé, Charles
» Hingray, Bastide, Poubelle, Guinard, tous hommes pleins d'énergie,
» de désintéressement et d'ardeur. La députation fendit la foule im-
» mense répandue sur la place de Grève. HUBERT PORTAIT L'ADRESSE AU
» BOUT D'UNE BAÏONNETTE...
» Les uns s'égarent dans l'hôtel de ville, les autres trouvent la porte
» du cabinet de la commission municipale fermée. Ils demandent à entrer ;
» on ne leur répond pas. INDIGNÉS, ILS ÉBRANLENT LA PORTE A COUPS DE
» CROSSE. On leur ouvre, enfin, et *ils aperçoivent le comte de Sussy cau-*
» *sant amicalement avec les membres de la commission municipale.* »

(LOUIS BLANC, *Histoire de dix ans.*)

SECONDE INFIRMATION.

« M. Hubert, qui n'avait *ni proclamation ni baïonnette*, parla au
» nom de la députation, *et d'abondance;* il insista notamment sur deux
» points...
» Tout se passa, du reste, poliment, convenablement, et je crois
» même pouvoir certifier que, lorsque la députation se retira, M. Audry
» de Puyraveau ne glissa point en secret un projet de proclamation

» dans la main de son chef; autrement, il se serait donné un démenti
» à lui-même, car il avait approuvé la réponse. »

» Je ne sais quelle était la réponse approuvée par M. Audry de Puyraveau. Voici la mienne :

« Seul (dans la commission municipale), M. Audry de Puyraveau
» avait une attitude passionnée : *Remportez vos ordonnances !* s'écria-t-il
» alors (s'adressant à M. de Sussy); *nous ne connaissons plus Charles X !*
» ON ENTENDAIT EN MÊME TEMPS LA VOIX RETENTISSANTE D'HUBERT LI-
» SANT POUR LA SECONDE FOIS L'ADRESSE DE LA RÉUNION LOINTIER...

» La députation républicaine se disposait à sortir lorsque, s'appro-
» chant d'Hubert, et TIRANT UN PAPIER DE SA POCHE, M. Audry de
» Puyraveau lui dit avec vivacité : TENEZ, VOICI UNE PROCLAMATION QUE
» LA COMMISSION MUNICIPALE AVAIT D'ABORD APPROUVÉE, ET QU'ELLE NE
» VEUT PLUS MAINTENANT PUBLIER. IL FAUT LA RÉPANDRE. »

(LOUIS BLANC, *Histoire de dix ans*, imprimée et publiée à quinze éditions, du vivant de M. Audry de Puyraveau et de M. Mauguin.)

TROISIÈME INFIRMATION.

« Je ne puis me taire sur une scène où M. Dumas me fait figurer per-
» sonnellement avec M. Charras. Il aurait été question d'une lettre à
» écrire aux officiers d'un régiment où je ne connaissais personne. *Je
» me serais plaint du général Lobau,* et M. Charras aurait menacé de le
» faire fusiller; sur quoi, j'aurais bondi de surprise; M. Charras m'au-
» rait pris par la main, et, me conduisant à l'une des fenêtres de l'hôtel
» de ville, il m'aurait montré la place en me disant : *Il y a là cent cin-
» quante hommes qui n'obéissent qu'à moi, et qui fusilleraient le Père
» éternel, s'il descendait sur la terre, et si je leur disais de le fusiller.* »

RECTIFICATION.

» D'abord, j'ai mis dans la bouche de Charras, non ces paroles tron-
quées par M. Mauguin, mais celles-ci, qui, à mon avis, sont bien différentes :

« *Et, si le Père éternel trahissait la cause de la liberté, ce qu'il est
» incapable de faire, et que je leur disse de fusiller le Père éternel, ils
» le fusilleraient !* »

» Reprenons la troisième infirmation où je viens de l'interrompre.

« M. Charras, » poursuit M. Mauguin, « était, à cette époque, un jeune
» homme fort peu connu et n'ayant aucune influence. *Je ne me rap-*
» *pelle ni l'avoir vu ni lui avoir parlé à l'hôtel de ville.* Dans tous les
» cas, s'il m'eût tenu le langage qu'on lui prête, ou je l'aurais fait ar-
» rêter, ou je me serais éloigné de lui sans daigner lui répondre. »

PREMIÈRE RÉPONSE A LA TROISIÈME INFIRMATION.

« La garde nationale de Saint-Quentin demandait deux élèves de
» l'École polytechnique pour la commander ; elle avait envoyé, en con-
» séquence, une députation à la Fayette, et lui avait, en même temps,
» fait passer l'avis qu'il serait facile d'enlever le régiment caserné à la
» Fère. La Fayette mande auprès de lui deux élèves de l'École, et les
» envoie à la commission municipale. Ils arrivent accompagnés de
» M. Odilon Barrot. Seul, M. Mauguin se promenait dans la salle. In-
» struit de l'objet de leur visite, *il prit une plume, et commença une*
» *proclamation qui s'adressait au régiment de la Fère.* Mais M. Odilon
» Barrot interrompit son collègue par ces mots : *Laissez-leur faire cela;*
» *ils s'y entendent mieux que nous !* M. Mauguin céda la plume à l'un
» des deux jeunes gens.
» La proclamation faite, le général Lobau se présente ; *on la lui*
» *donne à signer, il refuse et sort.* IL NE VEUT RIEN SIGNER, dit alors
» M. Mauguin ; *tout à l'heure encore, il refusait sa signature à un ordre*
» *concernant l'enlèvement d'un dépôt de poudres.* — IL RECULE DONC ?
» répondit un des élèves de l'École polytechnique ; *mais rien n'est plus*
» *dangereux, en révolution, que les hommes qui reculent...* JE VAIS LE
» FAIRE FUSILLER ! — Y PENSEZ-VOUS ! répliqua vivement M. Mauguin,
» FAIRE FUSILLER LE GÉNÉRAL LOBAU ! UN MEMBRE DU GOUVERNEMENT
» PROVISOIRE ! — LUI-MÊME, reprit le jeune homme EN CONDUISANT LE
» DÉPUTÉ A LA FENÊTRE *et en lui montrant une centaine d'hommes qui*
» *avaient combattu à la caserne de Babylone,* et JE DIRAIS A CES BRAVES
» GENS DE FUSILLER LE BON DIEU, QU'ILS LE FERAIENT ! » — M. Mauguin
» se mit à sourire, et signa la proclamation en silence. »

(LOUIS BLANC, *Histoire de dix ans.*)

DEUXIÈME RÉPONSE A LA TROISIÈME INFIRMATION.

« Mon cher Dumas,

» Je viens de lire, dans le numéro de *la Presse* que vous m'avez envoyé ce matin, une lettre où M. Mauguin conteste l'exactitude d'un récit que vous avez publié, *et où mon nom figure à côté du sien.*

» Vous me demandez la réponse que j'ai à y faire. Je vous avoue que je tiens assez peu à ce que l'on nie ou affirme telle ou telle des scènes où j'ai pu être acteur plus ou moins obscur dans notre grande lutte de juillet 1830; mais, puisque vous y tenez, JE DÉCLARE QUE LA SCÈNE DE L'HÔTEL DE VILLE EST, sauf quelques détails de peu d'importance, EXACTEMENT RACONTÉE DANS VOS *Mémoires.* Les souvenirs de M. Mauguin *le servent mal.* JE SUIS SUR DE LA FIDÉLITÉ DES MIENS. Ils concordent, d'ailleurs, parfaitement avec l'*Histoire de dix ans*, publiée il y a longtemps déjà, et où vous avez, sans doute, puisé les faits contestés *aujourd'hui* par M. Mauguin.

» Tout à vous.

» CHARRAS.

» Bruxelles, 13 mars 1853. »

QUATRIÈME INFIRMATION.

« On a dit, dans votre journal, et M. Dumas a répété, je crois, que M. Casimir Périer nous avait refusé deux millions que nous lui demandions pour une affaire importante; il n'a jamais eu à nous refuser et nous n'avons jamais eu à lui demander deux millions ni aucune autre somme. »

RECTIFICATION.

« Je n'ai pas dit qu'on eût demandé à M. Casimir Périer *deux millions*, somme qui, effectivement, vaut la peine qu'on y réfléchisse avant de la donner.

» J'ai dit :

« La moitié des combattants mourait de faim sur les places publiques, et demandait du pain. On se tourna d'un mouvement unanime vers M. Casimir Périer, le même qui proposait, la veille, d'offrir quatre millions au duc de Raguse. *Ah! messieurs*, répondit-il, *j'en suis vraiment désespéré pour ces pauvres diables ; mais il est plus de quatre heures et ma caisse est fermée.* »

RÉPONSE A LA QUATRIÈME INFIRMATION.

« Sur ces entrefaites, on vint annoncer que beaucoup d'ouvriers
» manquaient de pain ; il fallait de l'argent. On s'adressa à M. Casimir
» Périer, qui répondit : Il est plus de quatre heures; ma caisse est
» fermée. »

(Louis Blanc, *Histoire de dix ans*.)

CINQUIÈME ET DERNIÈRE INFIRMATION.

« La commission municipale de 1830 n'a pas constitué un gouverne-
» ment aussi inactif, aussi introuvable que M. Alexandre Dumas se
» complaît à l'affirmer. Il s'en serait convaincu lui-même à cette épo-
» que, s'il eût seulement jeté les yeux sur les murs de Paris, placardés
» chaque jour de nos nombreux décrets. »

RÉPONSE.

» M. Mauguin m'accuse à tort de ne pas rendre justice à l'activité de
la commission municipale ; car, justement, à propos du premier de ses
décrets, j'ai écrit ceci dans mes Mémoires :

« Voilà donc la bourgeoisie à l'œuvre, et recommençant, le jour
» même du triomphe populaire, son travail de réaction !
» Reconnaissez-vous, abordez-vous avec des cris de joie, embrassez-
» vous, hommes des faubourgs, jeunes gens des écoles, étudiants,
» poëtes, artistes ; levez les bras au ciel, remerciez Dieu, criez *Hosan-*
» *nah!* Vos morts ne sont pas sous terre, vos blessures ne sont pas
» pansées, vos lèvres sont encore noires de poudre, vos cœurs battent
» encore joyeusement se croyant libres ; — et déjà les hommes d'in-
» trigue, les hommes de finance, les hommes à uniforme, tout ce qui
» se cachait, tremblait, priait pendant que vous combattiez, vous vient
» impudemment prendre des mains la victoire et la liberté, arrache les
» palmes de l'une, coupe les ailes de l'autre, et fait deux prostituées de
» vos deux chastes déesses !
» Tandis que vous fusillez, place du Louvre, un homme qui a pris un
» vase de vermeil ; tandis que vous fusillez, sous le pont d'Arcole, un
» homme qui a pris un couvert d'argent, on vous calomnie, on vous
» déshonore là-bas, dans ce grand et bel hôtel que, par une souscrip-
» tion nationale, vous rachèterez un jour, enfants sans mémoire et au
» cœur d'or ! pour en faire don à son propriétaire, qui se trouve ruiné
» n'ayant plus que quatre cent mille livres de rente !

» Écoutez et instruisez-vous ! — *Audite et intelligite!*

» Voici le premier acte de cette commission municipale qui vient de s'instituer :

» *Les députés présents à Paris ont dû se réunir pour remédier aux graves dangers* QUI MENACENT LA SURETÉ DES PERSONNES ET DES PROPRIÉTÉS. — *Une commission a été nommée pour veiller aux intérêts de tous, en l'absence de toute organisation régulière.* »

» Comment concilier, maintenant, la prise de cet arrêté avec ce que dit M. Mauguin, dans la lettre à laquelle nous répondons, de ce même peuple qui, selon la commission municipale, *menaçait la sûreté des personnes et des propriétés?*

« Voici ce que dit M. Mauguin :

» Jamais autorité ne fut obéie aussi ponctuellement que la nôtre ; *jamais peuple ne se montra aussi docile, aussi courageux, aussi ami de l'ordre que celui de Paris en 1830.* »

» Convenons que la commission connaissait bien mal ce peuple, ou, le connaissant, lui faisait gratuitement une bien grave insulte!

» Mais la commission ne connaissait pas le peuple ; elle ne l'avait pas vu.

» Cela tient à ce que la commission ne fut constituée que le 29 juillet au soir, et que le peuple se battait depuis le 27 au matin.

» Nous attendons les nouvelles dénégations qui peuvent se produire, et nous promettons d'y répondre aussi promptement, aussi catégoriquement, aussi victorieusement qu'à celles de M. le chevalier de Liniers et à celles de M. Mauguin.

» ALEX. DUMAS.

» Bruxelles, ce 13 mars 1853. »

FIN DES NOTES

TABLE

Pages.

CXXXVI. — M. Briffaut, le censeur et l'académicien. — Histoire de *Ninus II*. — M. de Lourdoueix. — L'idée d'*Antony*. — La pièce, reçue aux Français, est arrêtée par la censure. — Le duc de Chartres. — Négociation pour qu'il assiste, avec ses deux frères, à la première représentation de *Christine*. — Louët. — Un autographe du prince royal.. 1

CXXXVII. — Première représentation d'*Hernani*. — Le vieil as de pique. — Parodies. — D'où date l'histoire de Cabrion et de Pipelet. — Eugène Sue et Desmares. — Soulié me revient. — Il m'offre ses cinquante ouvriers en guise de claqueurs. — Première représentation de *Christine*. — Souper chez moi. — Hugo et de Vigny corrigent les vers *empoignés*.................................. 15

CXXXVIII. — Un fiacre qui passe. — Madame Dorval dans *l'Incendiaire*. — Deux artistes. — Le duc d'Orléans demande pour moi la croix d'honneur. — Sa recommandation reste sans effet. — M. Empis. — Le salon de madame Lafond. — Mon costume d'Arnaute. — Madame Malibran. — Frères et sœurs en art...... 26

CXXXIX. — Pourquoi la recommandation du duc d'Orléans au sujet de ma croix avait échoué. — Le milliard d'indemnité. — Voyage de la Fayette en Auvergne. — Sa réception à Grenoble, à Vizille et à Lyon. — Voyage de Charles X en Alsace. — Varennes et Nancy. — Ouverture des Chambres. — Le discours royal et l'adresse des 221. — L'article 14. — La conquête d'Alger, et la reprise de nos frontières du Rhin......................... 37

CXL. — La soirée du 31 mai 1830 au Palais-Royal. — Le roi de Naples. — Question d'étiquette. — Comment il faut parler au roi de France. — Ce qu'était Charles X. — M. de Salvandy. — Les premières flammes du volcan. — Le duc de Chartres m'envoie aux renseignements. — Alphonse Signol. — Je l'arrache des mains d'un garde royal. — Son exaspération et ses menaces. — Le volcan n'était qu'un feu de paille............................ 48

CXLI. — Une affaire pressante. — Un témoin de perdu, deux de trouvés. — Rochefort. — Signol au théâtre des Italiens. — Il insulte le lieutenant Marulaz. — Les deux épées. — Le duel. — Signol est tué. — *Victorine et le Chiffonnier.* — La part du mort.. 55

CXLII. — Alphonse Karr. — Le cuirassier. — La médaille de sauvetage et la croix de la Légion d'honneur. — Le domicile de Karr à Montmartre. — *Sous les tilleuls* et la critique. — Prise d'Alger. — M. Dupin aîné. — Pourquoi il n'écrit pas ses Mémoires. — Signature des ordonnances de juillet. — Ce qui m'empêche de partir pour Alger... 62

CXLIII. — Le troisième étage du n° 7 de la rue de l'Université. — Premier effet des ordonnances. — Le café du *Roi*. — Étienne Arago. — François Arago. — L'Académie. — La Bourse. — Le Palais-Royal. — Madame de Leuven. — Voyage à la recherche de son mari et de son fils. — Protestation des journalistes. — Noms des signataires... 72

CXLIV. — Matinée du 27 juillet. — Visite à ma mère. — Paul Fouché. — *Amy Robsart.* — Armand Carrel. — Les bureaux du journal *le Temps*. — Baude. — Le commissaire de police. — Les trois serruriers. — Les bureaux du *National*. — Cadet de Gassicourt. — Le colonel Gourgaud. — M. de Rémusat. — Physionomie du passant... 82

CXLV. — Le docteur Thibaut. — Le ministère Gérard et Mortemart. — Étienne Arago et le commissaire de police Mazue. — Le café Gobillard. — Incendie du corps de garde de la place de la Bourse. — Premières barricades. — La nuit..................... 93

CXLVI. — Matinée du 27. — Joubert. — Charles Teste. — La *Petite Jacobinière.* — Le pharmacien Robinet. — Les armes du *Sergent Mathieu.* — Pillage d'une boutique d'armurier. — Les deux gendarmes. — Les trois gardes royaux. — Un grand jeune homme blond. — Les terreurs d'Oudard....................................... 104

CXLVII. — Aspect de la rue de Richelieu. — Charras. — L'École polytechnique. — La tête à perruque. — Le café de la porte Saint-Honoré. — Le drapeau tricolore. — Je deviens chef de bande. — Je suis consigné par mon propriétaire. — Un monsieur qui distribue de la poudre. — Le capitaine du 15° léger.. 110

CXLVIII. — Attaque de l'hôtel de ville. — Déroute. — Je me réfugie chez M. Lethière. — Les nouvelles. — Mon propriétaire commence à devenir libéral. — Le général la Fayette. — Taschereau. — Béranger. — La liste du gouvernement provisoire. — Honnête erreur du *Constitutionnel*............................ 121

CXLIX. — Envahissement du musée d'artillerie. — L'armure de François Ier. — L'arquebuse de Charles IX. — La place de l'O-

TABLE

Pages.

déon. — Ce qu'avait fait Charras. — Les habits de l'École polytechnique. — Millotte. — La prison Montaigu. — La caserne de l'Estrapade. — D'Hostel. — Un bonapartiste. — L'écuyer Chopin. — Lothon. — Le général en chef.................... 130

CL. — Aspect du Louvre. — Combat du pont des Arts. — Morts et blessés. — Un coup de canon pour moi seul. — Madame Guyet-Desfontaines. — Retour de la caserne Babylone. — La cocarde de Charras. — Prise des Tuileries. — Un exemplaire de *Christine*. — Quadrille dansé dans la cour des Tuileries. — Quels sont les hommes qui ont fait la révolution de 1830............. 146

CLI. — Je me mets à la recherche d'Oudard. — La maison du coin de la rue de Rohan. — Oudard chez Laffitte. — Degousée. — Le général Pajol et M. Dupin. — Les officiers du 53° de ligne. — Intérieur du salon de Laffitte. — Panique. — Une députation vient offrir à la Fayette le commandement de Paris. — Il accepte. — Étienne Arago et la cocarde tricolore. — Histoire de l'hôtel de ville depuis huit heures du matin jusqu'à trois heures et demie du soir... 162

CLII. — Le général la Fayette à l'hôtel de ville. — Charras et ses hommes. — Les prunes de Monsieur. — La commission municipale. — Son premier acte. — La caisse de Casimir Périer. — Le général Gérard. — Le duc de Choiseul. — Ce qui se passait à Saint-Cloud. — Les trois négociateurs. — Il est trop tard. — M. d'Argout chez Laffitte.. 173

CLIII. — Alexandre de la Borde. — Odilon Barrot. — Le colonel Dumoulin. — Hippolyte Bonnelier. — Mon cabinet. — Une note de la main d'Oudard. — Le duc de Chartres est arrêté à Montrouge. — Quel danger il court, et comment il en est sauvé. — Je me propose pour aller chercher de la poudre à Soissons. — J'obtiens ma commission du général Gérard. — La Fayette me rédige une proclamation. — Le peintre Bard. — M. Thiers se retrouve... 186

CLIV. — Hue, Polignac! — André Marchais. — Le maître de poste du Bourget. — J'arbore les trois couleurs sur ma voiture. — Bard me rejoint. — M. Cunin-Gridaine. — Le père Levasseur. — Lutte avec lui. — Je lui brûle la cervelle! — Deux anciennes connaissances. — La terreur de Jean-Louis. — Halte à Villers-Cotterets. — Hutin. — Souper chez Paillet................... 203

CLV. — Arrivée à Soissons. — Apprêts stratégiques. — Reconnaissance autour de la poudrière. — Hutin et Bard plantent le drapeau tricolore sur la cathédrale. — J'escalade le mur de la poudrière. — Le capitaine Mollard. — Le sergent Ragon. — Le lieutenant-colonel d'Orcourt. — Pourparler avec eux. — Ils me promettent leur neutralité.. 217

CLVI. — Comment les choses s'étaient passées avec le sacristain. La pièce de quatre. — Bard canonnier. — Le commandant de place. — Le lieutenant Tuya. — M. de Lenferna. — M. Bonvilliers. — Madame de Liniers. — La révolte des nègres. — A quelles conditions le commandant de place signe l'ordre. — M. Moreau. — M. Quinette. — Le maire de Soissons. — Bard et les prunes vertes.. 225

CLVII. — M. le maire de Soissons. — La poudre de la régie. — M. Jousselin. — La hache de l'entreposeur. — M. Quinette. — J'enfonce la porte de la poudrière. — Sortie triomphale de Soissons. — M. Mennesson tente de me faire arrêter. — Les gardes du duc d'Orléans. — M. Boyer. — Retour à Paris. — Ces diables de républicains!.. 236

CLVIII. — Première proclamation orléaniste. — MM. Thiers et Scheffer vont à Neuilly. — La soirée à Saint-Cloud. — Charles X révoque les ordonnances. — Députation républicaine à l'hôtel de ville. — M. de Sussy. — Audry de Puyraveau. — Proclamation républicaine. — Réponse de la Fayette au duc de Mortemart. — Charras et Mauguin.................................... 248

CLIX. — Philippe VII. — Comment Béranger se justifie d'avoir aidé à faire un roi. — Le duc d'Orléans pendant les trois jours. — Son arrivée à Paris le 30 au soir. — Il fait appeler M. de Mortemart. — Lettre inédite écrite par lui à Charles X. — Benjamin Constant et Laffitte. — Députation de la Chambre au Palais-Royal. — M. Sébastiani. — M. de Talleyrand. — Le duc d'Orléans accepte la lieutenance générale du royaume. — Pièces curieuses trouvées aux Tuileries.................................... 263

CLX. — Le duc d'Orléans se rend à l'hôtel de ville. — M. Laffitte en chaise à porteurs. — Le roi *sans culotte*. — Manifestation tardive du gouvernement provisoire. — Odilon Barrot s'endort sur une borne. — Un autre Balthasar Gérard. — Le duc d'Orléans est reçu par la Fayette. — Une voix superbe. — Nouvelle apparition du général Dubourg. — Le balcon de l'hôtel de ville. — La route de Joigny.. 280

NOTES.. 289

FIN DE LA TABLE DU TOME SIXIÈME

POISSY. — TYP. ET STÉR. DE A. BOURET.

www.ingramcontent.com/pod-product-compliance
Lightning Source LLC
Chambersburg PA
CBHW071302160426
43196CB00009B/1387